AF001983

Münchner Reihe Palliative Care

Palliativmedizin – Palliativpflege – Hospizarbeit
Band 8

Schriftleitung

Prof. Dr. med. Gian Domenico Borasio (federführend)
Prof. Dr. med. Monika Führer (federführend)
Prof. Dr. rer. biol. hum. Maria Wasner (federführend)
Beate Augustyn, Palliativpflegekraft
PD Dr. med. Johanna Anneser
PD Dipl.-Psych. Dr. rer. biol. hum. Martin Fegg
Bernadette Fittkau-Tönnesmann MPH
PD Dr. med. Dr. phil. Ralf Jox
Prof. Dr. med. Stefan Lorenzl
Dipl. Soz.-Päd. Dipl. Theol. Josef Raischl
Prof. Dr. theol. Traugott Roser

Die Publikationen in der Münchner Reihe Palliative Care verfolgen das Ziel einer verbesserten Versorgung und Begleitung schwerstkranker und sterbender Menschen und ihrer Angehörigen. Dem Palliative Care-Prinzip der Multiprofessionalität entsprechend widmen sich die Einzelbände unterschiedlichen Themenkomplexen und Handlungsfeldern aus den Bereichen Palliativmedizin, Palliativpflege und Hospizarbeit. Dazu dienen Beiträge aus medizinischer, pflegerischer, psychosozialer und seelsorglicher sowie aus rechts- und gesellschaftswissenschaftlicher Perspektive. Die Reihe richtet sich an alle an diesen Fragestellungen Interessierten, insbesondere im Gesundheitswesen oder in der ehrenamtlichen Arbeit Tätigen.

Eckhard Frick
Ralf T. Vogel (Hrsg.)

Den Abschied vom Leben verstehen

Psychoanalyse und Palliative Care

2., aktualisierte und erweiterte Auflage

Verlag W. Kohlhammer

> **Wichtiger Hinweis:**
>
> Die Verfasser haben größte Mühe darauf verwandt, dass die Angaben von Medikamenten, ihren Dosierungen und Applikationen dem jeweiligen Wissenstand bei Fertigstellung des Werkes entsprechen.
>
> Da jedoch die Medizin als Wissenschaft ständig im Fluss ist, da menschliche Irrtümer und Druckfehler nie völlig auszuschließen sind, übernimmt der Verlag für derartige Angaben keine Gewähr.
>
> Jeder Anwender ist daher dringend aufgefordert, alle Angaben auf ihre Richtigkeit zu überprüfen. Jede Dosierung oder Applikation erfolgt auf eigene Verantwortung des Benutzers.

Dieses Werk einschließlich aller seiner Teile ist urheberrechtlich geschützt. Jede Verwendung außerhalb der engen Grenzen des Urheberrechts ist ohne Zustimmung des Verlags unzulässig und strafbar. Das gilt insbesondere für Vervielfältigungen, Übersetzungen, Mikroverfilmungen und für die Einspeicherung und Verarbeitung in elektronischen Systemen.

Die Wiedergabe von Warenbezeichnungen, Handelsnamen und sonstigen Kennzeichen in diesem Buch berechtigt nicht zu der Annahme, dass diese von jedermann frei benutzt werden dürfen. Vielmehr kann es sich auch dann um eingetragene Warenzeichen oder sonstige geschützte Kennzeichen handeln, wenn sie nicht eigens als solche gekennzeichnet sind.

2., aktualisierte und erweiterte Auflage 2017

Alle Rechte vorbehalten
© W. Kohlhammer GmbH, Stuttgart
Gesamtherstellung: W. Kohlhammer GmbH, Stuttgart

Print:
ISBN 978-3-17-029284-0

E-Book-Formate:
pdf: ISBN 978-3-17-029285-7
epub: ISBN 978-3-17-029286-4
mobi: ISBN 978-3-17-029287-1

Für den Inhalt abgedruckter oder verlinkter Websites ist ausschließlich der jeweilige Betreiber verantwortlich. Die W. Kohlhammer GmbH hat keinen Einfluss auf die verknüpften Seiten und übernimmt hierfür keinerlei Haftung.

Inhaltsverzeichnis

Vorwort der Herausgeber zur 1. Auflage 7

Vorwort der Herausgeber zur 2. Auflage 12

1 Feinfühligkeit als bindungsorientiertes Interventionskonzept in Palliative Care 13
  Yvonne Petersen und Teresa-Maria Hloucal

2 Sterbetrauer beginnt mitten im Leben 30
  Eckhard Frick

3 »Wird Mama jetzt ein Engel?« Das kindliche Erleben von Trauer und Verlust in der therapeutischen Begleitung von Kindern sterbender Eltern aus entwicklungspsychologischer Perspektive ... 46
  Verena Tyrkas

4 »Faith-in-O« und der Umgang mit der Unbestimmtheit des Todes 63
  Ross A. Lazar, Rainer Oechslen und Kirsten Jörgensen †

5 Selbst und Tod 79
  Ralf T. Vogel

6 Abschiedlich existieren – sich einlassen und loslassen 105
  Verena Kast

7 Leib, Symbol, Archetyp 118
  Renate Daniel

8 Die Patientenklingel als Bindungssignal. Eine bindungspsychologische Feldstudie zum Konzept der Feinfühligkeit in der Palliativversorgung......................... 131
  Cécile Loetz und Jakob Johann Müller

9 Wiederkehr der Kindheit? Psychoanalytische Überlegungen zum Sterben in der stationären Palliativversorgung 151
  Jakob Johann Müller und Cécile Loetz

Verzeichnis der Herausgeber und Autoren 169

Vorwort der Herausgeber zur 1. Auflage

FRICK: Dieses Buch handelt von dem, was die Psychoanalyse zu Palliative Care beitragen kann. Warum hat sich die Psychoanalyse im Unterschied zu anderen psychotherapeutischen Richtungen erst sehr spät im Bereich von Palliative Care zu Wort gemeldet?

VOGEL: Interessanterweise beschäftigte sich die Psychoanalyse von Anfang an mit dem Thema »Tod und Sterben«. Freud selbst und nahezu alle Analytiker der ersten Generation haben dazu wichtige Beiträge verfasst. Trotzdem entstand die Hospiz- und Palliativ-Bewegung ohne Berücksichtigung der Psychoanalyse – und auch aus Wurzeln, die mit der Psychoanalyse erst einmal in keiner Verbindung standen.

FRICK: Was die frühe Beschäftigung mit palliativmedizinischen Themen angeht, so können wir zunächst an Freud selbst denken, der wegen seines fortschreitenden Gaumen- und Kieferkarzinoms 15 Jahre lang Palliativpatient war. Bei seinem Leibarzt Max Schur taucht der Begriff »palliativ« schon auf. Max Schur schreibt über den Kieferchirurgen Hajek: »Daß er sich mit einer lokalen Exzision zufrieden gab, die, wie er wissen mußte, die Ausbreitung des Krebses nicht zum Stehen bringen konnte, läßt sich nur durch die Annahme erklären, daß er den Fall als hoffnungslos aufgegeben hatte und deshalb nur pro forma Palliativmaßnahmen ergriff. Daß Hajek die nicht ganz kleine Exzision in der Ambulanz durchführte und dann Freud nach seiner Blutung ohne richtige ärztliche und pflegerische Betreuung ließ, wäre in jedem Fall unentschuldbar gewesen, auch wenn der Patient nicht jemand gewesen wäre, der Weltruhm erlangt hatte und dazu ein Freund seines Schwagers war« (Schur 1972/1977, S. 421 f.).

»Palliativ« wird hier in dem Sinn von: »eigentlich kann man nichts mehr machen« gebraucht. Es wird oft vergessen, dass Freud seit 1923, unter teilweise massiven Schmerzen und Beschwerden, mit der großen Prothese arbeiten musste, die er brauchte, um nach den radikalen Operationen Mund- und Nasenraum wieder voneinander zu trennen. Die Wurzeln von Palliative Care, die du erwähnst, lassen mich jedoch in erster Linie an Cicely Saunders und an die Gründung des St. Christopher's Hospice denken …

VOGEL: … Ja: Palliative Care ist in der Pflege entstanden, aus der ganz pragmatischen Sichtweise einer verbesserten Schmerzbehandlung. Mit Psychoanalyse hatte das zunächst einmal nichts zu tun.

FRICK: Dann allerdings entwickelte Cicely Saunders das Konzept des »Total pain«, also ein recht umfassendes psychosomatisches Konzept, in dem psychosoziale, spirituelle und physische Aspekte als Einheit gesehen werden.

VOGEL: Es gibt noch einen weiteren Grund dafür, dass die Psychoanalyse im palliativen Bereich »keinen Fuß in die Tür bekommen hat«, nämlich die Nähe zwischen der Palliativmedizin und der Psychoonkologie. Palliative Care hat die psychotherapeutischen Hauptrichtungen übernommen, die es auch in der Psychoonkologie gibt, vor allem verhaltenstherapeutische, gesprächstherapeutische, auch kreativtherapeutische Ansätze. In einer eigenen Untersuchung (Vogel 2011) habe ich dargelegt, dass Gesprächstherapie und Verhaltenstherapie auf den Palliativstationen deutlich überwiegen. Psychodynamische Therapieformen sind dort kaum präsent.

FRICK: Ich denke, eine große Rolle spielt auch die Befürchtung, durch Psychoanalyse könnten Patienten labilisiert werden, sie könnten in einer Situation, wo es um die Bewältigung geht und um Stärke, geschwächt werden durch einen psychodynamischen Zugang.

VOGEL: Das würde ich auch so sehen. Dieses Vorurteil gibt es immer noch. Es gründet darauf, dass lange Zeit auch nur die psychoanalytische »Einheitsmethode« angewandt wurde und man natürlich keinen Palliativpatienten auf die Couch legt und Psychoanalyse betreibt ...

FRICK: Psychoanalytische Einheitsmethode, was heißt das?

VOGEL: Dreimal in der Woche im Liegen über den Ödipuskomplex sprechen. In diese Richtung geht jedenfalls das Vorurteil. Dabei heißt Psychoanalyse nicht unbedingt: Couchbehandlung mehrmals die Woche über viele Jahre, von der Situation begrenzter Lebenserwartung etwa im palliativen Kontext ganz abgesehen. Es ist zu wenig bekannt, dass die Psychoanalyse sich schon sehr früh verschiedenen Anwendungsfeldern in der Pädagogik, in der Kindertherapie sowie in der Gruppentherapie in modifizierter Form zugewandt hat.

FRICK: Aus der Psychoanalyse sind sehr pragmatische Kurz- und Langzeittherapien hervorgegangen, die psychoanalytisch orientiert sind, die psychoanalytisch heißen, aber nicht Psychoanalyse im Sinn der Standardbehandlung sind.

VOGEL: Allerdings kann man der Psychoanalyse einen Vorwurf nicht ganz ersparen: Was Palliative Care und Tod anbelangt, ist sie doch sehr theoretisch geblieben. Da hat sich eine starke theoretische Entwicklung vollzogen, aber es fehlte an der therapeutischen Umsetzung.

FRICK: Die theoretische Auseinandersetzung war lange Zeit von der Diskussion des Todestrieb-Konzeptes besetzt.

VOGEL: Das stimmt. Allerdings war schon die erste Generation nach Freud deutlich breiter aufgestellt, was das Todesthema anbelangt und die Frage des »Todestriebs«.

FRICK: An wen denkst du da?

VOGEL: Zum Beispiel an Melanie Klein. Sie sah Todesangst nicht nur als ein Derivat von Kastrationsangst, sondern schon beim kleinen Kind als Vernichtungsangst. Vor allem über Donald Woods. Winnicott hielt diese Position Einzug in die Psychoanalyse. Auch Otto Rank hatte wichtige Ideen zu Lebens- und Todesangst. Aber, wie gesagt: Aus diesen interessanten Theorien entstanden kaum praktische Konsequenzen. Die Ausnahme bilden hier vielleicht Carl Gustav Jung und seine Nachfolger. Darum haben wir uns ja besonders über den Beitrag von Verena Kast gefreut, die sich schon seit vielen Jahren aus der jungschen Richtung kommend mit Tod und Trauer befasst.

FRICK: Du selbst hast Dich ja sehr mit dem Thema des Todes in der Psychotherapie beschäftigt, nicht nur in der palliativen Situation – man könnte da auch an den Psychiater Meyer denken (Meyer 1973): Bei vielen Neurosen steht das Todesthema unbewusst und verborgen im Hintergrund.

VOGEL: Das Buch von Meyer wäre ein Beispiel dafür, dass es in der Psychoanalyse schon früh erste praktisch ausgerichtete Überlegungen gab, die aber in einem Seitenarm der psychoanalytischen Entwicklung verschwunden sind. Jetzt stelle ich als Supervisor auf Palliativstationen und in Hospizen fest, dass, obwohl die Kollegen dort sehr interessiert sind an psychodynamischen Sichtweisen, sie meist keine psychoanalytische oder psychodynamische Ausbildung haben.

FRICK: Was meinst du mit diesem Interesse an psychodynamischen Sichtweisen?

VOGEL: In erster Linie: Interesse am »Verstehen«. Andere Therapieverfahren eröffnen mit teilweise hervorragenden Manualen Möglichkeiten der Intervention. Aber die Reflexion des inneren Prozesses beim Helfer bleibt auf der Strecke, zu verstehen, was da passiert zwischen den beiden, zwischen dem Patienten und ihnen selber. An dieser Stelle kommt die Psychoanalyse mit ins Spiel. Die Psychoanalyse war schon immer auf die therapeutische Beziehung spezialisiert. Deshalb, so mein Eindruck, holen sich palliativ Arbeitende unterschiedlicher Berufsgruppen gerne einen Psychoanalytiker ins Haus.

FRICK: Du meinst also: Verstehen von Beziehungskonstellationen, Verstehen auch von Phantasien, die bei den Patienten eine Rolle spielen, bei den Angehörigen und den Mitgliedern des Teams?

VOGEL: Genau dies ist ja auch das Anliegen dieses Buches. Die einzelnen Beiträge wollen das komplexe Dasein in der palliativen Situation aus verschiedenen Perspektiven erhellen, Verständnis entwickeln helfen, und zwar für Patienten, Angehörige und Helfer.

FRICK: Was ist eigentlich das Besondere an einer psychoanalytischen Reflexion im Unterschied zu den anwendungsbezogenen Interventionsmanualen, von denen du gesprochen hast?

VOGEL: In erster Linie geht es in der Psychoanalyse um das sorgfältige Beachten des Unbewussten, und zwar das Unbewusste in Beziehung zu anderen Menschen, aber auch in Beziehung zu mir selbst. Zum Beispiel wird in Renate Daniels Beitrag deutlich, dass dieses Unbewusste verschiedene Tiefenschichten hat, die man betrachten kann, individueller Art, aber auch, wie Jung es uns gelehrt hat, kollektiver Art, archetypischer Art. Es gibt also nützliche psychoanalytische Impulse für die Arbeit im palliativen Feld, die aber bisher noch nicht wirklich bekannt sind. Erinnerst du dich noch, wie wir selbst auf die Idee kamen, uns mit Psychoanalyse und Palliative Care zu beschäftigen?

FRICK: Zunächst einmal haben wir beide etwas mit beiden Bereichen zu tun. Du als Supervisor, ich als Professor für Spiritual Care innerhalb der Technischen Universität München.

VOGEL: Irgendwann einmal kam von dir die Idee zu einer Tagung, die wir dann im März 2011 an der Hochschule für Philosophie durchgeführt haben.

Dieser Ort hat von der gesamten Atmosphäre sehr gut gepasst, aber auch weil du an dieser Hochschule Psychosomatische Anthropologie lehrst und selbst zum Jesuitenorden gehörst, dem Träger dieser Hochschule.

FRICK: Diese Tagung war eine Art Initialzündung zu diesem Buch, der Versuch, Praktiker und Praktikerinnen zusammenzubringen und ihnen einen Einstieg in die Psychoanalyse zu ermöglichen. Also nicht nur über theoretische Abhandlungen und den psychoanalytischen Diskurs, der ist ja vielen Nicht-Analytikern verschlossen, sondern praxisbezogen. Deshalb haben wir eine Mischung aus Workshops, Vorträgen und Diskussionen angeboten.

VOGEL: Du bist auf der einen Seite Arzt und Psychoanalytiker, auf der anderen Seite – von der jesuitischen Seite und jetzt auch von der Professur für Spiritual Care her – betrachtest du das Thema aus einem ganz anderen Blickwinkel. Wie passt das eigentlich zusammen?

FRICK: In einem ganz weiten Sinn kann man das Spirituelle als einen Teil des psychosozialen Feldes ansehen. Also als eine Frage, die inzwischen auch von allen Gesundheitsberufen stärker berücksichtigt wird. In unserer Zeitschrift *Spiritual Care*, die im De Gruyter-Verlag erscheint, eröffnen wir ein Erfahrungs- und Forschungsforum für alle Gesundheitsberufe. Mein eigener psychoanalytischer Zugang geht vor allem über die Bindungstheorie: Was lernen wir im Lauf unseres Lebens, schon im ganz frühem Leben an Beziehungswissen, wie erfahren wir Beziehungen, die uns Sicherheit vermitteln? Oder inwieweit leiden wir unter Unsicherheit, und wie zeigt sich das in einer Gottesbeziehung? Oder, allgemeiner gesprochen, in einer Beziehung auf das Absolute oder in Beziehung auf die Transzendenz? Diese Vorgänge spielen in allen Krisen des Lebens eine große Rolle, nicht nur, aber eben auch am Lebensende.

VOGEL: Das Buch zeigt hier auch spannende Schnittflächen, z. B. in dem Beitrag von Ross A. Lazar zwischen Bion und Jung.

FRICK: Bion wird manchmal als der Mystiker unter den Psychoanalytikern bezeichnet. Noch in der Periode der traditionellen psychoanalytischen Religionskritik hat er es gewagt, das Spirituelle aufzugreifen, auch das Thema des Todes, insofern, dass er über das »Jenseits der Grenze« hinaus gedacht hat. Renate Daniel, die sich schon in ihrer medizinischen Dissertation mit der Symbolik der Krebserkrankungen beschäftigt hat, wendet dies nun auf Palliative Care an. Du selbst zeigst anhand des Todesthemas viele Schnittflächen zwischen verschiedenen analytischen Richtungen. Verena Tyrkas verknüpft ihre psychoonkologische Erfahrung mit der Perspektive der Kinder. Der bindungsbezogene Zugang von Yvonne Petersen und Teresa-Maria Hloucal in unserem Buch bezieht sich zwar auf die Terminalphase, ist jedoch auch für andere Übergangskrisen relevant.

VOGEL: Insgesamt zeigt das Buch, dass die psychoanalytische Reflexion für alle Palliative Care-Berufe bereichernd ist. Psychoanalyse ist kein Geheimwissen, sondern eine gemeinsame Ressource, die im Verstehen von therapeutischen Beziehungen liegt.

München und Ingolstadt, im Herbst 2011   Eckhard Frick und Ralf T. Vogel

Literatur

Meyer JE (1973) Tod und Neurose. Göttingen: Vandenhoeck & Ruprecht.
Schur M (1972/1977) Sigmund Freud. Leben und Sterben. Frankfurt/M.: Suhrkamp.
Vogel RT (2011) Psychotherapie auf Palliativstationen. Psychotherapeut 56:379–385.

Vorwort der Herausgeber zur 2. Auflage

Wir freuen uns sehr über das breite Interesse an unserem Buch und über die Möglichkeit, nun eine zweite, ergänzte Auflage vorstellen zu dürfen. Die fachliche, gesellschaftliche und politische Diskussion über die palliative Versorgung in den deutschsprachigen Ländern hat sich in den Jahren seit der Erscheinung der ersten Auflage erheblich intensiviert und differenziert. Wir tragen dem zum einen durch die Überarbeitung einiger Beiträge (Frick, Vogel und Lazar u. a.) Rechnung, zum anderen freuen wir uns, durch die beiden Kapitel unserer jungen Kollegen Cécile Loetz und Jakob Johann Müller Ergebnisse aktueller empirischer Forschungsarbeiten hinzufügen zu können.

Wir sind zuversichtlich, erneut einen Sammelband vorlegen zu können, der den Diskurs um ein dem sterbenden Menschen gerecht werdendes Verständnis palliativer Versorgung befruchten und den wichtigen Beitrag psychoanalytischen Wissens verdeutlichen kann.

München und Ingolstadt im Herbst 2016   Eckhard Frick und Ralf T. Vogel

1 Feinfühligkeit als bindungsorientiertes Interventionskonzept in Palliative Care

Yvonne Petersen und Teresa-Maria Hloucal[1]

1.1 Einleitung

Die palliativmedizinische Betreuung eines Patienten und seiner Angehörigen ist intensiv, intim und stellt an das Team besondere Anforderungen. Innerhalb kürzester Zeit entsteht eine zwischenmenschliche Interaktion, deren Qualität unmittelbar abhängig von bereits bestehenden persönlichen sowie familiären Dynamiken ist. Die bestehenden Strukturen zu kennen, zu erkennen und die richtigen Schlüsse daraus zu ziehen, ist für die palliativmedizinische Begleitung Schwerstkranker mit ihren Angehörigen essentiell.

Dieser Beitrag beschäftigt sich mit den Möglichkeiten bindungstherapeutischer Interventionen in Palliative Care und bezieht sich dabei auf bereits veröffentlichte Überlegungen zu der Thematik (Petersen und Köhler 2005, 2006, Petersen 2008, 2009), in denen die Anwendung von Erkenntnissen aus der klinischen Bindungsforschung in Palliative Care geschildert wird. Vorangestellt wird diesen Überlegungen eine kurze Einführung in die zentralen Annahmen der Bindungstheorie und deren Bezug zur palliativen Situation.

1.2 Die Bindungstheorie als Grundlage therapeutischer Interventionen

Die Bindungstheorie postuliert eine Prädisposition für Bindungsverhalten beim Menschen, die überlebenssichernd ist (Brisch 2009, S. 36). Da sich Neugeborene und Kleinkinder in einer abhängigen Position befinden, in der sie Bedürfnisse nicht oder nur eingeschränkt aus eigenem Vermögen stillen können, sind sie darauf angewiesen, dass ihre Bedürfnisartikulation von Pflege- bzw. Bindungspersonen angemessen interpretiert und beantwortet werden kann (Bowlby 1958). Bedürfnisse ergeben sich sowohl durch äußere potenzielle Bedrohungen wie z. B. Reizüberflutung als auch durch innere Befindlichkeiten wie Hunger, Schmerz oder Krankheit. In solchen Situationen wird das von Bowlby benannte Bindungs-

---

1 Mit freundlicher Unterstützung der Köhler-Stiftung.

system aktiviert und das Kind zeigt Bindungsverhalten, welches darauf angelegt ist, Schutz und Sicherheit von der Bindungsperson zu erfahren (Bowlby 1958).

Erfolgt eine angemessene Reaktion auf das Bindungsverhalten des Kindes, reguliert sich das innere Bindungssystem positiv: Das Kind erreicht einen emotional stabilen Zustand. Die täglichen Interaktionen zwischen Bindungsperson und Kind führen zu einer Bindungsbeziehung und während des ersten Lebensjahres zu einem »inneren Arbeitsmodell« (inner working model; Bowlby 1969). Dieses beinhaltet Gefühle, Wissen und Vorstellungen über sich selbst sowie darüber, wie die Bindungsperson normalerweise auf Wünsche nach Nähe und Schutz reagiert.

> »Wünschenswert ist eine Bindungsperson die [...] prinzipiell verfügbar und bereit ist zu reagieren und zu helfen. Komplementär heißt dies: Man ist eine im Grunde liebenswerte und wertvolle Person, die es verdient, dass man ihr hilft« (Grossmann und Grossmann 2004, S. 72).

Aus den zunächst noch formbaren Arbeitsmodellen entsteht im Laufe der weiteren Entwicklung eine Struktur bindungsrelevanter Bewertungen und Erinnerungen (Bindungsrepräsentanzen), die sich auf die Bindungsbeziehungen im Laufe des Lebens auswirken. Der Aussagebereich der Bindungstheorie ist folglich nicht auf die Beziehungen zwischen kleinen Kindern und Bindungspersonen beschränkt, sondern ermöglicht auch Annahmen über Bindungsbeziehungen zwischen erwachsenen Personen. Den von Ainsworth beschriebenen kindlichen Bindungsmustern (Ainsworth et al. 1971), deren Charakteristika im Folgenden erläutert werden, können entsprechende Bindungsrepräsentanzen, also verinnerlichte Modelle von Bindungen im Erwachsenenalter zugeordnet werden, was für die klinische Anwendung der Bindungstheorie in Palliative Care zentral ist. Zwar sind kindliche Bindungsmuster und die Repräsentanzen von Bindungen beim Erwachsenen nicht deckungsgleich, dennoch zeigten Untersuchungen eine hohe Übereinstimmung dieser Muster mit den späteren verinnerlichten Bindungsmodellen beim Erwachsenen (z. B. Levy et al. 1998, DeWolff und van IJzendoorn 1997).

Im Folgenden werden die charakteristischen Merkmale der differierenden Bindungsmuster sowie der Repräsentanzen dieser im Erwachsenenalter skizziert. Mögliche Verhaltensweisen Erwachsener in der bindungsrelevanten Situation »Krankheit« werden am Ende jeder Passage geschildert.

1.2.1 Sichere Bindung und autonome Bindungsrepräsentanz

Die Bindungsperson (in der Regel die Mutter) reagiert zuverlässig und ihr Verhalten ist für das Kind vorhersehbar. Das bedeutet, sie reagiert in angemessener Weise auf die jeweilige Befindlichkeit und den Entwicklungsgrad des Kindes. Dieses Verhalten fördert die Entwicklung einer sicheren Bindungsbeziehung.

Im Erwachsenenalter zeichnet sich eine autonome Bindungsrepräsentanz, erfasst mit dem Adult Attachment Interview (AAI, dt. von Gloger-Tippelt und Hofmann 1997) dadurch aus, dass in kohärenter Weise über erlebte Beziehungserfahrungen gesprochen werden kann und dass diese Erfahrungen nicht idealisiert oder bagatellisiert, sondern mit der angemessenen affektiven Begleitung thematisiert werden können (Main 1996). Erlebte Bindungen werden von Menschen mit autonomer Bindungsrepräsentanz wertgeschätzt. Die Kindheitserfahrung, dass in Notsituationen Bindungspersonen anwesend sind und Unterstützung sowie Schutz bieten, wirkt sich auch im Erwachsenenalter positiv auf das Hilfesuchverhalten aus. In Situationen, in denen Erwachsene gewöhnlich auf Hilfe angewiesen sind, wie z. B. in schwerer Krankheit, fordern Menschen mit autonomer Bindungsrepräsentanz aktiv Hilfe und zeigen sich kooperativ (Strauß 2006). In der Gegenübertragung werden sie demzufolge positiv wahrgenommen. Es konnte auch gezeigt werden, dass Menschen mit autonomer Bindungsrepräsentanz weniger physische Symptome zeigen als Personen mit unsicheren Bindungsrepräsentanzen (Ciechanowski et al. 2002) und mehr von einer Psychotherapie profitieren, wenn sie eine solche in Anspruch nehmen (Strauß und Schwark 2007).

1.2.2 Unsichere Bindung

1.2.2.1 Unsicher-vermeidendes Bindungsmuster und distanzierte Bindungsrepräsentanz

Indem sie ihr Kind in Stress und Gefahrensituationen nicht angemessen und feinfühlig tröstet und beruhigt, reagiert die Bindungsperson vorhersehbar unangemessen: Das Kind muss also, um die Befindlichkeit der Mutter zu erfassen und beruhigende Zuwendung zu erhalten, sensible Antennen entwickeln und sich auf sie hingerichtet entsprechend verhalten. So entsteht eine große Feinfühligkeit gegenüber der Umgebung, die eigene Befindlichkeit und Bedürftigkeit bleiben dahinter zurück. Um nicht immer wieder durch Zurückweisung verletzt zu werden, entwickelt das Kind Strategien, um die Situation des Zurückgewiesenwerdens zu vermeiden. Es entsteht ein unsicheres, gefühlsvermeidendes Bindungsmuster.

Als Erwachsene sprechen Menschen mit distanzierter Bindungsrepräsentanz im AAI inkohärent über ihre Bindungserfahrungen. Sie messen negativen Erfahrungen keine Bedeutung bei, können positive Erfahrungen jedoch nicht mit Beispielen belegen und weisen Erinnerungslücken bezüglich ihrer Kindheitsgeschichte auf (Main 1996). Hilfe in Anspruch zu nehmen, fällt Personen mit distanzierter Bindungsrepräsentanz schwer. Sie neigen weniger dazu in Notsituationen wie z. B. Krankheit Hilfe in Anspruch zu nehmen und bagatellisieren ihre Probleme (Strauß 2006). In der Gegenübertragung lösen diese Patienten mit Abstand am meisten Feindseligkeit beim Therapeuten aus (Strauß 2006).

1.2.2.2 Unsicher ambivalentes Bindungsmuster und verstrickte Bindungsrepräsentanz

Wenn die Bindungsperson manchmal angemessen, manchmal aber auch nicht feinfühlig reagiert, agiert sie grundsätzlich unvorhersehbar und unangemessen.

Ihr Handeln ist nicht kalkulierbar und von ihrer eigenen momentanen Befindlichkeit abhängig. Das Kind kann sich auf das Verhalten der Mutter nicht sicher einstellen, es wirkt emotional verunsichert. Um angemessene Zuwendung zu erhalten und aus Angst, diese zu verlieren, neigt das Kind zu einem klammernden Kontakt zu der Bindungsperson. Diese wiederum benötigt und benutzt unter Umständen ihr Kind zur Aufrechterhaltung des eigenen Gleichgewichtes. Die Autonomiebestrebungen des Kindes werden nicht gefördert, sondern teilweise sogar sanktioniert: Es entsteht ein unsicher ambivalentes Bindungsmuster.

Im AAI zeigen sich bei den Personen mit verstrickter Bindungsrepräsentanz mitunter intensive Gefühle, von denen die interviewte Person überwältigt scheint. Die Erzählstruktur ist beeinträchtigt und die Transkripte sind teilweise sehr lang, wobei auch zahlreiche irrelevante Inhalte bzw. vage Angaben zu finden sind (Main 1996). In bindungsrelevanten Situationen wie z. B. Krankheit suchen diese Personen aktiv Hilfe auf und neigen dazu ihre Situation zu übertreiben (Strauß 2006). Dementsprechend fühlt sich der Therapeut in der Gegenübertragung auch sehr beansprucht (Strauß 2006). In Einklang mit diesen Erkenntnissen berichten Patienten mit verstrickter Bindungsrepräsentanz auch mehr physische Symptome und verursachen durch häufigere Arztbesuche mehr Kosten (Ciechanowsky et al. 2002).

1.2.3 Desorganisiertes Bindungsmuster und von unverarbeitetem Objektverlust beeinflusste Bindungsrepräsentanz

Wenn die Bindungsperson, die in Gefahrensituationen eigentlich beruhigend wirken sollte, in der Interaktion mit dem Kind beispielsweise durch psychopathologische Symptome abwesend ist oder selbst als Gefahrenquelle auf ihr Kind einwirkt (z. B. durch Missbrauch), erfolgt in jedem Fall eine unangemessene Reaktion auf das Bindungsverhalten des Kindes. Weil die Bindungsperson keinen Schutz gewähren kann und selbst zur Quelle der Gefahr für das Kind wird, versagen die Anpassungsstrategien des Kindes. Geschieht dies häufig, z. B. bei schwer traumatisierten, psychisch kranken Müttern oder in einer aggressiven, gewalttätigen Umgebung, kann das Kind keine Bindungsstrategien aufbauen. Es entsteht ein desorganisiertes Bindungsmuster. Bei der Erhebung dieser Bindungsrepräsentanz mit dem AAI zeigen sich mitunter totale Brüche in der Erzählung, inhaltliche Widersprüche, aber auch dissoziative und wahnhafte Elemente (Main 1996). Diese Bindungsrepräsentanz wurde von verschiedenen Autoren in Verbindung mit einer psychopathologischen Entwicklung gebracht (z. B. Rosenstein und Horowitz 1996). Für die gelingende Inanspruchnahme von Hilfe in einer existenziellen Notsituation wie schwerer Krankheit erweist sich die von unverarbeitetem Objektverlust beeinflusste Bildungsrepräsentation als sehr ungünstig wegen des Fehlens möglicher positiver Antworten auf Bindungsangebote.

Die Bindungsrepräsentanzen erwachsener Menschen stehen, wie den obigen Ausführungen zu entnehmen ist, in Zusammenhang zu spezifischen Verhaltensweisen in Notsituationen. Diese Erkenntnis kann für den Kontext der Palliativen Situation nutzbar gemacht werden, indem Interventionsstrategien die internalisierten Bindungserfahrungen der Patienten als Erklärungsmodell für aktuelle Verhaltensweisen nutzen. Darauf aufbauend ist therapeutisch das Angebot einer sicheren Bindungsbeziehung von großer Bedeutung. Die Merkmale einer solchen Beziehung und wie diese vonseiten der Bindungsperson entwickelt werden kann, wird im Folgenden erläutert.

1.3 Wesentliche Merkmale einer sicheren Bindungsbeziehung

Feinfühligkeit wird als wesentliche Grundlage für die Qualität der Bindungsbeziehung gewertet (z. B. Brisch 2009). Feinfühliges, empathisches Pflegeverhalten unterstützt ein Interaktionsmuster, das als sichere Bindungsbeziehung bezeichnet wird (Ainsworth et al. 1971), wenngleich der Zusammenhang zwischen Feinfühligkeit und sicherer Bindung nicht so stark ist, wie ursprünglich von Ainsworth angenommen (vgl. die Metaanalyse von DeWolff und van IJzendoorn 1997). Die Befunde konnten dahingehend spezifiziert werden, dass Feinfühligkeit insbesondere in außerordentlichen Stresssituationen ein guter Prädiktor für Bindungssicherheit zu sein scheint (Mc Elwain und Booth-LaForce 2006). Dieses Ergebnis ist von großer Relevanz für die Anwendung des Konzepts Feinfühligkeit in Palliative Care.

Charakteristische Merkmale feinfühligen Verhaltens sind Ainsworth et al. (1971, 1974) zufolge:

1. Die Bindungsperson sollte in der Lage sein, die Signale des Kindes (z. B. schreien) wahrzunehmen,
2. diese richtig zu interpretieren (z. B. als Hungergefühl) und sie
3. angemessen sowie
4. prompt zu beantworten.

Das Ausmaß der Feinfühligkeit mütterlichen Verhaltens kann z. B. auf der von Ainsworth und Mitarbeitern entwickelten Skala (Ainsworth et al. 1974) mit den Polen »highly sensitive« – »insensitive« bewertet werden. Ein zentraler Aspekt feinfühliger Interaktionen zwischen Baby und Mutter ist die Fähigkeit der Mutter, die Welt mit den Augen des Kindes zu sehen (Mind-Mindedness; Meins 1997), was sich in der Interaktion unter anderem in Kommentaren der Mutter über den mutmaßlichen Gemütszustand des Babys äußert (vgl. Meins et al. 2001). Mind-Mindedness ermöglicht der Mutter folglich die Wahrnehmung ihres Kindes als intentionales Individuum, was grundlegend für die Sinnzuschreibung der kindlichen Signale und darauf aufbauende feinfühlige Reaktionen ist.

Etablierte Mind-Mindedness der Mutter ermöglicht die sensible Wahrnehmung und richtige Interpretation kindlicher Signale. Wichtig für eine gelungene feinfühlige Interaktion ist die sich daraus ableitende Reaktion der Mutter, wobei von besonderem Interesse der Fall ist, dass eine angemessene Reaktion auf ein Bedürfnis des Kindes darin besteht, dieses zu verweigern (z. B. der Wunsch nach Fortführung des Spieles, wenn die Mutter das Kind zu Bett bringen möchte). Nach Ainsworth et al. (1974) zeichnet sich eine hohe Feinfühligkeit in diesem Fall dadurch aus, dass die Mutter signalisiert, das Bedürfnis des Kindes verstanden zu haben und ihm eine zeitlich prompt erfolgende und akzeptable Alternative (in dem oben genannten Beispiel vielleicht durch Vorsingen eines Liedes) zu bieten, sodass die Interaktion für beide – Mutter und Kind – befriedigend verläuft.

1.4 Der Sterbeprozess als bindungsrelevante Situation – Interventionen nach dem Konzept »Feinfühligkeit«

Die Bindungstheorie von John Bowlby fußt zwar auf Beobachtungen von Verhaltensmustern in der frühen Kindheit, aber schon er betont, dass sich Bindungsverhalten in Zeiten größter Abhängigkeit – in der frühen Kindheit und im hohen Alter – am ehesten zeigt (Bowlby 2003, S. 27). In der Phase des Sterbens, dieser existentiell bedrohlichen Trennungs- und Gefahrensituation unseres Lebens, ist das Bindungssystem des Patienten, aber auch der Angehörigen hoch aktiviert. Bei genauer Beobachtung lassen sich die Bindungsrepräsentanzen anhand typischer Interaktionsmuster im Familiensystem, durch genaue Wahrnehmung des Patientenverhaltens; aber auch in der Interaktion zwischen Team und Patienten erkennen und für therapeutische Zwecke nutzen.

Dabei scheint das Konzept von »Feinfühligkeit« hilfreich zu sein, da es dem therapeutischen Team eine Verhaltensgrundlage für das Angebot einer sicheren Bindungsbeziehung gibt (Signale wahrnehmen, richtig interpretieren, angemessen und prompt reagieren) und einen verständnisvollen Zugang zum Verhalten des Patienten ermöglicht. Das multidisziplinäre Team einer Palliativstation kann bei Schwerkranken durch dieses Beziehungsangebot als Zuflucht – mit einem Begriff aus der Bindungstheorie – als »secure base« fungieren. Wie Grossmann (2003) zeigen konnte, ist das zentrale Merkmal einer Intervention, die sich auf das Konzept der »Feinfühligkeit« bezieht, die individuelle Herangehensweise. In der Mutter-Kind-Situation gibt es einen reichhaltigen gemeinsamen Erfahrungshorizont, der die Interpretation kindlicher Signale erleichtert. Auf diesen kann in der palliativen Situation nicht zurückgegriffen werden. Umso wichtiger ist daher die Diagnostik der prägnanten Bindungsrepräsentanzen des Patienten, da deren Kenntnis die Voraussetzung für eine sinnvolle Interpretation der Patientensignale ist. Welchen Bedürfnissen der Patient mit seinen Signalen Ausdruck verleihen möchte und wie das Team angemessen darauf reagieren kann, muss durch eine Analyse der Bindungsgeschichte für jeden Patienten neu entschieden werden. Die Möglichkeit des Einsatzes standardisierter Erwachsenen-Bindungsdiagnostik im Bereich der stationären Palliativmedizin wird derzeit von den Autoren untersucht.

Hinweise auf Bindungsrepräsentanzen ergeben sich im Erstkontakt während des Aufnahmegesprächs über verbale und nonverbale Kommunikation (Sprache, Sprachduktus, Gestik, Körpersprache und Gefühlsäußerungen). Für dieses Gespräch ist viel Zeit notwendig, da es gilt, Sorgen, Ängste und Wünsche zu erkennen. Klare medizinische sowie pflegerische Strategien des Palliativkonzepts wirken meist schon beruhigend und entlastend. Innerhalb des Teams werden die weiteren Kontakte zu dem Patienten und seinen Angehörigen (pflegerisch, medizinisch) täglich in Form von Übergaben kommuniziert. Im Idealfall entsteht sehr schnell das Gefühl einer sicheren Verbindung, einer »secure base« auf Seite des Patienten.

Im Folgenden wird dargestellt, wie die einzelnen Bindungsrepräsentanzen klinisch beobachtet und mit dem Konzept von »Feinfühligkeit« therapeutisch genutzt werden können. Ziel der Interaktionen ist das Angebot einer korrigierenden emotionalen Erfahrung, die letztlich einen ruhigen Sterbeprozess unterstützt.

1.4.1 Autonome Bindungsrepräsentanz

Bei Patienten mit autonomer Bindungsrepräsentanz ist die Kommunikationsfähigkeit fließend mit offenem, klarem Blickkontakt. Im Gespräch zwischen Arzt und Patient, aber auch innerhalb der Familie, werden Gefühle offen und angemessen gezeigt. Der Sprachduktus ist schwingend, modulierend, die Mimik und die Körpersprache entsprechen den Gefühlen. Symptome der Erkrankung werden in klarer, direkter Form offen mitgeteilt. Die Patienten haben ein natürliches Bedürfnis über ihr Leben und ihre Beziehungen zu erzählen. Die Narration wirkt dabei kohärent, biographische Erlebnisse werden selbstreflexiv wiedergegeben. Patienten mit einer autonomen Bindungsrepräsentanz gehen eine »elastische Kooperationsbereitschaft« mit dem Palliative-Care-Team ein.

1.4.1.1 Biographie

Biographisch schwierige Zusammenhänge können in kohärenter, selbstreflexiver Art berichtet werden. Schmerzhafte Erlebnisse werden realistisch und emotional angemessen in ihrem eigenen Kontext dargestellt, empathisches Mitschwingen ist gut möglich. Die Patienten gehen flexibel auf Fragen und neue Sichtweisen des Gesprächspartners ein und können sie in ihre eigenen
Vorstellungen integrieren. Weil Gefühle auch sichtbar in Gestik, Mimik und Körperhaltung kommuniziert werden, ist ein offener verbaler Dialog möglich. Wenn Worte nicht ausreichen, um Trauer in Worte zu fassen, trägt gemeinsame Stille.

1.4.1.2 Interventionen

Dem Konzept von »Feinfühligkeit« folgend lassen sich die Signale des Patienten eindeutig wahrnehmen und gut interpretieren. Ärztliche und pflegerische Hilfe und Entlastung kann angemessen und prompt angeboten werden. Die Begleitung von Patienten mit autonomer Bindungsrepräsentanz ist für Patient, Familie und Team befriedigend.

Sichere, autonome Bindungsrepräsentanz

Der 82-jährige Patient wurde wegen Schmerzen und Sturzneigung bei einem zugrundeliegenden Prostatakarzinom auf unsere Station aufgenommen. Im Erstgespräch fiel auf, dass der Patient – auch im Beisein seiner Familie – offen und klar über seine Erkrankung und die damit einhergehenden körperlichen Symptome, aber auch seine Ängste sprechen konnte. Er äußerte den Wunsch, vor seinem Tod noch einmal nach Hause zu seiner Frau zurückkehren zu können. Als Therapieziel wurde zunächst die befriedigende Behandlung der Schmerzen vereinbart.

Da der Patient seine Familie als große Unterstützung erlebte, reagierte das Stationsteam auf diese Bedürfnisse, indem viel Raum und Zeit für die Angehörigenbesuche zur Verfügung gestellt wurde, sodass pflegerische und ärztliche Aktivitäten nach Möglichkeit nicht den Besuch störten. Bei gleichzeitiger Signalisierung von Verfügbarkeit, beispielsweise in den Visiten und bei der Pflege, konnte das Team der Palliativstation so angemessen auf den Wunsch des Patienten nach Nähe zu seinen Angehörigen reagieren. Die offene Kommunikation in der Familie wurde unterstützt: Mit dem Einverständnis des Patienten wurden die Möglichkeiten der Behandlung mit ihm und seinen Angehörigen besprochen. In den Visiten war es möglich, einfühlsam über die Situation des Patienten zu sprechen und sie gemeinsam mit ihm zu betrauern. Die Gespräche mit dem Stationsteam wurden vom Patienten und den Angehörigen als erleichternd empfunden. Als sich abzeichnete, dass der Patient nicht mehr nach Hause entlassen werden konnte, sagte er: »Frau Doktor, ich wäre so gern noch mal in meine Wohnung zurück, aber das geht nicht mehr. Ich würde so gern noch ein wenig leben – aber das geht nicht. Ich bleibe bei Euch.«

1.4.2 Distanzierte Bindungsrepräsentanz

Im Aufnahmegespräch fällt eine eher spröde, verhaltene Kommunikation mit kürzeren oder längeren Pausen auf, meist ohne spontanen offenen Blickkontakt. Die Sprachmelodie ist wenig modulierend, fast monoton. Es fällt schwer, konzentriert zuzuhören. Situativ angemessene Gefühle werden nicht gezeigt, schwierige Momente im Krankheitsverlauf eher beiläufig, nüchtern, stockend berichtet. Die Angehörigen sind zwar präsent, aber meist in räumlicher und körperlicher Distanz. Das Gefühl von Distanz überträgt sich sofort auf den Zuhörer, es lässt keine spontane Nähe zu. Aus der Körpersprache lässt sich eine gewisse Spannung ablesen, so z. B. geballte Fäuste. Der Gesprächsinhalt beschränkt sich zunächst auf praktische Dinge, Emotionales wird wenig kommuniziert. So sind häufige Bemerkungen: »Da kann man nichts tun«, »Da muss man eben durch« oder ähnliches.

1.4.2.1 Biographie

Erinnerungen an frühere Ereignisse, insbesondere Kindheitserinnerungen, weisen Erinnerungslücken auf, meist wird mindestens ein Elternteil als streng und distanziert beschrieben. Es fällt eine wenig kohärente Narration bei Erzählungen auf. Eltern und Erziehungsmethoden werden idealisiert. Negative Erfahrungen werden umgedeutet (»Eine Tracht Prügel ab und zu, die habe ich immer verdient!«). Der Wunsch nach eigener Unabhängigkeit und eine große Schwierigkeit, fremde Hilfe anzunehmen, werden immer wieder betont. Die Ablösung aus dem Elternhaus erfolgt in der Regel früh.

Diesen Patienten fehlt die frühe Erfahrung einer feinfühligen Zuwendung in Momenten von Gefahr. Die Verhaltensstrategien sind dementsprechend darauf ausgerichtet emotionale Abhängigkeiten aus Angst vor Zurückweisung zu vermeiden, und diese Situationen aus eigener Kraft zu lösen.

1.4.2.2 Interventionen

Da es Menschen mit Affektvermeidung schwer fällt, direkte Signale zu geben, können die verborgenen Wünsche nur indirekt wahrgenommen und feinfühlig gedeutet werden. So mag der wiederholte Wunsch nach einem Schmerzmittel das Signal für Angst und Zuwendungsbedürfnis sein und eine angemessene und prompte Antwort darauf: »Ich bleibe gerne ein wenig bei Ihnen und warte bis das Mittel gewirkt hat«. Diese Reaktion ist unter Umständen wirksamer als eine erneute Schmerzmittelgabe. Die Aussage: »Ich fühle mich heute elend und übel«, könnte bedeuten »Ich habe so Angst, wie es mit mir weitergeht und was mir noch bevorsteht. Vor Angst ist mir ganz schlecht«. Wichtig ist, die Inhalte vorsichtig zu interpretieren und den Patienten stets zu weiteren Erläuterungen seinen Zustand betreffend zu ermutigen, um seine Bedürfnisse zu verstehen und angemessen darauf zu reagieren.

Die verinnerlichten Bindungsmodelle bei Patienten mit distanzierter Bindungsrepräsentanz enthalten die Erfahrung, dass Bindungssignale nach Schutz und Hilfe nicht verstanden oder abgelehnt werden. Um der wiederholten Erfahrung von Schmerz oder Ablehnung in Bindungssituationen zu entgehen, minimieren Personen mit distanzierter Bindungsrepräsentanz ihre Bindungserfahrungen und schaffen sich so weitgehende Unabhängigkeit. In Palliative Care wird den Patienten das Gefühl ermöglicht, dass Signale richtig interpretiert und adäquat beantwortet werden können, was eine emotional korrigierende Erfahrung aufseiten des Patienten unterstützt. Natürlich lässt sich nicht jeder Patient emotional erreichen. Manchmal ist die emotionale Vermeidungshaltung so ausgeprägt, dass sie unterstützt und mitgetragen werden muss. Bei Zusammenbruch der Abwehr drohen sonst heftige, zum Teil delirante psychische Entgleisungen.

Unsichere, distanzierte Bindungsrepräsentanz

Die Einweisung auf die Palliativstation erfolgte bei der 60-jährigen Patientin wegen Schmerzen bei einem zugrundeliegenden Pankreaskarzinom. Im Erstgespräch fielen eine gespannte Stimmung und der mangelnde emotionale Rapport der Patientin auf. Ihr Mann verabschiedete sich beim Eintreten der Ärztin mit einem Kopfnicken von der Patientin und verließ das Zimmer. Die Kommunikation der Patientin war inkohärent: Während die Gesprächsinhalte einen formellen Charakter aufwiesen, spiegelten sich in Mimik und Gestik durch geballte Fäuste bzw. weit aufgerissene Augen Angst und Anspannung. Die Angst der Patientin wurde vom Stationsteam als Bedürfnis nach Klärung und Strukturierung einer »unfassbaren« Situation gedeutet. Daher bestand die erste Intervention in einer Erläuterung der Behandlungs- und Entlassmöglichkeiten. Diese führte zu einer verbal geäußerten Entspannung bei der Patientin (»Ich hatte gedacht, ich müsste hierbleiben!«).

Da die Schmerzen von der Patientin als »unerträglich« wahrgenommen wurden, lag der Schwerpunkt der therapeutischen Intervention auf der Schmerztherapie. Nach erfolgreicher Schmerztherapie wurde die Patientin offener, dennoch waren Gespräche über ihre Situation, insbesondere die Thematisierung emotionaler Erlebnisinhalte, kaum möglich. Die diesbezüglichen Abgrenzungswünsche der Patientin und ihrer Angehörigen (der Mann nahm nur selten Kontakt zu uns auf, der Sohn der Frau erkundigte sich nur telefonisch nach ihrem Befinden) wurden als Grenzen der therapeutischen Intervention vom Stationsteam akzeptiert. Den Bedürfnissen der Patientin entsprechend wurde eine gute Struktur für die Entlassung nach Hause entwickelt. Dies und die wirksame Schmerztherapie stellten angemessene therapeutische Reaktionen dar und führten zu einer tragfähigen und zufriedenstellenden Behandlungsbeziehung zwischen dem Team und der Patientin. Auf Grundlage dieser Beziehung gelang es der Patientin, bedingt eine Ausdrucksform für ihre Gefühle zu finden, indem sie während der Zeit auf der Palliativstation zu malen begann. Am Ende der Behandlung konnte sie noch einmal nach Hause entlassen werden.

1.4.3 Verstrickte Bindungsrepräsentanz

Die Mitteilungsfähigkeit ist bei dieser Bindungsrepräsentanz meist sehr überschwänglich und zwar seitens des Patienten und seiner Angehörigen. Der Erstkontakt ist teilweise von sehr heftigen Emotionen und einer unruhigen Atmosphäre geprägt. Die verbalen Mitteilungen erfolgen in einer stark modulierten Sprache. Gefühle werden oft in schnellem Wechsel von Trauer, Angst und Ärger kommuniziert. Körperlich besteht zwischen Patient und Angehörigen eine deutliche, fast klammernde Nähe. Als Zuhörer ist man von der aufgeregten Atmosphäre zunächst irritiert, es dauert einige Zeit, die Situation zu strukturieren und den Patienten in das Zentrum des Geschehens zu rücken. In der Narration fällt eine gewisse Sprunghaftigkeit auf, der Patient berichtet etwas konfus, teilweise mit schier endlosen, detaillierten, ermüdenden Beschreibungen von seinen Krankheitserlebnissen.

1.4.3.1 Biographie

Erinnerungen an frühere Ereignisse und Kindheitserlebnisse sind durch eine Fülle von Details, inhaltlichen Verstrickungen und widersprüchlichen Aussagen gekennzeichnet. Meist erzählen die Patienten von einer »wunderschönen« Kindheit. Frühe Bindungserfahrungen werden als unstet bewertet und oft sehr ambivalent beschrieben. Eine Ablösung aus dem Elternhaus erfolgt meist spät, bei genauem Hinterfragen lassen sich meist Verstrickungen und symbiotische Beziehungen erkennen.

1.4.3.2 Interventionen

Die Signale der Patienten und einer meist sehr eng klammernden Familie zu erkennen und dann feinfühlig zu beantworten, ist anstrengend. Zunächst übernimmt oft der mitunter überlastete Angehörige die Führung des Aufnahmegespräches, der Patient scheint erschöpft und kontaktunfähig, bei genauem Hinspüren fühlt man meist eine gewisse Verstimmung und Ärgerlichkeit.

Eine Ehefrau, die konstant die von mir an den Patienten gerichteten Fragen beantwortete, konnte ich mit folgender Intervention bremsen, aber gleichzeitig zu einer wichtigen Partnerin machen: »Ihr Engagement für Ihren Ehemann ist für mich sehr bemerkenswert, ich bin voll Respekt und Bewunderung. Seine körperlichen Beschwerden kann Ihr Mann aber am besten selbst schildern. Wenn wir ihm zugehört haben, bin ich sicher, dass sie seine Angaben mit wichtigen und wertvollen Details ergänzen können!« So wird der Autonomiewunsch des Patienten (»Es geht hier um mich!«) als Signal wahrgenommen und befriedigend beantwortet.

Wenn klare Strategien für die Behandlungszeit erläutert werden können, führt dies meist zu einer spontanen Entlastung der aufgeregten Atmosphäre. Dabei ist die meist hohe Ambivalenz der Signale verwirrend: Im gleichen Atemzug ist folgende Aussage möglich: »Ich will eigentlich am liebsten sofort sterben – wann kommt endlich die Schwester und hängt mir meine Ernährung an?!« Es erfordert viel Zeit, mit Patienten eigene Wünsche und Vorstellungen gemeinsam zu erarbeiten und eine erlebbare Grauzone in dem oft extremen Spagat zwischen »Leben« und »Sterben« zu entwickeln. Autonomiebestrebungen sind im Laufe des Lebens dieser Patienten meist erschwert, ja oft sogar unterbunden worden. Es entstanden Verstrickungen mit der Bindungsperson, die in ähnlicher Form mit dem Ehepartner weiter geführt wurden.

Meist besteht ein großer Wunsch nach körperlicher Nähe. Pflegemaßnahmen, Atemtherapie, aber auch Handberührungen während der Visite erfüllen diesen Wunsch. Dabei sind zeitliche Grenzen notwendig, denn die Patienten neigen zu Grenzenlosigkeit. Wir nennen sie manchmal »unersättliche Kinder«. Die Interaktion zwischen Patient und Team sollte von einer sicheren, für den Patienten immer angemessenen vorhersagbaren Verfügbarkeit geprägt sein. In diesen sicheren Grenzen ist es dem Patienten möglich, die Erfahrung von vorhersehbarer, sicherer Zuneigung und Nähe bei gleichzeitiger Akzeptanz der eigenen Autonomiewünsche zu machen.

Unsichere, ambivalent-verstrickte Bindungsrepräsentanz

Überlastung der Ehefrau sowie Übelkeit und Erbrechen waren die Aufnahmekriterien für einen 75 Jahre alten Mann mit Lymphdrüsenkarzinom auf unsere Station. Im Erstgespräch wurde deutlich, dass sich ein Gespräch mit dem Patienten im Beisein seiner Ehefrau schwierig gestaltete, da sie sehr viel über den Zustand ihres Mannes sprach und eindringlich Hilfe forderte. Der Kontakt zum Patienten konnte nur über eine klare Abgrenzung (»Bitte lassen Sie doch einmal ihren Mann beschreiben, wie es ihm geht«) aufgebaut werden. Der Patient, der seine Frau nach eigenen Schilderungen als überfürsorglich und einengend erlebte, wurde vom Team in seinen Autonomiebedürfnissen unterstützt. Tägliche, gezielt an ihn gerichtete Kommunikationsangebote in der Visite und während der Pflege führten zu einem gelingenden Kontaktaufbau, der allerdings durch den sich schnell verschlechternden Allgemeinzustand des Patienten wieder eingeschränkt wurde.

Die Ehefrau trat oft mit Gesprächswünschen an das Team heran und wurde so in die Interventionen einbezogen. Ging es bei dem Patienten um minimale Unterstützung von Autonomiebestrebungen, wurde auf ihre Bedürfnisse nach Sicherheit und Bindung durch klar abgegrenzte Gesprächssituationen eingegangen, die jedoch nur temporär entlastende Wirkung hatten. Um eine triadische Konfliktentstehung zu vermeiden, wurde die Frau, wenn sie beim Patientengespräch anwesend war, ermuntert relevante Aspekte zu dem Gesagten des Patienten hinzuzufügen, wodurch der Fokus deutlich auf den Patienten gelegt, sie aber nicht von der Kommunikation ausgeschlossen wurde. Der schlechter werdende Allgemeinzustand des Patienten und die damit verbundene bevorstehende Trennungssituation versetzten die Frau sehr in Aufruhr (»Ich weiß gar nicht, wie es mit mir ohne ihn weitergeht«) und führten zu einer Unruhe, die sich auf den teilweise bewusstseinsgetrübten Patienten übertrug. Der Patient verstarb schließlich auf unserer Station.

1.4.4 Bindungsrepräsentanz mit unverarbeitetem Objektverlust

Meist zeigen sich bereits im Erstgespräch Brüche auf der Ebene des sprachlichen und gedanklichen Inhaltes sowie im Schildern des affektiven Erlebens. Im Stress der neuen Umgebung können dissoziative Momente oder gar psychotisch wirkende Sequenzen auftreten. Die Sprache moduliert meist sehr stark, sie reicht von leisen, fast flüsternden bis hin zu unerwartet überlauten Mitteilungen. Signale nach Hilfe und Geborgenheit sind vielfältig und verwirrend.

1.4.4.1 Biographie

In Berichten über frühere Bindungserfahrungen geraten die Patienten manchmal in dissoziative, tranceähnliche Zustände. Gewalterfahrungen durch körperlichen, sexuellen und seelischen Missbrauch sind häufig, aber auch unverarbeitete Traumata wie z. B. in der Kriegs- oder Kriegskindergeneration durch Flucht und Vertreibung finden sich oft in den Biographien dieser Patienten. Eine Kommunikation darüber ist wegen der Gefahr der Retraumatisierung mit psychischer Entgleisung nur eingeschränkt möglich. Affekte können oft schwer kontrolliert und daher kaum angemessen mitgeteilt werden. Je abhängiger der Patient im Rahmen seiner schweren Erkrankung von der Hilfe fremder Personen wird, desto leichter versagen seine mühsam erworbenen Anpassungs- und Verhaltensstrategien. Es gibt keine stabile innere Erfahrung von Sicherheit. So erfolgen zeitweise heftige Affektdurchbrüche von Wut und Trauer bis hin zu schweren Angst- und Panikattacken.

1.4.4.2 Interventionen

Mit einer feinfühligen therapeutischen Intervention auf das oftmals sozial grenzüberschreitende oder stark rückzugsorientierte Verhalten des Patienten zu reagieren, stellt die größte Herausforderung für das Team dar. Inter- und Supervisionsarbeit sind besonders hier eine wichtige Grundlage für einen gelingenden Beziehungsaufbau. Normative Interventionsziele für Patienten mit desorganisierten Bindungsrepräsentanzen zu entwickeln, ist wenig sinnvoll. Grundsätzlich kann auch ein lediglich vorübergehender Aufbau der Bindungsbeziehung zwischen einzelnen Teammitgliedern und dem Patienten durch die damit einhergehende offenere Kommunikation beispielsweise zu einer erleichterten Pflege bzw. einer für den Patienten befriedigenden Schmerztherapie beitragen und daher eine wirkungsvolle Intervention darstellen. Wegen der vielfältigen und wechselnden Bedürfnisse der Patienten ist es für das Team wichtig, zu entscheiden, welche Reaktionen angemessen sind. Mehr als bei den Patienten mit anderen Bindungsrepräsentanzen werden diejenigen mit einer von unverarbeitetem Objektverlust beeinflussten Repräsentanz entweder auf Bindungsangebote gar nicht eingehen oder grenzüberschreitende Forderungen stellen. Hier ist für eine gelingende Intervention die Vergegenwärtigung wichtig, dass nicht allen Bedürfnissen des Patienten nachgekommen werden muss (auch die weise, starke und feinfühlige Mutter hat Grenzen und wird diese ihrem Kind bei dementsprechendem Verhalten aufzeigen). Wichtig ist die Verbindlichkeit in den zugesagten Bindungsangeboten und die Intervisionsarbeit im Team, damit sich die Wertschätzung gegenüber dem Patienten nicht vermindert.

Unverarbeiteter Bindungsstatus

Die 86-jährige Patientin wurde wegen eines exulzerierenden Tumors eines zugrundeliegenden Mamakarzinoms und sozialer Indikation auf die Palliativstation aufgenommen. Zunächst ließ sie keine Teammitglieder zu sich. Wegen starker Schmerzen konnte die Patientin schließlich eine medikamentöse Intervention zulassen. Im Erstgespräch wirkte sie misstrauisch und ging weder auf die Gesprächsangebote ein noch äußerte sie selbst etwas. Ein zeitweiser Beziehungsaufbau gelang durch gute pflegerische sowie schmerztherapeutische Versorgung. Die mitunter grenzenlosen Bedürfnisse der Patientin wurden vom Team angemessen beantwortet, indem eine klare Grenzziehung anhand der Möglichkeiten des Teams erfolgte (»Ich kann jetzt gern für einige Zeit bei ihnen bleiben und in dieser Zeit bin ich auch gern ganz für Sie da; später gehe ich weiter meiner Arbeit nach«). Auf diese Weise gelangen Kontakte zur Patientin, die für beide Seiten angenehm waren. Da die Patientin nicht von Angehörigen aufgesucht wurde und bis zu ihrem Tod auf der Station verblieb, waren die Mitglieder des Stationsteams die einzigen zwischenmenschlichen Kontakte der Patientin. Gegen Ende der Behandlungszeit wurde die Patientin zunehmend unruhig und delirant, was sich bis zu psychotischen Symptomen in der Terminalphase steigerte. Um sie vor diesem sehr belastenden Erregungszustand zu schützen, verabreichten wir sedierende und antipsychotische Medikamente. Sie wurde darunter ruhiger und entspannter. Sie verstarb kurze Zeit später.

1.5 Ausblick

Anliegen der präsentierten Arbeit war die Darstellung möglicher bindungstheoretisch begründeter Interventionen in Palliative Care. Vorangegangene Veröffentlichungen der Erstautorin (Petersen und Köhler 2005, 2006, Petersen 2008, 2009) und die zu Beginn der Arbeit angestellten Überlegungen weisen darauf hin, dass die Erkenntnisse der Bindungstheorie und der klinischen Bindungsforschung gewinnbringend für die Palliative Situation genutzt werden können. Zwei Aspekte, die die Relevanz der Bindungstheorie in der Palliative Care unterstreichen, sollen hier erneut aufgegriffen werden. Das Vorliegen einer schweren Erkrankung, die wahrscheinlich zum Tod führt, stellt für den betroffenen Menschen und seine Angehörigen eine bindungsrelevante Situation dar. Ein im Laufe der Krankheit zunehmendes Unvermögen, Bedürfnisse aus eigener Kraft zu befriedigen, erhöht die Abhängigkeit des Patienten von seiner sozialen Umwelt stetig. Damit einher geht notwendigerweise eine vermehrte Beanspruchung von Bindungen, deren Ausgestaltung wiederum von den Bindungsrepräsentanzen des schwerkranken Menschen (und der relevanten Bindungsperson) abhängig ist. Durch den bevorstehenden Tod des Patienten sind alle in die Situation involvierten Personen zudem mit einer endgültigen Trennungssituation konfrontiert, die sich auf die individuellen Bindungserfahrungen ganz unterschiedlich auswirken kann, z. B. als Auflösung oder als Fortführung von Bindung über den Tod hinaus.

Die obigen Erläuterungen erlauben die These, dass die letzte Lebensphase wie keine andere die Möglichkeit und Notwendigkeit der existenziellen Auseinandersetzung mit Bindungen beinhaltet.

Die Anwendung der Bindungstheorie in Palliative Care birgt daher viele Potentiale. Wie in den Fallbeispielen angedeutet, wird eine verständnisvolle Wertschätzung des Patienten vonseiten des Teams durch eine Erklärung seines Verhaltens auf Grundlage der Bindungstheorie unterstützt. Darüber hinaus können auch Bedürfnisse, die vom Patienten nicht offen artikuliert werden, durch die Kenntnis der spezifischen Bindungsrepräsentanz besser wahrgenommen und beantwortet werden. Schließlich ermöglicht die Anwendung der Bindungstheorie auch eine klare Grenzziehung zwischen unerfüllbaren und erfüllbaren Bedürfnissen. Das Konzept Feinfühligkeit ermöglicht immer die Reflexion darüber, welche Reaktionen angemessen für den Patienten und (!) das Palliative Care-Team sind, und orientiert sich weniger an der Quantität der Reaktionen als vielmehr an deren Verbindlichkeit.

Trotz der vielversprechenden Ansätze muss die Tragfähigkeit der Theorie und vor allem der Erfolg bindungstherapeutischer Interventionen in Palliative Care noch stärker systematisch untersucht werden. Da als entwicklungspsychologische Theorie entwickelt, ist unklar ob die aus der Bindungstheorie abgeleiteten Interventionen für die Erwachsenentherapie nützlich sind. Die bisherigen Anstrengungen bindungstherapeutischer Interventionen, in denen eine Veränderung der Bindungsrepräsentanz angestrebt wurde, zeigten nur mäßige Erfolge (Daniel 2006, Strauß und Schwark 2007). Es gibt auch Schwierigkeiten, die Wirkfaktoren einer bindungstheoretisch begründeten Therapie von den allgemeinen Wirkfaktoren der Psychotherapie zu unterscheiden (Strauß und Schwark 2007). In der Palliative Care existieren zudem mehr als in anderen therapeutischen Zusammenhängen konfundierende Faktoren, die eine kausale Erklärungskette von therapeutischen Interventionen erschweren. Da die Patienten wegen einer massiven Symptombelastung im Kontext einer lebensbedrohenden Erkrankung auf die Station eingewiesen werden, kann die Wirksamkeit der begleitenden psychologischen Interventionen nicht losgelöst von der pharmakologischen und medizinischen Therapie sowie der Tatsache, dass eventuell durch den Wechsel von zu Hause bzw. einer Betreuungseinrichtung auf die Station eine Entspannung eingetreten ist, interpretiert werden.

Das Potential der Bindungstheorie für den Bereich ist dennoch erheblich, wie vor dem Hintergrund der WHO-Definition von Palliative Care deutlich wird, die neben der medizinischen eine soziale, psychologische und spirituelle Begleitung der schwerkranken Patienten und ihrer Angehörigen fordert. Als umfassende Theorie von Bindung ermöglicht sie Erklärungsansätze nicht nur für die Patient-Therapeut-Interaktion (psychologischer Aspekt), sondern auch für die Beziehung des Patienten zu seinem Umfeld (psychologischer und sozialer Aspekt) und sogar für die Beziehung des Patienten zu religiösen Figuren bzw. seine Einstellung zu spirituellen Fragen (spiritueller Aspekt) und trägt somit der Ganzheitlichkeit von Palliative Care auf Theorie- und Umsetzungsebene Rechnung.

Literatur

Ainsworth MDS, Bell SM, Stayton DJ (1971) Individual differences in Strange Situation behavior of one-year-olds. In: Schaffer HR (Hrsg.) The Origins of Human Relations. London: Academic Press. S. 17–56.

Ainsworth MDS, Bell SM, Stayton DJ (1974) Infant-mother attachment and social development: Socialization as a product of reciprocal responsiveness to signals. In Richards MPM (Hrsg.) The Integration of a Child Into a Social World. London: Cambridge University Press. S. 99–135.

Bowlby J (1958) The nature of the child's tie to his mother. International Journal of Psycho-Analysis 39:350–373.

Bowlby J (1969) Attachment and loss. Bd. 1: Attachment. New York: Basic Books.

Bowlby J (2003) A secure base – clinical applications of attachment theory. Cornwall: TJ International Ltd.

Brisch KH (2009) Bindungsstörungen. Von der Bindungstheorie zur Therapie. Stuttgart: Klett-Cotta.

Ciechanowsky PS, Walker EA, Katon WJ, Russo JE (2002) Attachment Theory: A Model for Health Care Utilization and Somatization. Psychosomatic Medicine 64:660–667.

Daniel, SIF (2006) Adult attachment patterns and individual psychotherapy: A review. Clinical Psychology Review 26:968–984.

DeWolff MS, van IJzendoorn MH (1997) Sensitivity and Attachment: A Meta-Analysis on Parental Antecedents of Infant Attachment. Child Development 68:571–591.

Gloger-Tippelt G, Hofmann V (1997) Das Adult Attachment Interview: Konzeption, Methode und Erfahrungen im deutschen Sprachraum. Kindheit und Erziehung 3:161–172.

Grossmann K (2003) Nachsorgebedarf bei Frühgeborenen aus der Sicht der Entwicklungspsychologie. In: Porz F, Erhardt H, beta Institut (Hrsg.) Case-Management in der Kinder- und Jugendmedizin – Das Augsburger Modell. Stuttgart: Thieme. S. 27–31.

Grossmann K, Grossmann K (2004) Bindungen – das Gefüge psychischer Sicherheit. Stuttgart: Klett-Cotta.

Levy KN, Blatt SJ, Shaver PR (1998) Attachment styles and Parental Representations. Journal of Personality and Social Psychology 74(2):407–419.

Main M (1996) Introduction to the Special Section on Attachment and Psychopathology: 2. Overview of the Field of Attachment. Journal of Consulting and Clinical Psychology 64:237–243.

McElwain NL, Booth-LaForce CB (2006) Maternal Sensitivity to Infant Distress and Nondistress as Predictors of Infant-Mother Attachment Security. Journal of Family Psychology 20:247–255.

Meins E (1997) Security of attachment and the social development of cognition. Hove: Psychology Press.

Meins E, Fernyhough C, Fradley E, Tuckey M (2001) Rethinking maternal sensitivity: Mothers' comments on infants' mental processes predict security of attachment at 12 months. Journal of Child Psychology and Psychiatry 42:637–648.

Petersen Y (2008) Kommunikation in der Sterbebegleitung unter bindungstheoretischen Aspekten. In: Kästner R, Debus G, Rauchfuß M (Hrsg.) Dialog zwischen Klinik und

Praxis – Kommunikation zum Nutzen der Patientin. Beiträge der 36. Jahrestagung der Deutschen Gesellschaft für Psychosomatische Frauenheilkunde und Geburtshilfe 2007. Frankfurt/M.: Mabuse. S. 93–101.

Petersen Y (2009) Beziehungskonflikte am Ende des Lebens – Lösungsansätze mit Hilfe der Bindungstheorie. In: Dorfmüller M, Dietzfelbinger H: Psychoonkologie. Diagnostik-Methoden-Therapieverfahren. München: Urban & Fischer. S. 99–106.

Petersen Y, Köhler L (2005) Die Bindungstheorie als Basis psychotherapeutischer Interventionen in der Terminalphase. Forum der Psychoanalyse 21:277–292.

Petersen Y, Köhler L (2006) Application of attachment theory for psychological support in palliative medicine during the terminal phase. Gerontology 52:111–123.

Rosenstein DS, Horowitz HA (1996) Adolescent Attachment and Psychopathology. Journal of Consulting and Clinical Psychology 64:244–253.

Strauß B (2006) Bindungsforschung und therapeutische Beziehung. Psychotherapeut 51:5–14.

Strauß B, Schwark B (2007) Die Bindungstheorie und ihre Relevanz für die Psychotherapie – »ten years later«. Psychotherapeut 52:405–125.

2 Sterbetrauer beginnt mitten im Leben

Eckhard Frick

2.1 Einführung

Psychoanalyse und Palliative Care – ein »trauriges« Thema, das eher abschreckt als anzieht, also aversiv wirkt? Ein Thema, das nur diejenigen interessiert, die sich ohnehin in Palliative Care engagieren, und das im Übrigen für die Psychoanalyse ohne Belang ist? Ich möchte anhand der lebenslangen Trauerarbeit zeigen, was Psychoanalyse und Palliative Care voneinander lernen können. Trauerarbeit betrifft nicht bloß die Zeit unmittelbar vor dem Tod und unmittelbar danach – also die Trauer der Sterbenden, die vom Leben Abschied nehmen, und der zurückbleibenden »Hinterbliebenen«, die den Verlust der verstorbenen Person verarbeiten:

> »Trauern bezeichnet ursprünglich den lang anhaltenden seelischen schmerz, wie er vornehmlich aus einem tragischen erlebnis, einer schmerzlichen entbehrung erwächst oder einen zustand dieser art begleitet der gebrauch des wortes hat sich in diesem sinne mehr und mehr auf die totentrauer, besonders ihre äuszere bezeugung eingeschränkt« (Wörterbuch der Gebrüder Grimm).

Trotz dieser sprachgeschichtlich fassbaren Einengung bestimmt Trauer den gesamten Lebenszyklus mit. Ich möchte den Begriff der Trauerarbeit um die Sterbetrauer erweitern, die mitten im Leben beginnt. Sterbetrauer ist der Abschied vom eigenen Leben, die Abschiedlichkeit (Weischedel 1980, Kast in diesem Band) des gesamten Lebens. Schon Bowlby hat hervorgehoben, dass sich Verlust und Bindung entsprechen. Trennung und Abschied aktivieren das Bindungssystem, nicht nur im Fremde-Situations-Test (Ainsworth et al. 1978), nicht nur bei der Trauer um den Tod eines nahen Angehörigen, sondern auch in den kleinen und großen Abschieden unseres Lebens (vgl. den Beitrag von Petersen und Hloucal in diesem Band).

Trauerarbeit: Für Freud hat der Begriff »Arbeit« eine recht spezifische, dynamische und sich stufenweise, phasisch entfaltende Bedeutung. So wurzelt die »Traumdeutung« in einer zunächst nicht symbolisierbaren Symptomatik, die wir aus Freuds Autobiografie kennen, d. h. aus seiner »Entdeckung« des Unbewussten (Ellenberger 1970/1985). Arbeit ist eine zentrale Kategorie in Freuds Denken (Deserno 2014), etwa in den Begriffsschöpfungen Traumarbeit, Witzarbeit, Deutungsarbeit, schöpferische Arbeit und therapeutische Arbeit oder in den Wortverbindungen psychische Verarbeitung und assoziative Verarbeitung. In ähnlicher Weise spricht auch Viktor von Weizsäcker von der Schmerzarbeit (Frick 2015).

Bei Freud selbst, aber auch in jeder anderen psychischen Entwicklung, die von einer verdinglichenden Sicht des Seelischen zum Mentalisieren (Fonagy et al. 2002/2004) führt, gilt aber auf einer nächsten Stufe: Was zunächst befremdliches, weil unverständliches Traummaterial war, wird in der Weiterverarbeitung ein neurotisches und dann ein psychisches Drama, das der Deutungsarbeit als Umkehrung der Traumarbeit zugänglich ist. Mentalisieren – Denken und Fühlen – lernen wir in frühen, mehr oder minder sicheren Bindungsbeziehungen, die sich als Bindungsrepräsentanzen niederschlagen und unser gesamtes psychisches Leben mitprägen. Von hoher Bedeutung für die Entstehung eines sicheren »inneren Arbeitsmodells« bzw. einer autonomen Bindungsrepräsentanz ist die Feinfühligkeit der Mutter bzw. der Haupt-Bindungsperson. Als charakteristische Merkmale feinfühligen Verhaltens gelten in der Bindungsforschung die Fähigkeiten

1. zur Wahrnehmung kindlicher Signale (z. B. Schreien),
2. zur richtigen Interpretation (z. B. als Hungergefühl),
3. zur angemessenen und
4. zur prompten Beantwortung, d. h. zur adäquaten Handlung.

»Feinfühligkeit« eignet sich auch als Richtschnur für einen mentalisierenden und Mentalisierung fördernden therapeutischen Stil innerhalb des Palliative-Care-Teams (vgl. den Beitrag von Loetz und Müller in diesem Band). Im Unterschied zur mechanischen Signalverarbeitung durch eine Maschine, im Unterschied zu einem Zufallsgenerator oder zu einer vernachlässigenden, traumatisierenden Bindungsperson sind die Reaktionen der feinfühligen Bindungsperson verlässlich und stehen im Zusammenhang mit inneren, mentalen (intentionalen) Zuständen. »Arbeit« im Sinne Freuds heißt immer psychische Arbeit, Reflexion im Sinne des auf einer sicheren oder sicherer werdenden Bindungsbeziehung beruhenden Mentalisierens. Im Französischen bedeutet travail (Arbeit) auch: Geburtswehen. Das erinnert daran, dass aus der Arbeit etwas Neues entsteht.

Die Todesarbeit hat in Analogie zu den vorgenannten »Arbeiten« die folgenden Phasen:

- eine somatische: der Tod wird durch den Körper gespürt, wie eine stille Person auf einem Gemälde;
- der Tod wird gedacht, repräsentiert wie ein räumlich und zeitlich entfaltetes Drama auf verschiedenen Schauplätzen der seelischen Bühne;
- das Todeshandeln im Psycho-Soma erscheint organisch, ist aber ganzheitlich, eingebettet in die Biografie (Pontalis 1976).

Der Tod wird nicht mehr einfach als äußeres Ereignis gedacht, er kann zur Todesangst und zum unbewussten Schuldgefühl werden oder zum Wunsch, etwa in Form des auf einen anderen Menschen sich richtenden Todeswunsches oder als Sterbewunsch. Zu unterscheiden ist zwischen dem suizidalen Wunsch nach dem »Dass« von Sterben und Tod einerseits und der Gestaltung des »Wie« andererseits, also des Sterbeprozesses im Hinblick auf das Selbst (z. B. was Nahrungs- und Flüssigkeitszufuhr angeht) (Roser 2012) wie auch in Bezug auf die anderen (Breitbart et al. 2010).

Die Todesarbeit, so Pontalis, ist die der analytischen Arbeit entgegen gesetzte Arbeit. Andererseits gilt: Die Todesarbeit ist nicht nur in der palliativen Situation Thema von Psychoanalyse und Psychotherapie, sondern mehr oder minder bewusst in jeder psychotherapeutischen Beziehung (vgl. den Beitrag von Vogel in diesem Band).

Vielleicht neigen wir in unserer bewussten Einstellung zum Leben dazu, die Entwicklung des jungen Menschen und den physischen und psychischen Abbau des alten als zwei getrennte und entgegengesetzte Prozesse zu betrachten. Im Gegensatz zu dieser bewussten Tendenz schlug C. G. Jung vor, das Heranreifen des jungen und das Älterwerden bzw. Sterben des alten Menschen als eine Kurve aufzufassen (Jung 1934/1967):

> »Mit der Erlangung der Reife und des Höhepunktes des biologischen Lebens, welcher ungefähr mit der Lebensmitte zusammenfällt, hört aber die Zielstrebigkeit des Lebens keineswegs auf. Mit derselben Intensität und Unaufhaltsamkeit, mit der es vor der Lebensmitte bergauf ging, geht es jetzt bergab, denn das Ziel liegt nicht auf dem Gipfel, sondern im Tale, wo der Aufstieg begann. Die Kurve des Lebens ist wie eine Geschoßparabel. In seiner anfänglichen Ruhelage gestört, steigt das Geschoß und kehrt wieder zur Ruhelage zurück« (GW 8, § 798).

Die psychologische Lebenskurve, so fährt Jung fort, wolle allerdings »mit dieser Naturgesetzlichkeit nicht übereinstimmen«. Der »puer aeternus« ebenso wie das »ewige Mädchen« versuchen, ihre Jugend festzuhalten, den Gipfel hinauszuzögern, den Uhrzeiger anzuhalten, den Beginn des Alterns zu vermeiden.

> »Ist man mit einiger Verspätung schließlich doch auf einen Gipfel gelangt, so setzt man sich psychologisch auch dort wieder zur Ruhe, und obschon man merken könnte, wie man auf der anderen Seite wieder herunterrutscht so klammert man sich doch wenigstens mit anhaltenden Rückblicken an die einstmals erreichte Höhe. Wie früher die Furcht als Hemmnis vor dem Leben stand, so steht sie jetzt vor dem Tode« (GW 8, § 799).

Im Gegensatz zum mehr oder minder bewussten Konstrukt des Todes am Lebensende geht es also lediglich um das Bewusstwerden und Zulassen einer Dynamik, die viel früher anfing, nämlich am Beginn des Lebens und nochmals verschärft am Scheitelpunkt der Lebenslinie:

> »Der Nährboden der Seele ist das natürliche Leben. Wer dieses nicht begleitet, bleibt in der Luft hängen und erstarrt. Darum verholzen so viele Menschen im reifen Alter, sie schauen zurück und klammern sich an die Vergangenheit mit geheimer Todesfurcht im Herzen. Sie entziehen sich dem Lebensprozeß wenigstens psychologisch und bleiben darum als Erinnerungssalzsäulen stehen, die sich zwar noch lebhaft an ihre Jugendzeit zurückerinnern, aber kein lebendiges Verhältnis zur Gegenwart finden können. Von der Lebensmitte an bleibt nur der lebendig, der mit dem Leben sterben will. Denn das, was in der geheimen Stunde des Lebensmittags geschieht, ist die Umkehr der Parabel, *die Geburt des Todes*. Das Leben der zweiten Lebenshälfte heißt nicht Aufstieg, Entfaltung, Vermehrung, Lebensüberschwang, sondern Tod, denn sein Ziel ist das Ende. Seine-Lebenshöhe-nicht-Wollen ist dasselbe wie Sein-Ende-nicht-Wollen. Beides ist: Nicht-leben-Wollen. Nicht-leben-Wollen ist gleichbedeutend mit Nicht-sterben-Wollen. Werden und Vergehen ist dieselbe Kurve« (GW 8, § 800).

Jung ist skeptisch gegenüber spirituellen Neuaufbrüchen unter dem Eindruck der Todesgefahr. Es ist ihm »unsympathisch«, »plötzlich einen Glauben aus der Tasche zu ziehen« (GW 8, § 804). Andererseits weist er darauf hin, dass die Todessymbole des Christentums, des Buddhismus und anderer Religionen weder ausgedacht sind noch Projektionen entspringen, sondern vielmehr aus dem Unbewussten stammen. »Denn – Aufklärung oder nicht, Bewusstsein oder nicht – die Natur bereitet sich auf den Tod vor« (GW 8, § 804). Aus Jungs Skepsis einerseits und aus der Annahme naturwüchsiger Todessymbole, wie sie in den Religionen, aber auch spontan in Träumen und inneren Bildern vorkommen, andererseits folgt eine wichtige Unterscheidung: Tragfähige Symbole, die zu leben und zu sterben helfen, stehen neben den vielgestaltigen Weigerungen des Bewusstseins, auf den Tod zuzugehen.

Die folgenden Überlegungen gliedern sich nach den folgenden Thesen:

1. Das Symbol ist ein Kind der Trauerarbeit
2. Symbolisierung und Trauerarbeit sind zweistufige Prozesse
3. Heilsame Symbole erschließen ein Drittes
4. Der Wunsch nach dem beschleunigten Tod ist ein Wunsch nach Bindung
5. Trost öffnet dem Individuum einen archetypischen Raum

2.2 Das Symbol ist ein Kind der Trauerarbeit

Ein 30-jähriger Analysepatient, ich nenne ihn Florian, klagt darüber, dass ihm die Lebenszeit zu kurz wird. Er denkt oft darüber nach, dass mit dem Tod alles aus sei, dass nichts von ihm bleibe, dass er keine Spuren in dieser Welt und unter ihren Menschen hinterlasse. Er fragt sich, ob er Sandburgen bauen solle, wo doch schon beim Bauen klar sei, dass Flut, Wind, Regen diese zerstören würden, von bösen oder unachtsamen Menschen ganz zu schweigen. Gleichzeitig ist sein großes Lebensthema, dass er sich scheut, »Verantwortung zu übernehmen«. Der eigene Vater sei ihm bei der Suche nach männlicher Identität keine Hilfe gewesen.

Ob wir diese Situation nun als ödipale Auseinandersetzung auffassen oder jungianisch und psychogenetisch »früher« als heldenhaften Drachenkampf des Ichs auf dem Weg der Individuation: Florian steht unter einem riesengroßen Anspruch, leidet unter einer narzisstisch gefärbten Arbeits- und Beziehungsstörung und unter einer Werdens- und Entwicklungshemmung. Die Angst, dass ihm die Lebenszeit zu kurz werden könnte, hat sicher auch einen Übertragungsaspekt: Er ist 180 Stunden bei mir in Analyse. Nachdem er anfangs meine psychoanalytische Kompetenz – und damit symbolisch meine männliche Potenz – in Frage gestellt hatte, weiß er nun, dass zur analytischen Bindung auch Abschied gehört, also auch Trauerarbeit. Aber seine Sinn-Krise reicht tiefer: Die

Befürchtung, nichts Bleibendes zu hinterlassen, keine Werte zu realisieren, hindert ihn auch daran, die Sohn-Rolle aufzugeben und Kinder zu zeugen, in denen er »weiterleben« könnte, wie man zu sagen pflegt. Bei der Auseinandersetzung mit Lebenssinn und Transzendenz, mit dem Jenseits der Grenze, geht es ganz grundsätzlich um Florians Spiritualität. Er betont, nicht religiös zu sein. Ich schlage vor, Florians spirituelle Krise als Trauerarbeit aufzufassen. Dabei geht es mir nicht darum, dass Florian als Adoleszent seinen Vater verloren hat und diese Trauerarbeit in gewisser Weise noch nachwirkt. Der Abschied vom adoleszenten Selbstbild zeigt sich in Florians folgendem Traum:

Florians Traum

»Ich gehe durch einen Wald zu einer Jugendherberge. Ich bin ein wenig traurig, dass der Urlaub schon vorbei ist und bedauere, kein Tagebuch geschrieben zu haben. Ich komme schließlich an und suche mein Stockbett. Schließlich erkenne ich es daran, dass ein Ikonenbild darüber hängt, es ist allerdings schon gemacht und auch alles aufgeräumt. Ich gehe noch ein wenig durch die Herberge und sehe Dinge anderer Leute, die auf dem Boden liegen. Ich überlege mir, ob ich davon etwas mitnehmen soll, bin mir aber dann doch nicht sicher, ob sie sie zurückgelassen haben oder noch mal wiederkommen.«

In diesem Traum kehrt Florian in die Jugendherberge zurück, von der er nur schwer Abschied nehmen kann. Was kann er »mitnehmen«, das seiner männlichen Identität nutzt? Neu ist die Ikone über seinem Bett, wohl eine Marienikone, das Bild der großen Mutter. Florian assoziiert dazu den Trost durch eine Frau, ein Trost, der seine Männlichkeit nicht beschädigt oder vernichtet, sondern anerkennt.

Inwieweit ist Trauerarbeit, das Verschmerzen von Verlust und Abschied, eine Symbolerfahrung? Inwieweit ist Trauerarbeit, das Verschmerzen von Verlust und Abschied, eine spirituelle Erfahrung?

Zunächst zur Symbolerfahrung. Mit M. Klein (Klein 1940/1962) nimmt Bion an, dass die Abwesenheit der mütterlichen Brust jegliche Erfahrung von Durst und Leiden vorwegnimmt – Bion spricht davon, ein »Beta-Element«, einen namenlosen Schrecken (»nameless dread«) in ein »Alpha-Element« zu verwandeln: »no breast – therefore a thought« (Bion 2003, vgl. den Beitrag von Lazar et al. in diesem Band).

Bion betont die Rolle der Mutter für die Symbolbildung. Die Sicherheit gewährende Beziehung zur Mutter, allgemeiner gesprochen: die Bindungsbeziehung, ermöglicht es dem Kind, ihre äußere Abwesenheit gleichzeitig mit ihrer inneren Gegenwart zu denken, anders ausgedrückt: Objektkonstanz zu entwickeln. Abwesenheit ist also nicht gleich Abwesenheit. Es sind zu unterscheiden:

- Abwesenheit 1: Mangel, Verlust außerhalb von Symbolisierung und Bindung, mit Bion Beta-Elemente, absurdes Leid. Mit Bion ein no-thing, ein namenloses Etwas, das nicht symbolisiert werden kann, das sich jedoch in der

traumatischen Intrusion aufdrängen und in gewisser Weise über-präsent werden kann, eine sich wie ein quälender Fremdkörper im seelischen Binnenraum einnistende Abwesenheit.
- Abwesenheit 2: der Verlust ist ins Symbol, ins Alpha-Element transformiert. Die Mutter gibt dem Leid einen Namen, es ist der Beginn der Leidensfähigkeit, Leiden als transformative Symbolisierung. Genau diese Funktion des »mütterlichen« Containments schrieb Bion dem Psychoanalytiker und seiner Fähigkeit zu, »giftige« Beta-Elemente im Dialog mit dem Patienten zu metabolisieren, zu entgiften.

Die Transformation der ersten in die zweite Abwesenheit im Schutz der Bindungsurbeziehung stellt eine Ur-Trauer dar, auf die wir in unserer späteren Bindungs- und Verlustgeschichte zurückgreifen. Anders ausgedrückt: Diese Urtrauer repräsentiert die Lösung des Konflikts zwischen Abwesenheit 1 und Präsenz der Mutter. Trauerarbeit konstituiert Sinn im Konflikt zwischen der Abwesenheit des verlorenen Objekts und der bleibenden emotionalen Präsenz des verlorenen Objekts (Colman 2010).

Wenn das trauernde Subjekt sowohl den eigenen seelischen Binnenraum abgrenzen als auch die Kontrolle über das äußere Objekt aufgeben kann, gelingt nach M. Klein der Übergang von der paranoid-schizoiden zur depressiven Position. Diese Begriffe sind auf den ersten Blick verwirrend, weil sie nach Psychopathologie klingen und nicht nach (normaler) seelischer Entwicklung. In der Tat geht es M. Klein um eine Analogie: In den ersten vier Lebensmonaten werde das mütterliche Objekt mit großer Ambivalenz, mit einer Spaltung von gut und böse wahrgenommen: Analogie zur schizophrenen Psychose. Allmählich könne dann die Mutter als ganzes Objekt wahrgenommen werden, das allerdings vom Verlust bedroht ist: Analogie zur Depression. Symbole werden benötigt, um den erfahrenen und akzeptierten Objektverlust zu überwinden und das Objekt vor der Aggressivität des trauernden Subjekts zu schützen. Als Niederschlag der Trauererfahrung, der Auseinandersetzung mit dem verlorenen Objekt entsteht das Symbol:

»Projective identifications are gradually withdrawn and the separateness of the subject from the object becomes more firmly maintained. With that comes a greater awareness of one's own psychic reality and the difference between internal and external. In such a situation the function of symbolism gradually acquires another meaning. Symbols are needed to overcome the loss of the object which has been experienced and accepted and to protect the object from one's aggressiveness. A symbol is like a precipitate of the mourning for the object« (Segal 1991, S. 40).

2.3 Symbolisierung und Trauerarbeit sind zweistufige Prozesse

Es war bereits davon die Rede, dass Arbeit ein Wort Freuds für Mentalisieren, für die psychische Durchdringung eines zunächst äußerlichen Vorgangs ist. Dies gilt in besonderer Weise für Verluste, auch für Teilverluste, z. B. bei der Amputation eines Organs oder Körperteils (Bacqué 2005). Symbolbildung gelingt in dem Maß, in dem durch das mit der Trauerarbeit zusammenhängende Mentalisieren etwas Psychisches aus dem gegenständlichen Verlust entsteht. Aus der folgenden Tabelle wird deutlich, dass es in den verschiedenen theoretischen Entwürfen jeweils zwei Zeiten sind, welche diese Symbol-Entwicklung in der Trauerarbeit charakterisieren.

Hanna Segal greift M. Kleins Unterscheidung der Positionen anhand zweier berühmter Fallbeispiele auf. So fragte sie den Patienten A, warum er aufgehört habe, Geige zu spielen. Dieser unter einer schizophrenen Psychose leidende Patient erwiderte, ob er etwa in aller Öffentlichkeit masturbieren solle (»He replied with some violence ›Why, do you expect me to masturbate in public?‹«). A hatte also die Geige mit dem Penis konkretistisch gleichgesetzt: In seinem Denken waren Penis und Geige identisch. Anders B: »Another patient, B, dreamed one night that he and a young girl were playing a violin duet. He had associations to fiddling, masturbating, etc.« (Segal 1957/1981, S. 49).

Im Gegensatz zu A kann B also zwischen Penis und Geige unterscheiden. Die Geige im Traum ist ein überdeterminiertes Symbol, das eine sexuelle Konnotation haben kann, was wahrscheinlich aber weder B noch seine Freundin daran hindern wird, allein oder gemeinsam zu musizieren.

Auch bei C. G. Jung lässt sich ein Symbolisierungsprozess in zwei Zeiten nachweisen. Als »getötetes« Symbol bezeichnet er ein dechiffriertes, erklärtes, auf eine bestimmte Bedeutung reduziertes Zeichen. Hingegen sei ein lebendiges Symbol bestmöglicher Ausdruck einer relativ unbekannten Sache (Jung 1921/1960). Bestmöglich heißt, dass kein Symbol durch sekundäre Deutungen wirkt, sondern durch die ihm innewohnende seelische Energie, die transformative Kraft hat, Gegensätze überwindet, über unsere bewusste Problemdefinition hinaus unbewusste Ressourcen erschließt (transzendente Funktion der Symbole). Ein lebendiges Symbol kann nicht bewusst hergestellt, ausgedacht werden. Es konstelliert sich im Erleben des Einzelnen, eines Paares oder einer Gruppe. Sicher gibt es universell zugängliche, im Archetypischen wurzelnde Symbole, z. B. das Entzünden einer Kerze nach dem Tod eines Menschen. Solche Zeichen können ggf. auch trauernden Angehörigen angeboten werden wie ein rituelles Geländer, auf das sie sich stützen können. Ob und wie lange die Kerze allerdings zum lebendigen, transformativen Symbol wird, entzieht sich der bewussten Planung.

Unter bindungstheoretischen Gesichtspunkten wächst die Symbolisierung aus einer sicheren Bindungsbeziehung. Eine traumatische Erfahrung kann umso besser verarbeitet werden, je mehr die betroffene Person über eine sichere Bindungsrepräsentanz (Inneres Arbeitsmodell) verfügt und/oder es der therapeutischen Umgebung gelingt, wieder einen sicheren Hafen anzubieten.

Fonagy und Target entwickelten auf der Grundlage der Bindungstheorie eine Theorie des Mentalisierens, d. h. der Fähigkeit, sich selbst und andere als fühlende, wollende, auf Grund von Intentionen handelnde Wesen wahrzunehmen. Ein sicher gebundenes Kleinkind, so die Mentalisierungstheorie, entwickelt auch leichter eine »theory of mind« von sich und von anderen als ein unsicher gebundenes, vielleicht traumatisiertes, verlassenes oder vernachlässigtes Baby. Trauer lässt sich als ein wichtiger Spezialfall des Mentalisierens auffassen: Der erlittene Verlust kann im seelischen Binnenraum erlebt und erlitten werden, er ist nicht nur ein äußerliches, potenziell traumatisierendes Ereignis. Das Kind experimentiert im Spiel den Äquivalenzmodus: symbolische Gleichung zwischen dem Spielzeug-Krokodil oder dem erzählten und dem Krokodil, das »wirklich« unter dem Bett lauert, zwischen den Gespenstern aus der Geschichte und denen, die im dunklen Keller lauern. Daneben entwickelt es den Als-ob-Modus: Es kann zwischen gespielter und äußerer Wirklichkeit unterscheiden, was den Ernst des Spiels nicht vermindert, sondern steigert. Der gesunde mentalisierende Erwachsene ist in der Lage, zwischen Äquivalenz- und Als-Ob-Modus hin und her zu wechseln. Aufgrund dieser spielerischen Offenheit sind ihm lebendige Symbole zugänglich.

Im kommenden Abschnitt geht es um den intermediären Bereich (Winnicott 1951/1973), in dem Spiel, Kreativität und Spiritualität entstehen.

Tab. 2.1: Zweistufigkeit von Symbolisierung und Trauer bei ausgewählten psychoanalytischen Autoren

Autoren	Erste Zeit	Zweite Zeit
M. Klein	schizo-paranoide Position	depressive Position
H. Segal	Symbolische Gleichung (A: Die Geige ist ein Penis)	Symbolische Repräsentation (B: Die Geige repräsentiert einen Penis)
W. Bion	Nicht symbolisierte Abwesenheit 1	Symbolisierte Abwesenheit 2
C. G. Jung	»getötetes« Symbol	lebendiges Symbol transzendiert das Bekannte
J. Bowlby	traumatischer, unverarbeiteter Objektverlust im desorganisierten Arbeitsmodell	modifizierte Bindung im Kontext von Sicherheit und Autonomie
Mentalisieren (Fonagy und Target 2007)	Äquivalenzmodus	Als-ob-Modus (pretend mode)
D. W. Winnicott	Konflikt zwischen verlorenem Objekt und verlierendem Subjekt	Übergangsobjekt symbolisiert Suche nach verlorener Welt *und* deren Zerstörung

2.4 Heilsame Symbole erschließen ein Drittes

Die lebenslange menschliche Entwicklung ist die fortgesetzte Dialektik zwischen Verlust und Überwindung von Verlusten durch echten Trost im Sinne der Wandlung der Persönlichkeit durch neu entdeckte Erfahrungs- und Beziehungsmöglichkeiten. Fritz Meerwein spricht von der Dialektik zwischen Trauer und Trost. In seinem Schmerz über die Abwesenheit der Mutter »tröstet« sich das Kind mit »Übergangsobjekten« (Winnicott 1951/1973): ein Teddybär, eine Schmusedecke oder auch der eigene Daumen, an dem es lutschen kann. Das Übergangsobjekt im intermediären (Übergangs-)Raum gehört sowohl zum Kind als dem verlierenden Subjekt als auch zum verlorenen Objekt, das sowohl bewahrt und vor Zerstörung beschützt wird als auch Gegenstand der kindlichen Aggression wird:

> »Die verlorene Welt ist wieder aufgerichtet und gleichzeitig, wenn auch illusionär, zerstört. In diesem Akt der Zerstörung und Wiederaufrichtung sind die Trauer über den Verlust und der Trost als Gewinnung erhöhter Unabhängigkeit vom Objekt bei gleichzeitiger Erfahrung eigener Kreativität in einem neuen, den bisherigen Erfahrungshorizont übersteigenden Akt vereint. Trauer ermöglicht den Trost des Neubeginns, und Trost des Neubeginns ermöglicht die Trauer. In der Dynamik der Erschaffung des Übergangsobjektes nehmen die Fähigkeit zur Symbolisierung des Individuums und damit seine Kreativität ihren Ursprung« (Meerwein 1980, S. 122 f.).

Wenn ein Drittes ins Spiel kommt (Triangulierung), gelingt die Lösung aus der Dyade. Biografisch kann es der Vater sein, der die Mutter-Kind-Beziehung trianguliert. Auch von der Sprache, der Symbolisierung, der Kommunikationsgemeinschaft kann diese triangulierende Funktion übernommen werden: Das Symbol »vertritt die Anwesenheit des Primärobjekts; diese Vertretung oder dieser Ersatz ist ein Drittes und bewirkt, dass das Erleben von Abwesenheit, Verlust und Trauer unausweichlich ist« (Zwettler-Otte 2006, S. 131). Dieses Dritte ist die spirituelle Dimension der Trauer. Inwieweit können wir die mit der Trauerarbeit gegebenen Transformationen spirituell nennen? Otto Kernberg (Kernberg 2010) hat, auch ausgelöst durch die Trauer um seine verstorbene Frau, auf die strukturellen Konsequenzen der Trauerarbeit hingewiesen, vor allem auf die »Modifikation des Über-Ichs«, die aus der Internalisierung des Wertesystems und des Lebensobjektes der verstorbenen Person resultiert. Trauer zieht eine symbolische Öffnung, eine spirituelle Suche nach sich:

> »Adult mourning processes after the loss of a beloved other of many years of life together, not only reactivate the infantile depressive position, but constitute a psychological experience that triggers specific mechanisms of grieving and compensation that foster new structural development. It may be that, at this point, the internalized world of object relations, under the impact of the mourning process, generates the experience of a world of ethical values, of what may be considered a spiritual realm that has general human validity, that is, a transcendental value system. Similar transformations may occur in the realm of the relation to art, erotic love, and in the religious experience. An intrapsychic, consistent, silent dialogue with the lost object represents the subjective side of this structural development in the case of mourning« (Kernberg 2010, S. 618).

2.5 Der Wunsch nach dem beschleunigten Tod ist ein Wunsch nach Bindung

Im Erleben des Sterbenden stehen die Verleugnung des Todes und die Annahme des Todes nebeneinander, sodass von einer normalen, nicht krankhaften Spaltung als wesentliches Merkmal des Sterbeprozesses gesprochen werden kann (de M'Uzan 1996/1998). Trauerarbeit (Freud 1917) müssen nicht nur die Angehörigen eines Sterbenden und dann eines Verstorbenen leisten, sondern auch die sterbende Person selbst. Diese Trauerarbeit nennt Michel de M'Uzan travail du trépas (»Arbeit des Hinübergehens/Sterbens«): Wenn der Sterbende verlangt,

> »[…] dass man seinen Tod beschleunigt, so will er damit gleichzeitig fast unmerklich eine andere Bitte ausdrücken, die es zu entschlüsseln gilt. In der Tiefe erwartet der Sterbende, dass man sich dieser Beziehung nicht entzieht, diesem gegenseitigen Engagement, das er in fast geheimer Weise und manchmal, ohne es zu wissen, vorschlägt und von dem der Verlauf des travail du trépas abhängen wird. In der Tat lässt er sich auf eine letzte Beziehungserfahrung ein, ich vermute in einer Art Gattungswissen der Menschheit. Während die Bindungen, die ihn mit anderen verknüpfen, dabei sind, sich völlig aufzulösen, wird er paradoxerweise von einer machtvollen, unter bestimmter Rücksicht leidenschaftlichen Bewegung ergriffen« (de M'Uzan 1976/1977, S. 185).

Das komplexe Beziehungsgeschehen zwischen dem Sterbenden, den Pflegenden und den Angehörigen stellt sowohl den Rahmen als auch die Aufgabe des palliativmedizinisch tätigen Psychotherapeuten dar. Nicht nur bei den Patientinnen und Patienten, sondern auch bei Angehörigen, Ärzten und Pflegenden kann es zu schweren Belastungs-, Hilflosigkeits- und Erschöpfungszuständen kommen. Angesichts des von de M'Uzan beschriebenen Todeswunsches sind auf Seiten der Helfenden nicht nur naturwissenschaftlich orientiertes Erklären, sondern auch Verstehen gefordert.

Zu diesem Verstehen gehört zentral der von de M'Uzan beschriebene und in der ethischen Diskussion hochaktuelle Wunsch nach beschleunigtem, durch aktive Tötung oder assistierten Suizid herbeigeführte Tod (Breitbart et al. 2010, Roser 2012). In unserem Zusammenhang geht es nicht um die ethischen Aspekte, sondern um die unausgesprochenen, möglicherweise unbewussten Motive, die bei der sterbenden Person und den anderen Beteiligten vorliegen, etwa indem die eigene Hilflosigkeit auf den Sterbenden projiziert wird:

> »[…] statt sich einzugestehen, dass man das hilflose Mit-ansehen-Müssen des Sterbens selber kaum erträgt, wird der verbotene Wunsch, von diesem Leiden erlöst zu werden, auf den Sterbenden projiziert« (Zwettler-Otte 2006, S. 46).

Demoralisation (Clarke et al. 2005) lässt sich nicht einseitig der sterbenden Person zuschreiben, Demoralisation (Hilflosigkeit, Inkompetenz, Hoffnungslosigkeit) erfasst vielmehr auch den Weiterlebenden angesichts des begonnenen Sterbeprozesses. Insbesondere der Arzt steht vor der Herausforderung, mit der eigenen Hilflosigkeit umzugehen, mit der Wut auf den Patienten, der seine therapeutischen Anstrengungen zu vereiteln scheint. Derartige Gegenübertragungs-Gefühle entstehen innerhalb der therapeutischen Beziehung aus Anteilen des

Patienten und des Arztes (Lazar 2011). Neben der Auseinandersetzung mit Scheitern und Hilflosigkeit, an die der Sterbende seinen Arzt erinnert, kann der Heilungs- und Hilfewunsch auch dunkle, kaum bewusstseinsfähige sadistische Motive des Arztes verdecken, die als destruktiver Schatten-Aspekt zum Archetyp der Heilung gehören (Frick 2015). Wenn es gelingt, im geschützten Setting der Supervision über Tötungswünsche und andere scham- und schuldbesetzte Gefühle und Phantasien zu sprechen, entlastet dies nicht nur die Teammitglieder, sondern nutzt auch den Patientinnen und Patienten (vgl. den Beitrag von Lazar et al. in diesem Band).

Auch um das Sterben Sigmund Freuds ranken sich Phantasien, Mythen und Schlussfolgerungen, die der Reflexion bedürfen, nicht zuletzt unter Berücksichtigung der unbewussten Beziehungsdynamik, soweit diese uns aus den Quellen zugänglich ist (Lacoursiere 2008). Der klassische Bericht stammt aus der Feder von Freuds Leibarzt:

»Am folgenden Tag, dem 21. September, ergriff Freud, als ich an seinem Bett saß, meine Hand und sagte zu mir: ›Lieber Schur, Sie erinnern sich wohl an unser erstes Gespräch. Sie haben mir damals versprochen, mich nicht im Stich zu lassen, wenn es soweit ist. Das ist jetzt nur noch Quälerei und hat keinen Sinn mehr‹. Ich sagte ihm, ich hätte mein Versprechen nicht vergessen. Er seufzte erleichtert auf, hielt meine Hand noch einen Augenblick fest und sagte: ›Ich danke Ihnen‹. Nach einem Augenblick des Zögerns fügte er hinzu: ›Sagen Sie es Anna‹. All das sagte er ohne eine Spur von Gefühlsüberschwang oder Selbstmitleid und in vollem Bewußtsein der Realität. Ich teilte Anna unsere Unterhaltung mit, wie Freud es gewollt hatte. Als er von neuem schreckliche Schmerzen hatte, gab ich ihm eine Injektion von zwei Zentigramm Morphium. Er spürte schon bald Erleichterung und fiel in friedlichen Schlaf. Der Ausdruck von Schmerz und Leiden war gewichen. Nach ungefähr zwölf Stunden wiederholte ich die Dosis. Freud war offensichtlich so am Ende seiner Kräfte, daß er in ein Koma fiel und nicht mehr aufwachte. Er starb um 3 Uhr morgens am 23. September 1939« (Schur 1972/1977, S. 620 f.).

Schurs Aufzeichnungen sind immer wieder im Sinne einer Tötung auf Verlangen bzw. eines assistierten Suizids interpretiert worden (McCue und Cohen 1999). Dem steht allerdings die klare Einschätzung Schurs entgegen:

»Es ist wahrscheinlich, daß die Aussicht, nicht mehr rauchen zu dürfen, gewöhnlich zu einer Verminderung seiner schöpferischen Kraft führte, für ihn eine größere Drohung darstellte als die Erwartung des Leidens. Der Gedanke an Selbstmord kam ihm nie in den Sinn, nicht einmal während der schlimmsten Qualen der folgenden Jahre. [...] Grundsätzlich wollte er das *Leben* bis zum bitteren Ende durchhalten; er wollte nur die Zusicherung, dass sein *Sterben* nicht unnötig verlängert würde« (Schur 1972/1977, S. 421).

Auch Kissane spricht in Bezug auf Freuds Sterben von Palliative Care und natürlichem Tod (Kissane 2000). Freud habe die Dosis bekommen, die auch zur Behandlung eines Myokardinfarktes angezeigt wäre, die Entwicklung über 36 Stunden zeige, dass er am Krankheitsverlauf selbst und nicht an der Analgesie/ palliativen Sedierung starb. Er warnt davor, aus Freuds Sterben einen Mythos zu machen, mit dem ein rationaler Umgang mit Opiaten im Sinne der Patienten behindert wird. Er warnt vor der mehr oder minder unbewussten Gefahr, erotische Gefühle oder suizidale Tendenzen auszuagieren. Anstatt die Gegenübertragung zu agieren und unreflektiert zu handeln, geht es darum, Gefühle der Wertlosigkeit und Verzweiflung beim Patienten und in ihrer Auswirkung auf die Arzt-Patient-Beziehung zu reflektieren:

> »Countertransference enactment, identification with the aggressor, and projective identification from a patient who feels worthless and despairing need to be recognized as important elements of the physician-patient relationship when the patient requests physician-assisted suicide or euthanasia« (Kissane 2000, S. 117).

Kissane gehört zu jenen psychiatrischen und palliativmedizinischen Autoren, die auf der Abgrenzung zwischen Depression (mit dem Leitsymptom der Anhedonie) und der Demoralisation bestehen (Clarke et al. 2005). Demoralisation geht mit Hoffnungslosigkeit, mit der Erfahrung der eigenen Inkompetenz angesichts einer als übermächtig wahrgenommenen Krise einher (Cockram et al. 2009, Jacobsen et al. 2010). Trotz aller Überschneidungen mit der Depression ist Demoralisierung zwar ein Symptom der Krise, aber nicht der Psychopathologie, auch wenn diese mit einer (behandlungsbedürftigen) Symptomatik einhergehen *kann*.

2.6 Trost öffnet dem Individuum einen archetypischen Raum

»Trost« ist ein Wort, dem wir eine gewisse Skepsis entgegenbringen, nicht zuletzt dank Freuds Kritik an illusionären »Vertröstungen« durch die Religion. Jedenfalls sehnt sich der Trauernde nach echtem Trost, sowohl in der Sterbetrauer als auch im Betrauern eines Verstorbenen. Umso wichtiger erscheint es, nach dem Unterschied zwischen der Vertröstung und dem echten Trost zu fragen:

> »an die grundbedeutung von trösten ›sicher machen, fest machen‹ schliessen sich einige anwendungen des wortes an, die dem neueren gebrauch fremd geworden sind; [...] neben ›mut und vertrauen geben‹ vor allem das konkrete ›helfen, schützen‹, das auch auf den bedeutungswandel des subst. zum konkreten hin einfluss gewonnen hat; [...] in neuerer zeit erhält allmählich unter dem einfluss der religiösen anwendung, bei der gott das subjekt des tröstens ist, der abstraktere gebrauch ›jem. seelisch stärken‹ das übergewicht« (Grimm).

Voraussetzung echten Trostes im Sinne der Psychoanalyse ist die Trauerarbeit (Westerink 2010). Darunter versteht Freud (Freud 1917/1915) einen mehrstufigen Prozess, den er triebtheoretisch formuliert, indem er von »energetischen Besetzungen« der Objekte, d. h. wichtiger Bezugspersonen spricht:

1. »Die Realitätsprüfung hat gezeigt, daß das geliebte Objekt nicht mehr besteht«.
2. Realitätsgebot: Die Realitätsprüfung »erläßt nun die Aufforderung, alle Libido aus ihren Verknüpfungen mit diesem Objekt abzuziehen«.
3. Der Mensch »verlässt eine Libidoposition nicht gern, selbst dann nicht, wenn ihm Ersatz bereits winkt«.

4. Dieses »verständliche Sträuben« gegen das Realitätsgebot kann zur krankhaften (psychotischen) Leugnung der Realität des Verlustes führen.
5. »Das Normale ist, daß der Respekt vor der Realität den Sieg behält.«
6. Die Existenz des verlorenen Objekts wird während des langwierigen Trauerprozesses »psychisch fortgesetzt«.
7. »Einzeldurchführung des Realitätsgebotes«: »Jede einzelne der Erinnerungen und Erwartungen, in denen die Libido an das Objekt geknüpft war, wird eingestellt, überbesetzt und an ihr die Lösung der Libido vollzogen«.
8. Nach vollendeter Trauerarbeit verschwindet die mit dieser verbundene Schmerzunlust. Das Ich ist »wieder frei und ungehemmt«.

Entscheidend für die Diskussion von Freuds Modell ist nicht die triebtheoretische Sprache, die wir ohne große Mühe anschlussfähig machen können, z.B. für die Bindungstheorie. Spätestens dann wird deutlich, dass Freud sich bereits mit einem hochaktuellen Problem auseinandersetzt, nämlich mit der Frage, ob gelingende Trauer Zerreißen oder Aufrechterhalten, Diskontinuität oder Kontinuität von Bindung beinhaltet (Stroebe et al. 2010).

> »›Wenn ich loslasse, dann habe ich ja nichts mehr [...]‹ Loslassen wird hier gesehen als Verlieren. Wie wollen wir mit vollen Händen etwas Neues ergreifen? Loslassen, eine Hand, die uns festgehalten hat, vielleicht auch fest gehalten, eine leere Hand nun, die eine andere Hand suchen kann. Noch weiß man nicht, ob die Hand auch ergriffen wird. Vorsichtige Naturen lassen Hände dann los, wenn sich andere bereits nach ihnen ausstrecken« (Kast in diesem Band, S.110).

Auf den ersten Blick spricht Freuds Argumentation für die

- Diskontinuitäts-Hypothese der Trauer: Realitätsgebot → vorübergehende Fortsetzung der psychischen Existenz des verlorenen Objekts → Einstellung und Überbesetzung → Lösung und Ich-Befreiung. Aber wir können auch mit Freud gegen Freud argumentieren, im Sinne der
- Kontinuitäts-Hypothese der Trauer: Im Gespräch mit dem jungen, schweigsamen Dichter – es war wohl R. M. Rilke – sagt Freud:

> »Werden die Objekte zerstört oder gehen sie uns verloren, so wird unsere Liebesfähigkeit (Libido) wieder frei. Sie kann sich andere Objekte zum Ersatz nehmen oder zeitweise zum Ich zurückkehren. Warum aber diese Ablösung der Libido von ihren Objekten ein so schmerzhafter Vorgang sein sollte, das verstehen wir nicht und können es derzeit aus keiner Annahme ableiten. Wir sehen nur, daß sich die Libido an ihre Objekte klammert und die verlorenen auch dann nicht aufgeben will, wenn der Ersatz bereit liegt. Das also ist die Trauer« (Freud 1916).

An Ludwig Binswanger schreibt er am 12. April 1929:

> »Man weiß, daß die akute Trauer nach einem solchen Verlust ablaufen wird, aber man wird ungetröstet bleiben, nie einen Ersatz finden. Alles, was an die Stelle rückt, und wenn es sie auch ganz ausfüllen sollte, bleibt doch etwas anderes. Und eigentlich ist es recht so. Es ist die einzige Art, die Liebe fortzusetzen, die man ja nicht aufgeben will«.

Binswanger betrauerte seinen 19-jährigen Sohn Robert. Angesichts eines solchen Verlustes »untröstlich« zu sein, heißt, nach dem Trost durch die Sehnsuchtsbesetzung des verlorenen Objektes zu suchen.

Verhoeven und Westerink sprechen angesichts dieses Trostes von der »verwehten Trauer«. Verweht (niederl.: uitgewaaid) ruft im Niederländischen das Bild eines Individuums wach, das in einer schier grenzenlosen Landschaft, vielleicht am Meeresstrand mitten in einem kräftigen Wind steht. Die persönlichen Gefühle werden Teil einer viel größeren Atmosphäre, und umgekehrt taucht das Individuum in die Stimmung von Witterung und Landschaft ein, die sich wie eine Glocke über ihn breitet. Zwischen beiden, zwischen Landschaft und Individuum, ist der Wind.

»Verwehte Trauer« heißt nun, dass die persönliche, situative, gelegentliche Trauer Teil einer archetypischen Urtrauer wird und damit über-individuell, verbindend zwischenmenschlich. Urtrauer, welche die Lösung des Konflikts zwischen Abwesenheit 1 und Präsenz der Mutter repräsentiert, Urtrauer ist eine Gestalt der Verbundenheit und Liebe:

> »Jede Trauer um etwas, das fehlt, ist eine Wiederholung dieser Urtrauer. Der Trost weckt diese Urtrauer zum Leben und führt die heftige gelegentliche Trauer zurück zu dieser Urtrauer. [...] Trösten heißt also nicht, die Trauer aufheben und sie in Freuden umwandeln, sondern der Trost führt die gelegentliche Trauer in ein Grundgefühl des Daseins, in die Erfahrung der Selbst-Begrenzung und damit des Fehlens zurück. Somit versöhnt der Trost einen Menschen mit seiner Begrenzung. Der Andere, der Mitmensch oder Geliebte ist von größter Bedeutung: Die Berührung aus Mitleid ist tröstend, weil sie die in der Person isolierte Heftigkeit der gelegentlichen Trauer durchbricht – durch die Einfühlung in die Trauer des Anderen kann diese Trauer zur weichen Urtrauer werden« (Westerink 2010, S. 68).

Eintauchen in die Urtrauer heißt auch, dass wir das Banale, Alltägliche loslassen, uns auf das Archetypische einlassen (vgl. den Beitrag von Kast in diesem Band). Im Gegensatz zum Depressiven ist der Trauernde »weltoffen« und gelassen, »zuweilen gar in einer besonderen Weise heiter« und sich »als Teil des Ganzen erlebend« (Meerwein 1980).

> »Zweifellos gehört ›Gott‹ dem psychoanalytischen Vokabular nicht an. Nun wird aber Trost in der Psychoanalyse immer im Dialog mit einer Instanz außerhalb meiner selbst erfahren [...] Trauerarbeit und Trost sind ohne die Vermittlung durch eine Stimme, die zunächst außerhalb des Ichs anzunehmen ist, nicht denkbar, wiewohl diese Stimme schließlich auch internalisiert werden und zu einem inneren Dialog Anlaß geben kann« (Meerwein 1980, S. 125 f.).

Verweht wird die isolierte individuelle Trauer, so Westerink weiter, in die große Totalität des Symbols, z. B. des religiösen Symbols. In der Bibel lasse sich eine »enge Beziehung zwischen Trost und Trauer« beobachten. Die hebräische Wurzel *NChM* bedeute ursprünglich

> »›tief ausatmen‹, d. h. der körperliche Ausdruck von Gefühlen wie Trauer, Mitleid oder Trost. In der Niphal-Form kann dieses Wort sowohl ›trauern lassen‹ und ›Trauerzeit halten‹ als auch ›Trost finden‹ und ›sich trösten lassen‹ bedeuten« (Westerink 2010).

Im Johannesevangelium wird der Geist (*pneûma*, im Lat. übersetzt mit *spiritus*) »Tröster« (*paráklætos*) genannt. Im Hinblick auf den Abschied Jesu von seinen Jüngern heißt es ausdrücklich: »Es ist gut für euch, daß ich weggehe. Denn wenn ich nicht weggehe, kommt der Tröster nicht zu euch« (Johannes 16,7).

Voraussetzung für den Trost als der zweiten Zeit der Trauerarbeit ist also die mentalisierte Abwesenheit, die mit Freuds »Realitätsgebot« einhergeht. Mit anderen Worten: Verleugnung dieser Realität wäre Vertröstung und kein »Verwehen«. Echter Trost symbolisiert das abwesende Objekt, überspringt die Trauerarbeit nicht, ersetzt diese nicht, sondern setzt sie voraus.

2.7 Fazit

Bewältigung von Sterben und Tod kann schon lange vor der Terminalphase innerhalb eines komplexen Beziehungsgeschehens zwischen dem Sterbenden, den Pflegenden und den Angehörigen beginnen. In der traumatischen Verlusterfahrung wird der Trauerprozess unterbrochen oder er kann nicht in Gang kommen, weil die Ressourcen des isolierten Individuums nicht ausreichen. Der gelungene Trauerprozess führt hingegen zu hilfreichen, lebendigen, tröstlichen Symbolen, die das Individuum mit der archetypischen Urtrauer verbinden und in der Trennung neue Bindung stiften.

Literatur

Ainsworth MDS, Blehar MC, Waters E, Wall S (1978) Patterns of attachment. A psychological study of the strange situation. Hillsdale, NJ: Erlbaum.
Bacqué, MF (2005) Pertes, renoncements et intégrations: les processus de deuil dans les cancers. Revue Francophone de Psycho-Oncologie 4:117–123.
Bion, WR (2003) A theory of thinking. In: Raphael-Leff J (Hrsg.) Parent-infant psychodynamics: Wild things, mirrors and ghosts. Philadelphia, PA, US: Whurr Publishers. S. 74–82.
Breitbart W, Pessin H, Kolva E (2010) Suicide and desire for hastened death in people with cancer. In: Sartorius N (Hrsg.) Depression and cancer. Oxford: Wiley-Blackwell. S. 125–150.
Clarke DM, Kissane DW, Trauer T, Smith GC (2005) Demoralization, anhedonia and grief in patients with severe physical illness. World Psychiatry 4:96–105.
Cockram CA, Doros G, de Figueiredo JM (2009) Diagnosis and measurement of subjective incompetence: The clinical hallmark of demoralization. Psychotherapy and Psychosomatics 78:342–345.
Colman W (2010) Mourning and the symbolic process. Journal of Analytical Psychology 55:275–297.
de M'Uzan M (1976/1977) Le travail du trépas. In: de M'Uzan M (Hrsg.) De l'art à la mort. Paris: Gallimard. S. 182–199.
de M'Uzan M (1996/1998) Der Tod gesteht nie. Psyche 52:1049–1066.
Deserno H (2014) Arbeitsbündnis. In: Mertens W (Hrsg.), Handbuch psychoanalytischer Grundbegriffe. Stuttgart: Kohlhammer. S. 93–98.

Ellenberger HF (1970/1985) Die Entdeckung des Unbewußten. Geschichte und Entwicklung der dynamischen Psychiatrie von den Anfängen bis zu Janet, Freud, Adler und Jung. Zürich: Diogenes.

Fonagy P, Gergely G, Jurist EL, Target M (2002/2004) Affektregulierung, Mentalisierung und die Entwicklung des Selbst. Stuttgart: Klett-Cotta.

Fonagy P, Target M (2007) Playing with reality: IV. A theory of external reality rooted in intersubjectivity. International Journal of Psychoanalysis 88:917–938.

Freud S (1916) Vergänglichkeit. In: Freud A, Bibring E, Hoffer W, Kris E, Isakower O (Hrsg.) Gesammelte Werke, Bd. 10. London: Imago. S. 358–361.

Freud S (1917) Trauer und Melancholie. London: Imago.

Freud S (1917/1915) Trauer und Melancholie. In: Freud A, Bibring E, Hoffer W, Kris E, Isakower O (Hrsg.) Gesammelte Werke, Bd. 10. London: Imago. S. 427–446.

Frick E (2015) Psychosomatische Anthropologie. Ein Lehr- und Arbeitsbuch für Unterricht und Studium (2. Auflage). Stuttgart: Kohlhammer.

Jacobsen JC, Zhang B, Block SD, Maciejewski PK, Prigerson HG (2010) Distinguishing symptoms of grief and depression in a cohort of advanced cancer patients. Death Studies 34:257–273.

Jung CG (1921/1960) Psychologische Typen. In: Gesammelte Werke, Bd. VI. Zürich, Stuttgart: Rascher.

Jung CG (1934/1967) Seele und Tod. In: Niehus-Jung M, Hurwitz-Eisner L, Riklin F, Jung-Merker L, Rüf E (Hrsg.) Gesammelte Werke, Bd. 8. Zürich, Stuttgart: Rascher. S. 461–474.

Kast V (2008) Spirituelle Aspekte in der Jung'schen Psychotherapie. Psychotherapie Forum 16 (2):66–73.

Kernberg O (2010) Some observations on the process of mourning. International Journal of Psycho-Analysis 91:601–619.

Kissane D (2000) Freud's palliative care and natural death. Archives of Internal Medicine 160:1521–1525.

Klein M (1940/1962) Die Trauer und ihre Beziehungen zu manisch-depressiven Zuständen. In: Thorner HA (Hrsg.) Das Seelenleben des Kleinkindes und andere Beiträge zur Psychoanalyse: Stuttgart: Klett-Cotta. S. 95–130.

Lacoursiere RB (2008) Freud's death: Historical truth and biographical fictions. American Imago 65:107–128.

McCue JD, Cohen LM (1999) Freud's Physician-Assisted Death. Archives of Internal Medicine 159:1521–1525.

Meerwein F (1980) Trauer und Trost in der Psychoanalyse. In: Böckle F, Kaufmann FX, Rahner K, Welte B (Hrsg.) Christlicher Glaube in moderner Gesellschaft, Bd. 10. Freiburg i. Br., Basel, Wien: Herder. S. 119–126.

Pontalis J-B (1976) Sur le travail de la mort. In: Ders. Entre le rêve et la douleur. Paris: Gallimard. S. 241–253.

Roser T (2012) Sterbewunsch und gelebtes Leben. In: Fuchs C, Gabriel H, Raischl J, Steil H, Wohlleben U (Hrsg.) Praxis Palliative Geriatrie. Ein Handbuch für die interprofessionelle Praxis. Stuttgart: Kohlhammer. S. 67–74.

Schur M (1972/1977) Sigmund Freud. Leben und Sterben. Frankfurt/M.: Suhrkamp. Segal H (1957/1981) Notes on symbol formation. In: Dies. (Hrsg.) The Work of Hanna Segal. New York, London: Aronson.

Segal H (1991) Dream, phantasy and art. Hove New York: Bruner-Routledge.

Stroebe M, Schut H, Boerner K (2010) Continuing bonds in adaptation to bereavement: Toward theoretical integration. Clinical Psychology Review 30:259–268.

Weischedel W (1980) Skeptische Ethik. Frankfurt/M.: Suhrkamp.

Westerink H (2010) Verwehte Trauer. Ansätze zu einer Freudschen Theorie des Trostes. Wege zum Menschen 62:61–75.

Winnicott DW (1951/1973) Vom Spiel zur Kreativität (Playing and reality, übersetzt von Michael Ermann). Stuttgart: Klett-Cotta.

Zwettler-Otte S (2006) Die Melodie des Abschieds. Eine psychoanalytische Studie zur Trennungsangst. Stuttgart: Kohlhammer.

3 »Wird Mama jetzt ein Engel?« Das kindliche Erleben von Trauer und Verlust in der therapeutischen Begleitung von Kindern sterbender Eltern aus entwicklungspsychologischer Perspektive

Verena Tyrkas

3.1 Einführung

Das Abschiednehmen und Betrauern ist eine fortwährende Herausforderung in der Entwicklung von Kindern und Jugendlichen. Der Verlust eines Haustieres, der Umzug der besten Freundin oder die Beendigung der Kindergartenphase. Der Tod eines Elternteils übersteigt jedoch alle anderen Verlusterfahrungen. Es geht nicht nur um den Verlust der wichtigen Bezugsperson, eines personalen Gegenübers, sondern auch um den Verlust einer (über)lebenswichtigen Beziehung. Dieter Bürgin, der sich intensiv mit der seelischen Situation betroffener Kinder unter psychodynamischen Aspekten beschäftigt hat, schreibt: »Nur in der Kindheit kann der Tod alle Möglichkeiten des Liebens und Geliebtwerdens vernichten« (Bürgin 1989, S. 56). Der Verlust gleicht einer Zerstörung des eigenen Selbst, eine Reparation scheint ausgeschlossen. Deutlich erkennbar wird die Aufgabe eines frühen Abschiednehmens und Betrauerns auch bei Betrachtung folgender Zahlen: Bis zu 15 % aller Kinder in Deutschland wachsen laut Angaben der Deutschen Gesellschaft für Kinder- und Jugendpsychiatrie, Psychosomatik und Psychotherapie mit einem chronisch erkrankten Elternteil auf. Nach den Angaben einer Studie von Siegel und Kollegen (1996) werden nur 56 % der Kinder von terminal erkrankten Eltern über den anstehenden Tod informiert. Kinder werden häufig mit und in ihrer Trauer alleine gelassen. Sie sind gefangen in einer Sprachlosigkeit, weil sie niemanden haben, der mit ihnen die Worte findet, für das was passiert ist.

In meinem Beitrag möchte ich ausführen, welche innerseelischen Herausforderungen auf ein Kind infolge eines Verlusterlebnisses zukommen. Vor dem Hintergrund der Betrachtung innerer und äußerer Objekterfahrungen geht es in einem weiteren Abschnitt um die Möglichkeit bzw. Unmöglichkeit der Kinder, zu trauern. Abschließend möchte ich die wichtige Bedeutung symbolischer Prozesse und haltender Beziehungserfahrungen in der Trauerarbeit ausführen.

Ich werde mit einem Fallbeispiel einführend starten, auf welches ich im Verlauf meiner Ausführungen immer wieder Bezug nehmen werde. Den Namen des Mädchens habe ich zu Zwecken der Anonymisierung verändert.

Ana

Ana ist ein 4-jähriges Mädchen, welches als Kind portugiesischer Eltern in Deutschland geboren wurde. In den frühen Beziehungserfahrungen mit ihrer Mutter, einer unsicher-abhängigen jungen Frau, erlebte Ana nur ungenügend die Anerkennung eigener Bedürfnisse und Entwicklungsstrebungen. Die Mutter ließ aufgrund der symbiotischen Wünsche an die Tochter die triangulierende Funktion des Vaters nur unzureichend zu. Die Eltern trennten sich als Ana zwei Jahre alt war. Von dem Zeitpunkt an lebte Ana bei der Mutter, die bald nach der Trennung an metastasiertem Brustkrebs erkrankte. Ana wurde während der Krankenhausaufenthalte der Mutter meistens zum Vater gebracht, lebte aber einen Großteil der Zeit bei der Mutter. Von dort aus ging sie in den nahe gelegenen Kindergarten. Ein Kindermädchen unterstützte die Mutter in der Erziehung der kleinen Ana, eine gute Freundin stand ihr ständig zur Seite. Die Erkrankung der Mutter schritt trotz Behandlung rasch voran. Die Verunsicherung stieg bei der Mutter aufgrund der Bedrohung durch die Krankheit. Bald wollte sie sich von ihrer Tochter aufgrund aufkommender Ängste nicht mehr trennen, wurde unruhig, wenn sich Ana außer Haus aufhielt. Die Mutter verleugnete den eigenen Tod und den anstehenden Abschied von der Tochter. So verweigerte sie jegliche Gespräche über das Fortschreiten der Krankheit und die Möglichkeit zu sterben. Es wurde demnach auch keine Vorsorge getroffen, Ana wurde nicht auf das Kommende vorbereitet. Der Vater stand als stabilisierendes Objekt nur begrenzt zur Verfügung. Er erzählte mir später, dass er sich sehr hilflos gefühlt habe. Einerseits habe er aus Mitgefühl respektiert, dass sich die Mutter nicht mit dem Thema Tod habe auseinandersetzen wollen. Er habe, um Konflikte zu verhindern, eingewilligt, dass Ana sehr viel Zeit bei ihr verbringen konnte. Andererseits habe ihn sein Schutzinstinkt und die Sorge um Ana auch dazu bewegt, nicht alle Wünsche der Mutter zu erfüllen, was phasenweise zu Auseinandersetzungen geführt habe. Anas Vater konnte mit der Mutter selbst gegen Ende hin kein Gespräch darüber führen, wie es mit Ana weitergehen solle und was sich die Mutter für Ana wünsche. Stunden vor dem Tod der Mutter erlebte die Pflegerin Ana als sehr weinerlich und anhänglich; dies veranlasste sie dazu, eine gute Freundin der Mutter hinzuzuholen. Die Mutter von Ana starb wenige Stunden später zu Hause, Ana war bis zur letzten Minute in Anwesenheit der guten Freundin bei ihr.

Der Vater kam ca. vier Wochen nach der Beerdigung das erste Mal mit Ana zu mir. In den ersten Therapiestunden wiederholte sich immer wieder die gleiche Szene: Ana kam in den Raum, setzte sich auf einen Sessel und blieb dort sitzen. Sie reagierte auf keine meiner Interventionen. Ich fühlte in ihrer Gegenwart Angst, Unsicherheit und Ausgeschlossensein. Sie begrüßte mich nicht zu Stundenbeginn und verabschiedete sich nicht am Stundenende. In der zwölften Therapiestunde griff sie am Ende der Stunde zu einem kleinen Flyer, den ich vergessen hatte vom Tisch zu nehmen, und fragte, ob sie diesen mitnehmen dürfe. Ich stimmte zu. In der nächsten Stunde kam sie mit einem Blatt Papier, auf welches sie einen ausgeschnittenen Papierschnipsel geklebt hatte und schenkte es mir. Erst nach der Stunde erkannte ich, dass es ein Ausschnitt des Flyers war: Es war die Hand eines Erwachsenen. Auf dem Flyer war zu sehen, wie die Hand nach einer Kinderhand griff, die jedoch auf ihrem Schnipsel nicht mehr enthalten abgebildet war. Ich nahm das Papier als ein Geschenk an. Ana setzt sich wie jede Stunde auf den Sessel und blieb dort reglos sitzen. Nach der Stunde fiel mir neben der Zuordnung des Schnipsels ein, dass ich Ana beim Hinausgehen aus dem Raum mit meiner Hand an ihrer Schulter berührt hatte, sie hatte sich das erste Mal umgeblickt und war gegangen. In den darauffolgenden Stunden veränderte sich die gewohnte Szene: Ana wiederholte mit Handpuppen immer wieder den Tod der Mutter einschließlich der letzten Krankheitsphase und der Beerdigung.

In der Trauer muss eine (über-)lebenswichtige Bindung gelöst werden. Es folgt der endgültige unwiderrufliche Verzicht auf den geliebten, besonderen und unersetzlichen Menschen, mit der das Kind auf einem Teil seines Lebenswegs begleitet hat. Freud nennt diese psychische Leistung »Trauerarbeit«, welche impliziert, dass es sich dabei um einen aktiven Prozess handelt. Dieser wird »unter großem Aufwand von Zeit und Besetzungsarbeit durchgeführt« (Freud 1999b, S. 430). Die immense Veränderung im Trauerprozess wird bei Freud im Rahmen der »Hingabe an die Trauer« (Freud 1999b, S. 429) beschrieben:

> »Jede einzelne der Erinnerungen und Erwartungen, in denen die Libido an das Objekt geknüpft war, wird eingestellt, überbesetzt und an ihr die Lösung der Libido vollzogen« (Freud 1999b, S. 429).

In der Trauerarbeit leistet der Trauernde demnach ein Höchstmaß an wiederholter Anstrengung und schmerzhaftem Durcharbeiten. Der Trauerprozess als einmaliges individuelles Erleben schließt Leistungen ein, die sowohl das Realisieren als auch die Verleugnung des Verlustes umfassen. Er weist lähmende und kraftvolle Dimensionen auf, schließt depressive und manische Phasen ein, ist von Trauer aber auch von Wut gekennzeichnet. Im Trauerprozess wird über eine wiederholte Begegnung mit dem bereits verlorenen Objekt ein erneuter Verlust erzeugt. Rainer Krause (2009) spricht von »doppelter Buchführung«, bei der der Trauernde sich einerseits so verhält als wäre das verlorengegangene Objekt noch anwesend, dennoch ahnend, dass dies nicht so ist; andererseits verzweifelt der Trauernde daran, dass geliebte Objekt verloren zu haben, dabei in der Hoffnung, dass dem nicht so sein kann. Die starke Wirkung der Verbindung zu einem anderen Menschen und die damit verbundenen Repräsentanzen aufgrund der Beziehungserfahrung erklären das Aufbäumen gegen die Realität der Endlichkeit und des schmerzhaften Verlustes. Die Realität ist unvereinbar mit der Repräsentanz. Das geliebte Objekt ist unwiederbringlich verloren. Franz Wellendorf (2009) zieht eine Parallele zur psychoanalytischen Arbeit, wenn er davon spricht, dass es einen Zusammenhang zwischen Trauerarbeit und psychoanalytischer Arbeit bzw. dem sogenannten Durcharbeiten gibt. Am Ende steht die Umwandlung des Verlorenen in einen anderen Seinsmodus. Das Innere der Seele wird sich aufgrund der Entwicklung im Rahmen des Prozesses tiefgreifend verändern. Der alte Zustand ist nicht mehr herstellbar. Die zentrale

Aufgabe im Trauerprozess liegt laut Warren Colman (2010) darin begründet, dem Konflikt zwischen der Abwesenheit des verlorenen Objektes und dem Fortbestehen der emotionalen Beziehung eine symbolische Bedeutung zuzuschreiben. So entspricht dies der transzendenten Funktion von Carl Gustav Jung (1995), die beinhaltet, dass Gegensätze durch die auftauchende Symbolik transzendiert und miteinander vereinigt werden.

Welche innerseelischen Herausforderungen stellen sich nun den Kindern im Rahmen des Trauerprozesses? Welche Entwicklungen sind im Rahmen der Trauerarbeit hilfreich?

3.2 Verletzung durch Irreversibilität und Endlichkeit

Beim Tod eines Elternteils erlebt ein Kind einen der tiefgreifendsten Verluste in seinem Leben. Es handelt sich um die Lösung der wichtigsten Verbindungen zu einem existentiell notwendigen Objekt. Neben dem Objektverlust handelt es sich auch um den Verlust einer wichtigen Beziehung, einem gemeinsam Geschaffenen mitsamt den darin erlebten Erfahrungen. Versteht man die elterlichen Objekte als einen das Selbst regulierenden Anderen (Stern 2007), handelt es sich demnach auch um den Verlust einer wichtigen Regulationsfunktion. Der Objektverlust wird dann zum Selbstverlust.

Die frühe intersubjektive Bezogenheit zwischen Kind und Elternteil schafft ein Wir-Gefühl, ein Erleben des Zusammenseins, welches zeitlich nicht begrenzt scheint. Damit verbunden sind schützende Unsterblichkeitsfantasien, da der Tod des anderen auch gleichsam den eigenen Tod bedeutet. Sie sind bei kleinen Kindern Folge der infantilen zeitlosen Omnipotenz, welche die Angst vor Desintegration und Selbstverlust verhindert. Konnte ein Kind gute stabile Beziehungserfahrungen mit einer Bezugsperson internalisieren, dann erfolgt aufgrund der sicheren Bindung ein Zutrauen zum unzerstörbaren Anderen. Der Tod eines Elternteils entreißt der gemeinsamen Bezogenheit das Du, zerstört die gemeinsam erschaffene Welt. Die eigene sowie auf den anderen bezogene Unsterblichkeitsillusion ist nicht nur eine der Kinder, sondern auch die der Erwachsenen. Freud schreibt über das Verhältnis zum Tod:

> »Der eigene Tod ist ja auch unvorstellbar, und so oft wir den Versuch dazu machen, können wir bemerken, dass wir eigentlich als Zuschauer weiter dabei bleiben [...] Im Grund glaubt niemand an seinen eigene n Tod oder, was dasselbe ist: Im Unbewussten sei jeder von uns von seiner Unsterblichkeit überzeugt« (Freud 1999b, S. 341).

Zerfällt allerdings das gemeinsame Wir und das Ich bleibt zurück, zerbricht die Unsterblichkeitsillusion, kann gerade das Unverständliche und Unheimliche aufzeigen, dass es mehr gibt als einer bewussten Wahrnehmung zugänglich ist. Die Sehnsucht nach etwas Einheitlichem, nach einem Erlebnis, welches über das Alltägliche hinausgeht, wird in den Kindern aktiviert. Dieses Bedürfnis nach Transzendenz infolge der Einsamkeit des Ichs kann in diesem besonderen Moment das Erlebnis eines Aufgehobenseins im großen Ganzen beinhalten. Hierbei kann es sich um Erfahrungen des Selbst handeln. C. G. Jung verstand das Selbst als Einheit und Ganzheit der Persönlichkeit. Um sich letztendlich auf die Endlichkeit des Verlustes einstellen zu können, bedarf es zunächst eines Oszillierens zwischen der absoluten Isolation und Einsamkeit und dem Bedürfnis nach Verschmelzung und Zugehörigkeit. So habe ich erlebt, dass sowohl Kinder als auch Jugendliche die Fantasie formulierten, dem toten Elternteil durch das eigene Sterben nahezukommen. Bei genauem Nachfragen wurde jedoch häufig deutlich, dass der eigene Tod nicht wirklich gewünscht wurde. Im Sterbewunsch äußerte sich vielmehr die Symbolik, eine Brücke zu dem Verstorbenen herstellen zu wollen bzw. durch das Sterben eine Vereinigung mit dem Verstorbenen erzielen zu können. Auf die Fantasie des eigenen Sterbens hin folgte die Annahme, dass es dann ein gemeinsames Leben im Himmel geben könnte. Andere Kinder hatten lebhafte Vorstellungen darüber, wie sie dem Verstorbenen im Alltag begegnen, verbunden mit der Hoffnung auf Rückkehr und Zusammenführung. So erzählte mir ein 3-jähriges Kind, den verstorbenen Vater wartend am Zaun des Kindergartens gesehen zu haben. Die Fantasien der Begegnung schaffen zumindest zeitbegrenzt die Illusion eines Wir-Gefühls und eine Geborgenheit in der Gemeinsamkeit, auf dem Boden des schmerzlichen Verlustes.

Exkurs: Kindliches Verständnis und Auseinandersetzung mit dem Tod

Zahlreiche Entwicklungspsychologen sind davon ausgegangen, dass junge Kinder weder über einen Todesbegriff noch über ein Todesverständnis verfügen (Bürgin 1978). Tod, Endlichkeit, Ewigkeit, Nicht-Sein seien abstrakte Wortbedeutungen, die Kinder nicht begreifen könnten. Einige Psychoanalytiker haben hierzu Stellung genommen. So befand Sigmund Freud, dass das Kind die wahren Implikationen des Todes nicht begreifen könne. Der Tod sei in den frühen Jahren ein unwichtiges Motiv. Freud schreibt in der Traumdeutung:

> »Gestorben sein heißt für das Kind, welchem ja überdies die Szenen des Leidens vor dem Tode zu sehen erspart wird, so viel wie ›fort sein‹, die Überlebenden nicht mehr stören. Es unterscheidet nicht, auf welche Art diese Abwesenheit zustande kommt [...]« (Freud 1999a, S. 260).

Freud spricht dem Kind sowohl ein Todesverständnis, wie auch jegliche Todesfurcht ab. Melanie Klein (1940) macht aufgrund ihrer Untersuchungen hingegen die Erfahrung, dass die Furcht vor dem Tod ein Bestandteil der frühsten Lebenserfahrungen sei. Die Furcht vor dem Tod sei die ursprüngliche Quelle der Angst. Im Unbewussten existiere eine Furcht vor der Vernichtung des Lebens. Von Geburt an ist der Säugling in der Lage, Angst zu empfinden und Abwehrmechanismen zu entwickeln. So sei die paranoid-schizoide Position mit dem Tod gleichbedeutend, d. h. die Vernichtung durch ein übermäßiges äußeres Objekt. Erst mit dem Überwiegen guter Erfahrungen gewinne das idealisierte gute Objekt, und das Selbst bekomme Stabilität. Die Spaltung verringere sich, Ängste reduzierten sich. Das Primärobjekt werde zum Liebesobjekt. Es entstünden Sehnsucht und Separationsreaktionen bei einer Trennung. Der Tod bedeute von da an einen Verlust des Liebesobjektes. Jean Piaget (1983) stellt fest, dass die Konzepte über Tod und Leben im kindlichen Verständnis nicht voneinander zu trennen seien. Mit dem Begriff des Animismus beschreibt er das Phänomen, bei dem unbelebten Objekten Leben zugesprochen wird. In einer Abfolge von Stadien erwerbe das Kind die Fähigkeit, zwischen belebt und unbelebt zu unterscheiden. Abgeschlossen sei die Entwicklung im Alter von acht bis elf Jahren, wenn das Kind nur noch den Pflanzen, Tieren und Menschen Leben zuspreche. Damit verbunden sei die Entwicklung eines reifen Todesverständnisses. Dem gegenüber steht die Ansicht Erna Furmans (1977), die darauf hinweist, dass das Todesverständnis davon abhänge, was den Kindern mitgeteilt würde. So hätten kleine Kinder keine Probleme, den Tod auf natürliche Ursachen zurückzuführen und diesen für irreversibel zu erklären. John Bowlby (2006) konnte in Bezug auf das Todesverständnis herausfinden, dass die Trennung von der Mutter ein höchst bedrohliches Ereignis für den Säugling darstellt. Trennungsangst zeigt sich zwischen dem 6. und 13. Lebensmonat. Er zieht daraus die Schlussfolgerung, dass die Trennung die ursprüngliche Erfahrung bei der Angst sei. Trennungsangst sei die grundlegendste Angst und der Todesangst gleichzustellen. Der Tod in Form eines Trennungserlebnisses werde demnach schon sehr früh erfahren. Zudem konnte Bowlby durch seine Beobachtungen feststellen, dass bereits kleine Kinder eine auffallende Neugier für das Sterben und den Tod aufweisen. So ließ sich erkennen, dass Kinder, die bereits früh mit einem verstorbenen Käfer oder Haustier konfrontiert wurden, mit forschender Haltung an das tote Objekt herangingen, es inspizierten und Fragen an die Eltern stellten. Ein spielerischer Umgang mit dem Thema Tod findet sich auch in den frühen Versteckspielen zwischen der Bezugsperson und dem Kind. Sie dienen als Motor zur Entwicklung des Ich-Apparates. Das wiederholte Auftauchen und Verschwinden des Objektes erzeugt für einen kurzen Moment den Verlust des Selbst. Dann folgt die Freude über das Wiederauftauchen. Der Säugling erfährt für den Moment eine limitierte Angstlust bei Verleugnung der dauerhaften Nichtexistenz des Objektes. Vergleichbar mit John Bowlby beschreibt Irvin Yalom (2005) die Trennungs- und Verlustangst als früheste Angst in der Beziehung zur Mutter. Sie ist der Todesangst gleichzusetzen. Phänomene, wie Dunkelheit, Tiere, Geister, etc. sind Synonyme für den Tod, vor dem sich das Kind fürchtet. Es ist die urwüchsige Form des Nicht-Seins, die das Kind auf einer vor-sprachlichen und vorgedanklichen Ebene erfährt. Die grundlegendste Angst ist die Bedrohung des Selbst-Verlustes. Der Objektverlust wird gefürchtet, da der Verlust die Bedrohung des Überlebens darstellt. Yalom geht davon aus, dass Kinder früh viel über den Tod wissen. Auf das erste Wissen hin folgt die Verleugnung. Diese beinhaltet beispielsweise, dass der Tod temporär ist oder nur einen Schlafähnlichen Zustand darstellt. Darüber hinaus können seines Erachtens »grundlegende Bollwerke« gegen den Tod errichtet werden, wie z. B. die persönliche Unverletzlichkeit, der Glaube, dass Kinder nicht sterben oder die Personifizierung des Todes. Aus jungianischer Sichtweise heraus kann angenommen werden, dass das Todesthema aufgrund seiner kollektiven Verankerung von Geburt an vorhanden ist. Damit verbunden können Gefühle, wie Angst vor Vernichtung und Nicht-Sein entstehen. Der Tod als Nicht-Sein wird erfahren. Später entwickeln sich in Kindheitsträumen und Fantasien Symbole und Bilder, die das Archetypische des Todesphänomens beinhalten. Für die analytische Psychotherapie bedeutet dies, dass bereits die kleinen Kinder das Thema um Tod und Sterben im Spiel darstellen und Erlebtes inszenieren.

Ich erinnere an die 4-jährige Ana, die den Tod der Mutter durch Handpuppen immer wieder unterschiedlich in Szene setzte. In den Spielhandlungen demonstrierte sie ihr Verständnis des Todes, indem sie neben der Hauptfigur, welche die Mutter darstellte, auch andere Figuren sterben ließ. Für mich wurde hier deutlich, dass Ana verstanden hatte, dass alle Menschen irgendwann sterben werden. In der 20. Stunde sagte sie nach Beendigung des Spiels: »Ich werde auch irgendwann sterben oder?« Bevor ich antworten konnte sagt sie: »Aber nicht jetzt. Ich bin ja nicht krank, wie die Mama. Wenn ich sterbe, wirst dann Du traurig sein?«

Die Weiterentwicklung der kindlichen Konzepte von Tod und Sterben unterliegt dem Einfluss ihrer Erfahrungen. Sie wird zusätzlich durch die Familie, den kulturellen und religiösen Hintergrund und durch das soziale Umfeld geprägt. Somit unterscheiden sich nicht nur die Kinder unterschiedlichen Alters hinsichtlich der Entwicklung der Konzepte, sondern auch gleichen Alters.

3.3 Von der Möglichkeit und Unmöglichkeit zur Trauern

3.3.1 Die Rolle der äußeren Objekte

Im Unterschied zu trauernden Erwachsenen muss auf die besondere Situation der trauernden Kinder hingewiesen werden: So verhalten sich Kinder ausschließlich in Beziehung zu den Eltern bzw. der erwachsenen Bezugspersonen; d. h. der Verlust eines Elternteils bedeutet eine existenzielle Bedrohung, da das Kind auf die Anwesenheit und emotionale Bezogenheit des Erwachsenen angewiesen ist. Die betroffenen Kinder haben keinen Einfluss darauf, wie sie in den Prozess der Erkrankung, der Behandlung und des Sterbens einbezogen werden. Das bedeutet, dass das Kind davon abhängig ist, inwieweit sowohl das erkrankte als auch das gesunde Elternteil einen inneren Reflexionsraum für die Auseinandersetzung mit dem Thema Tod zulassen. Darüber hinaus liegt es nicht in der Entscheidungsgewalt der Kinder, inwieweit sie in das Wissen über Krankheitsverlauf und anstehenden Tod der Eltern einbezogen werden. Kinder können selber wenig dafür tun, ein ausreichendes Verständnis der Situation zu erlangen. Gerade jüngere Kinder verfügen über wenig Ausdrucks und Kommunikationsmöglichkeiten, um den Bezugspersonen ihre Bedürfnisse zu vermitteln. Erforderliche Vermeidungsstrategien, die die Kinder in unerträglichen Situationen anwenden, wie z. B. die Ablenkung durch das Spielen, dürfen nicht damit gleichgesetzt werden, dass sich ein Kind nicht mit den Themen Tod und Sterben auseinandersetzen kann. Erscheinen Bezugspersonen sehr belastet bzw. mit der eigenen Auseinandersetzung beschäftigt (Rauch und Muriel 2004), lässt sich vermehrt beobachten, dass sich Kinder verstärkt zurückziehen bzw. sich sehr angepasst verhalten, um keine weitere Belastung darzustellen. Kinder verfügen über eine sensible Wahrnehmung und ein intuitives Gespür für die Geschehnisse in der Familie. Fehlt es den Kindern an Wissen und Verständnis kann es rasch zu falschen Schlüssen und Fehlinterpretationen kommen, die Ängste und Sorgen verstärken. Das Kind entwickelt eigene Erklärungsschemata, die aufgrund der fehlenden Erfahrungen widersprüchlich und verwirrend sein können. Hierzu gehören z. B. Fehlschlüsse wie »Wenn meine Mama jetzt tot ist, sterbe ich auch bald« oder »Ich bin schuld, dass die Mama tot ist«. Die kleine Ana befand sich z. B. in der schwierigen Situation, dass sie von keinem Elternteil ausreichend über die Situation aufgeklärt wurde. Demnach konnte sie sich auch in der terminalen Erkrankungsphase nicht hinreichend auf den Tod der Mutter vorbereiten. Die Informationen durch den Vater nach dem Tod kamen zu spät für Ana. Hier wird das Leben des Kindes zum Überleben.

In dem Zustand eines tatsächlichen Objektverlustes bedarf es bei den Kindern jeglicher psychischer Fähigkeiten und Hilfsmechanismen, wie z. B. emotionaler Abschottung, Verleugnung und Verdrängung, um den Zustand zu überstehen. Anas Rückzug kann als eine Funktion emotionaler Abschottung verstanden werden, um den Verlust der Mutter ertragen zu können; gleichsam konnte Ana auf kein Objekt zurückgreifen, welches die Gefühle »contained« hätte. So musste sie zunächst einen Weg finden, der ein Gegenüber nicht mit einschloss hat.

Trauer als kommunizierter Affekt beinhaltet eine wichtige interaktive Botschaft an den anderen, der sich tröstend und empathisch zuwenden soll. Kinder benötigen die Unterstützung durch einen anderen, um die Trauerarbeit leisten zu können. Ihnen gelingt es selbst nur unzureichend, die eigenen Gefühle zu regulieren und zu verarbeiten. Es fehlt an stabilen Abwehrmechanismen und einer reifen Struktur, welche die potentiell traumatischen Erlebnisse abfängt. Die hinterbliebene Bezugsperson kann dem trauernden Kind als ein Hilfs-Ich zur Stabilisierung und Regulierung der Gefühle zur Verfügung stehen (Bowlby 2006). Voraussetzung hierfür ist allerdings, dass der Erwachsene emotional ausreichend präsent sein kann, d. h. dass er trotz der eigenen Trauer noch einen emotionalen Raum für das trauernde Kind besitzt. Hierzu gehört auch, dass er auf das Kind in seiner Trauer authentisch wirken kann. Das Kind sollte das Gefühl bekommen, dass die schmerzlichen Gefühle der Trauer zugelassen werden dürfen. In der Trauerbegleitung der Kinder hat es sich zudem als hilfreich erwiesen, sofortige und realitätsgerechte Informationen zu liefern und aufkommende Fragen offen zu beantworten (Haagen und Romer 2006, Romer und Haagen 2007). Hierin liegt sicherlich die große Herausforderung, da sich ein zurückgebliebenes Elternteil ebenfalls in einem Trauerprozess befindet und daher nur bedingt emotional zur Verfügung stehen kann. Kinder erleiden mitunter häufig einen doppelten Verlust: Das erkrankte Elternteil verstirbt. Das Gesunde ist mit der eigenen Trauer so beschäftigt, dass es emotional unzugänglich ist.

Die Auseinandersetzung mit einem sterbenden oder verstorbenen Elternteil in der Familie beinhaltet eine große Herausforderung verbunden mit Verunsicherung und Orientierungslosigkeit. Zeitweise kann es bei dem gesunden Elternteil aufgrund der vermehrt anfallenden Aufgaben in der Erziehung der Kinder sowie der Einbindung in den Behandlungsprozess des Erkrankten zu krisenhaften Einbrüchen kommen, die das Ich schwächen. Aber auch das sterbende Elternteil kann vorübergehend eine funktionelle Ich-Schwäche erleiden (Fritzsche 2005), die Abwehrmechanismen wie Verleugnung und Spaltung aktiviert. In dem Fallbeispiel der 4-jährigen Ana wurde besonders deutlich, dass die Todesangst, die zu einer massiven Verleugnung führte, der Mutter keinen Raum für die Auseinandersetzung mit ihrer Situation verschaffte. Für Ana bedeutete dies allerdings, sich der Verleugnung der Mutter unterwerfen zu müssen und sich nicht mit den anstehenden Prozessen beschäftigen zu können.

Grundsätzlich können sich Kinder nur insoweit mit dem Thema Sterben auseinandersetzen, wie es letztendlich die Eltern tun. Die Aufklärung der Kinder seitens der Eltern in Bezug auf das Thema Tod und Sterben gehört per se nicht zu den grundlegenden Erziehungsmaßnahmen. Die Konfrontation mit der eigenen Sterblichkeit, aufkommende Todesängste, der elterliche Schutzinstinkt, aber auch die Voreingenommenheit der Erwachsenen, Kinder begriffen noch nicht viel und bekämen nicht viel mit, unterstützen die Verleugnung und verhindern eine erforderliche Auseinandersetzung.

Nicht nur das hinterbliebene Elternteil kann als stabiles äußeres Objekt fungieren; sicherlich kann diese Funktion auch durch andere Bezugspersonen übernommen werden. Wichtig zu erwähnen ist hier allerdings, dass der Tod in der Familie sämtliche gewohnte Strukturen und Rollenzuschreibungen verändern kann (Rechenberg-Winter und Fischinger 2008). Häufig zieht das nach sich, dass das gewohnte und vertraute Gefüge, welches stabile äußere Objekte anbietet, zumindest phasenweise wegfällt. Bei Ana gehörte der Kindergarten als eine wichtige stabile Struktur zu ihrem gewohnten Gefüge, welches aber unmittelbar nach dem Tod der Mutter nicht wirken konnte.

Gleiches gilt manchmal auch für Freizeitaktivitäten und soziale Begegnungen, die nicht unmittelbar nach dem Tod eines Elternteils wieder aufgenommen werden können, die aber für ein Kind eine Haltgebende Funktion besitzen können.

3.3.2 Die Bedeutung der inneren Objekte

Innere Repräsentanzen von wichtigen Objekten ermöglichen es den Kindern, selbst nach dem realen Verlust des Liebesobjektes Beziehungen aufrechtzuerhalten. Diese Repräsentanzen speisen die Sehnsüchte und bilden den Motor für die Suche nach dem verlorenen Objekt (Brathuhn 2006). Bei kleinen Kindern kann die Objektsuche zusätzlich durch das fehlende Verständnis von der Endlichkeit und Endgültigkeit bestimmt sein. So lässt sich bei kleinen Kindern eine intensive Suche bei gleichzeitiger Gewissheit um Wiedervereinigung mit dem Verstorbenen feststellen. Man könnte dieses Festhalten an der Unzerstörbarkeit der Objekte allerdings auch als eine wichtige Funktion anerkennen, die zum einen die Beziehung zum Verstorbenen aufrechterhält und zum anderen den Schmerz über den endgültigen Verlust nur langsam ins Bewusstsein befördert. Hierin liegt sicherlich auch die Schwierigkeit, zu unterscheiden: Handelt es sich bei der Suche nach dem Verstorbenen und bei den Wiedervereinigungs-Fantasien um eine Leugnung des schmerzlichen Verlustes? Oder findet gerade hier ein wichtiger Prozess bei Kindern statt, der ermöglicht, dass sich das innere Objekt verankert und die Beziehung zu dem internalisierten Objekt weitergeführt werden kann. Ich tendiere dazu, dass Verhalten nicht ausschließlich der Abwehr zuzuschreiben. Vielmehr vermute ich, dass es gerade dieses Oszillieren zwischen der Wahrnehmung des Verlustes und der Suche nach Nähe und Verortung des Verstorbenen ist, welches irgendwann im Kind ermöglicht, dass der Verlust des realen äußeren Objektes angenommen werden kann, bei gleichzeitiger Etablierung einer stabilen inneren Repräsentanz des Verstorbenen. Das verlorene Objekt hat einen sicheren Ort in der Innenwelt des trauernden Kindes bekommen. Kinder unternehmen unterschiedliche Strategien, um dem verlorenen Objekt nahe zu sein. Hierzu gehört das Erinnern an den Verstorbenen, z. B. durch die Schaffung von Übergangsobjekten (der Pulli des Papas wird als Schlafanzug benutzt), durch die Herstellung vergangener Bezüge (»Mit Papa bin ich auch immer an diese Stelle des Sees gegangen«) oder durch den Versuch, den Verstorbenen zu lokalisieren (»Mein Papa ist jetzt im Himmel«). Das Aufkommen von Engelsvisionen insbesondere bei Kindern im Vorschulalter könnte sowohl als ein Übergangsobjekt als auch als Versuch verstanden werden, Nähe zu dem Toten herzustellen, indem Objektanteile weiterleben. Erst wenn es gelingt, dem verlorenen Objekt einen Platz zu geben, kann die Suche aufgegeben werden.

Im Gegensatz dazu steht allerdings, dass das Objekt, welches verlassen hat, nicht nur als ein gutes wahrgenommen wird, dem das Kind näher sein möchte. In der Trauer kann dann der allen Beziehungen zugrunde liegende Konflikt zwischen gutem und bösem Objekt, Hass und Liebe aktiviert werden. Grundsätzlich kann das elterliche Objekt nicht nur gut sein. Es versagt und verlässt phasenweise. Jedoch hat es auch die Möglichkeit, wieder als gut erlebt zu werden. Diese Chance hat ein Objekt nicht, wenn es endgültig aus dem Leben scheidet. Der damit in Zusammenhang stehende Verlust kann nicht wieder gutgemacht werden. Es ist vielleicht gerade der drohende Objektverlust, der den Hass aktiviert und den Ambivalenzkonflikt schürt. Das trauernde Kind muss neben dem Gefühl der Trauer die Gefühle von Enttäuschungswut und Hass einschließlich damit verbundener Schuldgefühle dem Verstorbenen gegenüber aushalten. Häufig lässt sich nach dem Tod eines verstorbenen Elternteils beobachten, dass sich die gesamte Enttäuschungswut stellvertretend auf das hinterbliebene Elternteil richtet, welches die Aggression aushalten muss. Zusätzlich kann der Ambivalenzkonflikt im Kind dadurch intensiviert werden, dass sich insgeheim ein Triumph einstellt, selber am Leben zu sein und überlebt zu haben; und damit verbunden die unbewusste Fantasie, das Objekt selbst zerstört zu haben (Kreuzer-Haustein 2007). Das Kind ist sich der Macht seiner Fantasien, welche Hass und Feindseligkeit beinhalten, unsicher. Schuld- und Schamgefühle begleiten die unvermeidbare Ambivalenz.

Schwierig wird es insbesondere dann, wenn die Beziehungserfahrungen mit dem verstorbenen Elternteil überwiegend negativ waren und die Beziehung bereits vor dem Tod durch massive Ambivalenzgefühle des Kindes bestimmt wurde. Ich erwähne hier den 13-jährigen Markus, dessen Namen ich ebenfalls zu Zwecken der Anonymisierung verändert habe. Im Fallbeispiel wird deutlich, wie die Vater-Sohn-Beziehung den Trauerprozess massiv erschwert hat.

Das Beispiel von Markus

Markus wurde durch seinen Vater fortwährend sehr entwertet. Beim Vater handelte es sich um ein ehemaliges Heimkind, welches von der eigenen Familie verstoßen, ebenfalls sehr entwertet und gedemütigt worden war. Durch die Ablehnung des Vaters entwickelte sich eine intensive ödipale Bindung zwischen Markus und seiner Mutter, die sich schützend vor den Sohn stellte. Gemeinsam traten sie wie ein Bollwerk gegen die Entwertung und Aggression des Vaters auf. Für den Jungen bedeutete dies aber auch insgeheim, sich als ödipaler Sieger mit der Mutter verbünden zu können, und dies nicht ohne Schuldgefühle. Als der Vater verstarb war Markus 13 Jahre alt. Der Tod des Vaters bedeutete für ihn einerseits den realen Verlust des versagenden väterlichen Objektes, welches triangulierend nie zu Verfügung gestanden hatte, ihn daher auch nicht aus der Beziehung zur Mutter herausholen konnte. Es bedeutete auch den Verlust der Person, die ihn nicht anerkennen konnte, von der er sich aber die Bewunderung (den Glanz in den Augen) erhoffte. Andererseits beinhaltete der Verlust auch den vermeintlichen Sieg, den Triumph überlebt zu haben und als ödipaler Sieger aus dem Kampf zu gehen. Intensive Gefühle der Enttäuschung und Wut mussten aufgrund der Schuldgefühle abgewehrt werden. Markus verfiel in einen depressiven Modus bei latent aggressiver Grundhaltung, in dem Trauergefühle keinen Platz finden konnten. Markus konnte im Laufe der analytischen Behandlung wieder an seine kreative Fähigkeit anknüpfen, die ihm half, durch bildnerischen Ausdruck den Trauerprozess aufzunehmen.

Neben der Bedeutung von äußeren stabilen Objekten und inneren Repräsentanzen spielt meines Erachtens das Aufkommen einer individuellen Symbolik eine wichtige Rolle in einer gelungenen Trauerarbeit. Als einen letzten Punkt möchte ich daher das Entstehen und Wirken symbolischer Prozesse im Rahmen der Trauerarbeit bei Kindern ansprechen.

3.4 Symbolische Prozesse in der Trauerarbeit

C. G. Jung (1996) beschäftigte sich intensiv mit archetypischen Symbolen, die in Verbindung mit Tod und Sterben auftreten können, wie z. B. in Träumen und Visionen. In Zeiten der Verunsicherung und Orientierungslosigkeit verstand er diese Erfahrungen als regulierende und ordnende Kräfte, damit sich die Psyche stabilisieren kann. Die archetypischen Symbole wirken als ordnende Kräfte und Grundkonstanten und liefern wichtige Entwicklungsimpulse. Er beschrieb unterschiedliche Weisen, wie diese Symbole z. B. als Helfer im Sterbeprozess wirken können.

Bei Kindern lässt sich beobachten, dass sie sich phasenweise sehr intensiv mit übersinnlichen Gestalten und religiösen Themen beschäftigen. Die Kraft des Unbewussten schafft die Projektion von Bildern und Gestalten in eine äußere Erlebniswelt, die dann wiederum auf das Kind einwirkt. Versteht man die Archetypen als wichtige strukturierende Elemente in der psychischen Entwicklung eines Kindes (Jung 1996), bekommt die Beschäftigung mit archetypischen Themen in der Gestalt übersinnlicher Wesen eine Entwicklungsfördernde Funktion. Angeregt durch die Konfrontation mit religiösen Themen im Alltag, z. B. im Religionsunterricht, treffen deren Inhalte auf einen entsprechenden Boden in der Psyche der Kinder. So passiert es häufig, dass Kinder z. B. Geschichten aus dem Religionsunterricht in die Therapie mitnehmen und diese mit mir besprechen wollen. Letztendlich geht es um die eigene Verortung im Leben. Die kindliche Seele strebt danach, in kosmische Räume eingebunden zu sein.

Verstirbt ein Elternteil kann es bei Kindern zu einer existentiellen Verunsicherungen kommen, welche das Bedürfnis nach Geborgenheit in Transzendenten Räumen erhöht. Die Vorstellung von Engeln, die Verwandlung des Toten in einen guten Geist und die Verortung des Verstorbenen im Himmel können bei Kindern eine wichtige tröstende Funktion haben. So überrascht es nicht, dass viele Kinder in meiner Praxis diese Symbolik entwickeln und für sich verwenden: Zum einen; um dem Verstorbenen nahe sein zu können, um ihn zu lokalisieren, zum anderen um in dem Übersinnlichen Trost zu finden und um sich und den anderen Verorten zu können. Hierbei ist es meines Erachtens wichtig, den Kindern einen Raum anzubieten, in dem sie ihre eigene Symbolik erschaffen können. Die individuelle Symbolik kann sich über übersinnliche Vorstellungen, konkrete Objekte oder Handlungen ausdrücken, die sowohl Trost spenden als auch der Verarbeitung dienen. Ein 8-jähriges Mädchen beschäftigte sich in der Therapie intensiv mit den Erinnerungen an die verstorbene Mutter. So malte sie die Mutter und gemeinsame Erlebnisse mit ihr immer wieder auf Papier und sammelte diese gemalten Erinnerungen in einer Kiste. Ich erlebte das Mädchen wie auf der Suche nach Gemeinsamem und Verbindendem. Eines Tages brachte sie eine Halskette der Mutter mit in die Stunde. Der Vater erklärte ihr hierzu, dass dies die Kette sei, die er der Mutter zur Geburt des Mädchens geschenkt hat. Ab dem Zeitpunkt trug sie die Kette um den Hals und erzählte mir, sich hierdurch mit der Mutter sehr verbunden zu fühlen. Die Suche nach Verbindendem schien beendet. Ein 9-jähriger Junge entwickelte im

Laufe der Behandlung folgende Verhaltensweise: Er ordnete fein säuberlich sein Spielmaterial, bevor er das eigentliche Spielen beginnen konnte. Was ich zunächst als beinahe zwanghafte Züge des Jungen wahrnahm, verstand ich mit der Zeit als ein wichtiges Ritual, welches ihn mit dem verstorbenen Vater verbunden hatte. So legte der Vater viel Wert auf Ordnung und Ästhetik und konnte hierin einen ausgesprochenen Genuss erleben. Mit dem Sohn bereitete er sich ebenfalls mit viel Sorgfalt auf gemeinsame Spiele, Unternehmungen oder das gemeinsame Essen vor, indem er die Gegenstände ordnete und schön gestaltete. Das Wiederaufnehmen dieser Handlungen in der Therapie schaffte dem Jungen eine tiefe Verbundenheit mit dem Vater. Ein 10-jähriges Mädchen begann bereits in der terminalen Erkrankungsphase der Mutter, diese immer wieder in den Therapiestunden zu malen. Manchmal grausam durch die Krankheit entstellt, manchmal so, wie sie die Mutter vor der Erkrankung erlebt hatte. Nach dem Tod der Mutter fertigte sie ein Bild an, welches die Mutter in einer wunderschönen Engelsgestalt zeigte und betitelt es mit »Mamageist«. Sie erzählte dazu, dass sie die Mutter so in Erinnerung habe behalten wollen, wie ein schwebender Engel ohne kranken Körper.

Kindliche Spiritualität beschreibt Bucher (2007) als ein grundlegendes Potential. Sie ist mitunter Quelle wachsender Neugierde und kann gerade in der Auseinandersetzung mit existentiellen Themen hilfreich sein. Sie bildet das ureigene Potential zur Selbstheilung. Grundsätzlich lässt sich aktuell ein Aufkommen archetypische Symbole in unserer Gesellschaft verzeichnen, die vermutlich darauf hinweisen, dass der Mensch, sowohl die Erwachsenen als auch die Kinder nach transpersonaler Erfahrung suchen. Ingrid Riedel (2003) beschreibt anhand der gehäuft vorkommenden Motive der Dinos, der Engel und Zauberer in unserer Gesellschaft ein Phänomen, welches sich durch einen Mangel in der Kollektivpsyche erklären lässt. Sie geht davon aus, dass die Wiederbelebung der Symbole eine Kompensation darstellt; d.h. dass die heutige Zeit durch eine kollektive Angst und Verunsicherung bestimmt ist, in der der Mensch nicht mehr in der Lage ist, sich selber ausreichend schützen zu können. Engel können als spirituelle Begleiter und Bote dienen (Hark 2007), dabei Schutz, Vertrauen und Geborgenheit herstellen. Sie sind »Grenzgänger und Vermittler zwischen Mensch und transzendenter Wirklichkeit, zwischen Leben und Tod« (Leibig 2009). Engel als Verkörperung des Verstorbenen dienen den Kindern einerseits dazu, die innere Repräsentanz des Elternteils aufrechtzuerhalten; andererseits können gute Selbstobjektanteil des Verstorbenen auf einen Engel projiziert werden. Er wird damit zu einem Selbstobjekt, welches stabilisiert und reguliert bzw. einem Übergangsobjekt, welches die Trennung erlaubt. In meiner therapeutischen Arbeit mit Kindern erlebe ich neben der Verwendung der Engelssymbolik auch ein gesteigertes Interesse für Zauberer und Feen. Da die schwere lange Erkrankung eines Elternteils Ohnmacht und Hilflosigkeit massiv verstärken, das Aufdrängen bedrohlicher Verlustängste kaum zu bändigen ist, findet sich in der Funktion des Zauberers eine Kraft und Omnipotenz, die einen wichtigen Gegenpol zur Ohnmacht darstellt. Feen als Naturgeister bilden wie die Engel eine Verbindung zum Übersinnlichen, verbinden Natur und Geist, Himmel und Erde, bzw. können die Seele verkörpern.

> »Der Engel als innerer Seelengefährte verbindet uns mit der Transzendenz und erinnert daran, dass unser Weltbild nur dann der Wirklichkeit entspricht, wenn das Unwahrscheinliche darin Platz hat« (Jung 1983, §744).

Wilfred R. Bion (2006) arbeitet mit den Zeichen »K« als dem Wissen und »O« als dem Unbekannten fernab aller Grenzen. »O« beinhaltet die absolute Wahrheit, Gottheit oder Unendlichkeit. »Faith in O« bedeutet das Vertrauen in die letzte Wirklichkeit und Wahrheit. »Faith« wird hier weniger als Glaube, sondern vielmehr als Zustand der Empfänglichkeit und Offenheit verstanden. »O« lässt sich nicht wissenschaftlich erfassen. Eher ist es notwendig, von seiner Existenz auszugehen. Bion nennt diesen Vorgang »act of faith«. Es ist das Abwesende und nicht Erfassbare, aus dem die Symbolik entstehen kann. Die Symbolik wiederum enthält die Repräsentationen über die Phänomene von »O«. Hanna Segal bringt es auf den Punkt, wenn sie sagt, dass die Symbolik aus der Abwesenheit und dem Nicht-Sein entsteht (Segal 1991). Angewendet auf den Trauerprozess bedeutet dies, dass die Symbole eine wichtige Rolle bei der Verarbeitung des Verlustes spielen: Das verlorene Objekt wird integriert, indem es in einer symbolischen Form neu erschaffen wird. Hanna Segal formuliert dies so:

> »Every aspect of the object, every situation that has to be given up in the process of growing, gives rise to symbol formation. n this view symbol formation is the outcome of a loss, it is a creative act involving pain and the whole work of mourning« (Segal 1991, S. 201 f.).

Die Erschaffung eines Symbols als ein kreativer Akt, wird hier als wichtiger Vorgang bezeichnet, bei dem das verlorene Objekt repariert wird. Symbolbildung erweist sich hierbei als entscheidend, damit die Trauerarbeit gelingen kann. Im Umkehrschluss bedeutet es auch, dass Schwierigkeiten mit der Symbolbildung Probleme im Trauerprozess nach sich ziehen können. Wodurch kann die Fähigkeit zur Symbolisierung eingeschränkt sein? Der frühen Beziehungserfahrung zwischen Säugling und Bezugsperson kommt hierbei eine entscheidende Bedeutung zu. Die Fähigkeit zur Symbolisierung entwickelt sich, um in der Sprache Bions (2006) zu bleiben, aus der Container-Contained-Beziehung heraus, oder bei Donald Winnicott (2006) im intermediären Raum, dem Bereich zwischen Säugling und Mutter, einem Ort des Spiels und der Kreativität. Bei Peter Fonagy (2004) ist es der Mentalisierungsfähigkeit der Bezugsperson zuzuschreiben, inwieweit Symbolbildung möglich ist. Bei Jung ist es die transzendente Funktion, die das Dritte, die Synthese gegensätzlicher Aspekte in Form eines Symbols, schafft (Jung 1995). Eine Einschränkung der Symbolbildung kann jedoch auch Folge einer tiefen existentiellen Verunsicherung sein, die durch den Tod eines Elternteils entsteht. Die Bedrohung des Selbst durch den Verlust kann zu einer zeitlich begrenzten Fragmentierung führen, welche die Symbolisierung verhindert. Im Fallbeispiel von Markus wurde deutlich, dass dieser nach dem Verlust des Vaters in einen depressiven Zustand verfiel, der keinen Zugang zur kreativen Symbolbildung ermöglichte. Erst im Laufe der Therapie konnte er an diese Fähigkeit wieder anknüpfen. Geht man davon aus, dass der Prozess der Symbolbildung einem interaktiven Kommunikations- geschehen entspringt, kommt der therapeutischen Beziehung eine besondere Bedeutung zu. Die Beziehung zwischen Therapeut und Patient schafft die Möglichkeit, den Prozess der Symbolbildung und Kreativität wieder zu aktivieren. Das Symbol entsteht dann als ein Produkt des therapeutischen Paares, wie Thomas Odgen (2006) es beschreibt. Es beinhaltet die Beziehung und gleichsam das Objekt.

Ich komme auf die kleine Ana zurück: Ana inszenierte mit mir über mehrere Therapiestunden hinweg die zentrale Beziehungserfahrung mit der Mutter, wobei sie mich erleben ließ, wie sie sich mit der Mutter gefühlt hatte: So war sie in dem Fall die leblose sterbende Mutter, die mich über einen langen Zeitraum in Angst und Verunsicherung alleine ließ. Sie war zwar anwesend, aber auch abwesend. Durch meine emotionale Verfügbarkeit eröffnete ich ihr einen Raum, in dem diese Gefühle gehalten und verarbeitet wurden. Aus diesem Spannungsverhältnis zwischen Sein und Nicht-Sein heraus entstand dann ein Symbol, welches den Trauerprozess wesentlich voranbrachte. Es war für mich nicht unmittelbar in der Stunde zu erkennen, als Ana mir den aufgeklebten Schnipsel überreichte. Zunächst verstand ich ihre Handlung ausschließlich als ein Geschenk an mich, um mir die Angst und Verunsicherung zu nehmen. Erst später konnte ich verstehen, dass Ana die Symbolik der erwachsenen Hand gewählt hatte. Von dem Vater erfuhr ich in einer späteren Elternstunde, dass Ana in der terminalen Krankheitsphase der Mutter fortwährend an ihrem Bett gesessen hatte. Die geschwächte Mutter habe ihr nur noch die Hand reichen können, sie habe Ana weder drücken noch umarmen können. Daher habe sich Ana häufig mit dem Gesicht an die Hand angelehnt und habe über Minuten so dagesessen. Mit dem aufgeklebten Papierschnipsel fand auf nonverbaler Ebene eine Berührung statt. Im Sinne Sterns (2007) lässt sich hier auch von einem »Moment der Begegnung« oder »Gegenwartsmoment« sprechen. Das Auftauchen der Symbolik schaffte eine Wandlung, die Hand ein Gehaltenwerden oder Aufgehobensein. Erst in diesem Miteinandersein konnte Ana weitere Erfahrungen durch Inszenierung darstellen und durcharbeiten.

Der Tod eines Elternteils erscheint für ein Kind vernichtend und zerstörerisch. Eine lebendige Beziehung mit all ihren Entwicklungsmöglichkeiten ist für immer verloren. Um der Wucht dieser bedrohlichen Gefühle standzuhalten, bedarf es einer haltenden Beziehung, es braucht ein Gegenüber. Das Ich muss wieder Bezug nehmen. Erst bzw. nur dann kann meines Erachtens ein guter Trauerprozess in Gang kommen. Dem Kind gelingt es nur durch den Anderen, sich mit den eigenen Gefühlen auseinanderzusetzen. Durch einen gemeinsam erschaffenen Raum kann sich die Kreativität und Schöpfungskraft der Psyche entfalten, welche die Selbstheilungskräfte in Gang bringt und eine Wandlung bewirkt.

Literatur

Bion W (2006) Aufmerksamkeit und Deutung. Tübingen: Edition Diskord.
Bowlby J (2006) Verlust, Trauer und Depression. München: Reinhardt-Verlag.
Brathuhn S (2006) Trauer und Selbstwerdung. Würzburg: Königshausen & Neumann.
Bucher A (2007) Psychologie der Spiritualität. Weinheim: Beltz.
Bürgin D (1978) Das Kind, die lebensbedrohliche Krankheit und der Tod. Bern: Hans Huber.
Bürgin D (1989) Trauer bei Kindern und Erwachsenen. Zeitschrift für Psychoanalytische Theorie und Praxis 4:55–78.
Colman W (2010) Mourning and the symbolic process. Journal of Analytical Psychology 55:275–297.
Fonagy P, Gergerly G, Jurist E, Target M (2004) Affektregulierung, Mentalisierung und die Entwicklung des Selbst. Stuttgart: Klett-Cotta.
Freud S (1999a) Gesammelte Werke. Bd. 2/3: Die Traumdeutung. Frankfurt/M.: Fischer.
Freud S (1999b) Gesammelte Werke. Bd. 10: Werke aus den Jahren 1913–1917. Frankfurt/M.: Fischer.
Fritzsche K (2005) Psychotherapie bei lebensbedrohlich Erkrankten. Psychotherapeut 50:281–289.
Furmann E (1977) Ein Kind verwaist. Stuttgart: Klett-Cotta.
Haagen M, Romer G. (2006) »Kann Papa jetzt aufhören tot zu sein?« Begleitung von Kindern sterbender Eltern. In: Koch U, Lang K, Mehnert A, Schmeling-Kludas C (Hrsg.) Die Begleitung schwer kranker und sterbender Menschen. Stuttgart: Schattauer.
Hark H (2007) Mit den Engeln gehen. Die Botschaft spiritueller Begleiter. Stuttgart: Opus Magnum.
Jung C (1983) Zivilisation im Übergang. Bd. 10. Düsseldorf: Walter-Verlag.
Jung C (1995) Die Dynamik des Unbewussten. Bd. 8. Düsseldorf: Walter-Verlag.
Jung C (1996) Die Archetypen und das Kollektive Unbewusste. Bd. 9/I. Düsseldorf: Walter-Verlag.
Klein M (1940) Mourning and its relation to manic depressive states. International Journal of Psychoanalysis 21:125–153.
Koch U, Lang K, Mehnert A, Schmeling-Kludas C (2006) Die Begleitung schwer kranker und sterbender Menschen. Stuttgart: Schattauer.
Krause R (2009) Regulierungskontexte von Verlusterfahrungen. In: Wellendorf F, Wesle T (Hrsg.) Über die (Un)Möglichkeit zu trauern. Stuttgart: Klett-Cotta. S. 89–102.
Kreuzer-Haustein (2009) Die Realität des Verlustes. In: Wellendorf F, Wesle T (Hrsg.) Über die (Un)Möglichkeit zu trauern. Stuttgart: Klett-Cotta.
Leibig M (2009) Kinder und Spiritualität. Jung Journal 12:43–46.
Odgen T (2006) Das analytische Dritte, das intersubjektive der Analyse und das Konzept der projektiven Identifizierung. In: Altmeyer M, Thomä H (Hrsg.) Die vernetzte Seele. Stuttgart: Klett-Cotta.
Piaget J (1983) Meine Theorie zur geistigen Entwicklung. Frankfurt/M.: Fischer.
Rauch PK, Muriel AC (2004) The importance of parenting concerns among patients with cancer. Critical reviews in Oncology/Hematology 49:37–42.
Rechenberg-Winter P, Fischinger E (2008) Kursbuch systemischer Trauerbegleitung. Göttingen: Vandenhoeck & Ruprecht.
Riedel I (2003) Dinos, Zauberer und Engel – Konstellation des kollektiven Unbewussten und/oder Modetrends? Analytische Psychologie 34:251–265.
Romer G, Haagen M (2007) Kinder körperlich erkrankter Eltern. Göttingen: Hogrefe.
Segal H (1991) Dreams, phantasy and art. New York: Bruner-Routledge.
Siegel K, Karus D, Raveis VH (1996) Pattern of communication with children when a parent has cancer. In: Baider L, Cooper GL, Kaplan De-Nour A (Hrsg.) Cancer and the family. Chichester, England: John Wiley & Sons. S. 109–128.

Stern D (2005) Der Gegenwartsmoment. Frankfurt/M.: Brandes & Apsel.
Stern D (2007) Die Lebenserfahrung eines Säuglings. Stuttgart: Klett-Cotta.
Wellendorf F (2009) Verletzbar durch Verlust und Endlichkeit – Trauern und Überleben. In: Wellendorf F, Wesle T (Hrsg.) Über die (Un)Möglichkeit zu trauern. Stuttgart: Klett-Cotta.
Wellendorf F, Wesle T (2009) Über die (Un)Möglichkeit zu trauern. Stuttgart: Klett-Cotta.
Winnicott DW (2006) Vom Spiel zur Kreativität. Stuttgart: Klett-Cotta.
Yalom I (2005) Existenzielle Psychotherapie. Bergisch Gladbach: EHP.

4 »Faith-in-O« und der Umgang mit der Unbestimmtheit des Todes

Ross A. Lazar, Rainer Oechslen und Kirsten Jörgensen †

4.1 Einführung

Anhand von Wilfred R. Bions Konzept von Faith in O und illustriert durch zwei Fallbeispiele, eines aus meiner Praxis und eines aus den persönlichen Erfahrungen von Dr. Rainer Oechslen und seine Ehefrau, Frau Kirsten Jörgensen, soll eine Brücke geschlagen werden zwischen der Ungeheuerlichkeit von Sterben und Tod, dem psychoanalytischen/philosophischen Ansatz Bions und Spiritualität und Glauben. Abgeschlossen wird das Kapitel mit einem Nachwort von Rainer Oechslen anlässlich des Todes seiner Frau am 14. November 2014.

Bions Gedanken zu Faith in O auf dem Weg zu »becoming O«, zur Annäherung an eine existente, aber letztlich nie erfahrbare, nie realisierbare »ultimate truth« – eine ultimative Wahrheit – werden erläutert und am Fallmaterial verdeutlicht. Bions Ideen hierzu werden zwar von vielen als Spinnerei und als nichts Anderes als pseudo-spiritueller, mystifizierender und wissenschaftsfeindlicher »Humbug« kritisiert und abgelehnt, erweisen sich im Gegenteil als wirksames, realistisches, gar wissenschaftliches Werkzeug für das Aushalten und für den zunächst »psychoanalytischen«, aber aus meiner Sicht auch allgemeingültigen Gedanken über und Umgang mit Sterben und Tod. Am Beispiel der psychotherapeutischen Sterbebegleitung einer 50-jährigen Krebspatientin und der gleichzeitigen supervisorisch-beratenden Arbeit mit dem betreuenden Krankenhausteam einerseits und der Begleitung eines Mannes, dessen sterbende Frau auf einer Palliativstation und später gar im Hospiz lag, andererseits soll die Relevanz des Bion'schen Ansatzes für diese ungeheuer diffizile, anstrengende und bewegende Arbeit demonstriert werden.

Es gibt bei dieser Gelegenheit keinen besseren Ausgangspunkt für meine Ausführungen als die letzten Sätze von Eckhard Fricks ausgezeichneter Antrittsvorlesung anlässlich der Einrichtung der Stiftungsprofessur für Spiritual Care an der Medizinischen Fakultät der Ludwig-Maximilians-Universität im Dezember 2010. Frick sagte:

> »Am weitesten vorgewagt hat sich wohl der Psychoanalytiker W.R. Bion, der eine Art Mystik des Fehlenden, des Transzendenten, des O entworfen hat. Mit dieser Abkürzung meint er das Unbekannte, Nicht-Wissbare jenseits der Grenze. Damit können Arzt und Patient vertrauensvoll umgehen. Faith in O nannte es Bion, einen authentisch-vertrauensvollen Umgang mit dem Spirituellen möchte ich es nennen«.

4.2 Bions »Faith-in-O«

In seinem Werk bietet Wilfred Bion viele verschiedene Formulierungen an für das, was er mit den Kürzeln »O« und »Faith in O« bezeichnet. Trotz Bions Behauptung, dieser Begriff sei ein »wissenschaftlicher«, entzieht er sich jeglicher definitorischeren Festlegung. Unter anderem aus diesem Grund erlaube ich mir, neben den vielen relevanten Zitaten Bions zu diesem Thema, einige andere Quellen (z. B. theologisch-religiös-ästhetische) anzuführen, die meines Erachtens allesamt, jede auf ihre Weise, versuchen sich dem anzunähern, was Bion mit O umreißen will.

Der Verfasser eines der großen Bion-Lexika, der brasilianische Psychoanalytiker Paolo Caesar Sandler, hilft uns im Umgang mit diesem letztendlich undefinierbaren Stoff, indem er die diversen Quellen sammelt und kommentiert. Sandler betont z. B., dass mit Faith in O immer ein »scientific state of mind«, eine *wissenschaftliche Geistesverfassung* gemeint ist und auf keinen Fall irgendein esoterischer, pseudo-mystischer Hokuspokus. In »Attention and Interpretation« (dt. Aufmerksamkeit und Deutung), schreibt Bion:

> »(O) steht für die absolute Wahrheit in einem jeden und eines jeden Objekts; wir nehmen an, dass O für kein menschliches Wesen (er)kennbar ist […], seine Präsenz kann erkannt und empfunden, aber es kann nicht gekannt werden. Es ist möglich, mit ihm eins zu sein.
>
> Dass es existiert, ist ein Grundpostulat der Wissenschaft, aber es kann nicht wissenschaftlich entdeckt werden. Ohne die Anerkennung seiner Existenz, ohne Eins-sein mit ihm und ohne seine Evolution ist keine psychoanalytische Entdeckung möglich.
>
> Wahrscheinlich ist es den religiösen Mystikern noch am besten gelungen, der Erfahrung von O Ausdruck zu verleihen. Seine Existenz ist für die Wissenschaft ebenso essentiell wie für die Religion. Umgekehrt ist der wissenschaftliche Ansatz für die Religion ebenso unverzichtbar wie für die Wissenschaft […]« (Bion 1984, S.30).

Also wie denn? Auf der einen Seite meint der Ausdruck einen »wissenschaftlichen Geisteszustand«, auf der anderen etwas, das dem religiösen Mystiker am nächsten steht! Aber Bions Begriff von »Faith« hat, wie er immer betont, mit den *religiösen* Bedeutungen des Wortes im engeren Sinne zunächst *nichts* zu tun!

> »Ein ›Glaubensakt‹ ist für das wissenschaftliche Vorgehen charakteristisch und muss von der religiösen Bedeutung unterschieden werden, die dem Begriff umgangssprachlich beigelegt ist; der Glaubensakt wird vorstellbar, wenn er im Denken und durch das Denken repräsentiert werden kann« (Bion 1984, S. 30).
>
> »Er muss ›evolvieren‹, bevor er erfasst werden kann, und er wird erfasst, wenn er ein Gedanke ist, wie das O des Künstlers erfasst werden kann, sobald es in ein Kunstwerk transformiert wurde« (Bion 1984, S.34–35).

So, jetzt ist die Verwirrung komplett: Ein *wissenschaftlicher* Begriff, *nicht religiös* (obwohl von den religiösen Mystikern am ehesten erkannt) und nun die *Quelle der Inspiration des Künstlers*! Damit nicht genug, will uns Bion klarmachen, dass für ihn – und wie er meint für uns – Faith in O *die bevorzugte Geisteshaltung* des Psychoanalytikers sei! Aber eins nach dem anderen: Ich fange mit den religiösen Mystikern an.

4.2 Bions »Faith-in-O«

Bion hatte bekanntlich keine Beziehung zur Religion im herkömmlichen Sinne und vor allem nicht zur Anglikanischen Kirche in ihrer institutionellen Gestalt. Im Gegenteil, er kritisierte die Anglikanische Kirche für ihre snobistische, verlogene »upper middle class«-Prägung immer wieder aufs schärfste, denn er hatte in seiner Kindheit sehr darunter gelitten. Diese Erfahrungen hielten ihn allerdings nicht davon ab, sich intensiv mit den Denktraditionen und Schriften sowohl von jüdischen wie auch christlichen Mystikern auseinanderzusetzen. Darüber hinaus haben viele Forschende bemerkt, dass seine Ideen vielen östlichen Religionsströmungen (vor allem dem Zen-Buddhismus) sehr nahe sind, was man oft mit seiner Kindheit in Indien und seiner indischen »Ajah« (seinem indischen Kindermädchen) zu erklären versucht. Er selbst hat allerdings darüber noch nie etwas verlauten lassen. Ob dieser Bezug tatsächlich vorhanden ist, bleibt spekulativ.

Laut Paolo Sandler stammt Bions Auffassung vom Faith-in-O zum einen von dem jüdischen Gelehrten und Mystiker Isaac Luria (†1572) und zum anderen von den »*Meditationen*« des Johannes vom Kreuz (†1591) und zwar vor allem aus dessen Gedichtband »Die dunkle Nacht« (1. Buch: »*Die dunkle Nacht der Sinne*«, 2. Buch: »*Die dunkle Nacht des Geistes*«). In diesen Gedichten beschreibt Johannes vom Kreuz eine Geisteshaltung, die vor allem von *Deprivation* gekennzeichnet ist. Bions berühmtes Diktum »without memory, desire and understanding«, d. h. ohne Erinnerung, ohne Ersehnen und ohne verstehen zu wollen, leitet sich aus diesem Gedanken ab. Johannes schreibt:

> »Eine Seele behindert also ihren Aufstieg zu diesem erhabenen Stand der Vereinigung mit Gott gar sehr, wenn sie an irgendeinem Verstehen oder Fühlen oder Vorstellen oder Meinen oder Wollen nach ihrer Weise festhält oder an irgendeinem anderen ihr eigenen Werk oder Ding, weil sie sich dessen nicht ganz zu entledigen und zu entblößen vermag. Denn, wie gesagt, das, wonach sie strebt, ist über all dies erhaben, auch über das Höchste, das erkannt oder verkostet werden kann. Die Seele hat sich also leer zu halten – *gleich einem Blinden* – gestützt auf den dunklen Glauben, durch ihn geführt und erleuchtet, nicht aber auf etwas gestützt, das sie begreift, verkostet, fühlt und ersinnt. Denn all dies ist Finsternis, die irreführt, und *der Glaube* ist über allem Verstehen und Verkosten und Empfinden und Sich-Vorstellen« (Johannes vom Kreuz, *Subida del monte Carmelo* II,4,4, hier zit. nach Benker 1991, S.25).

Von Rabbi Luria, den Bion neben Meister Eckhart oft zitierte, hat er Wesentliches über die Unmöglichkeit, die Essenz der Dinge zum Ausdruck zu bringen, gelernt. Er zitiert die Geschichte von Luria, der, als ihn einer seiner Schüler fragte, warum er nichts von seiner Lehre in Büchern niedergeschrieben habe, antwortete, »Das ist nicht möglich, weil alles miteinander verbunden ist. Kaum öffne ich meinen Mund, um die Dinge zu sagen, so ist mir, als öffneten sich die Dämme des Meeres und überfluteten alles. Wie soll ich also das sagen, was meine Seele empfangen hat, und wie soll ich es gar in einem Buch niederschreiben?« (Scholem in Bion 2006, S. 132). Hiermit will ich es mit den Mystikern bewenden lassen um mich dem »wissenschaftlichen Aspekt« zuzuwenden.

Sandler nennt das Zeichen O eine »quasi-mathematische Notation«, die den »numinosen Bereich nicht-sinnlicher Erfahrung« bzw. Kants »Ding-an-sich« symbolisiere und verbindet es mit den »Idealformen« Platons. Weiterhin sei O und Faith in O ein essentielles Postulat der Wissenschaft, das allerdings mit wissenschaftlichen Mitteln *nicht* entdeckt werden könne. Seine Existenz sei *für die Wissenschaft genauso wesentlich wie für die Religion*. Umgekehrt sei *die wissenschaftliche Vorgehensweise für die* Religion *genauso wichtig wie diese für die Wissenschaft*. Und wiederum in Abgrenzung zur Religion heißt es,

> »ein ›Glaubensakt‹ ist speziell der wissenschaftlichen Vorgehensweise zu eigen. [Er] muss von der religiösen Bedeutung, die damit verbunden ist, unterschieden werden« (Sandler 2005, S. 528) [Übers. v. Verf.].

Als letzter der drei Blickwinkel (Bion nennt sie »vertices«), die er anführt, um sich seinem Begriff O zu nähern, bleibt der »ästhetische« Aspekt. Die Inspiration, die Erfahrung einer Wahrnehmung, die Claude Lorrain, Turner, van Gogh, Cézanne oder Renoir erlebt bzw. empfunden haben, bevor sie ihre zauberhaften Landschaften malen konnten, ist, ähnlich wie ein Traum, von einem anderen *nie wirklich erfahrbar*. Das Bild, das der Künstler malt, das Gedicht, das der Dichter schreibt, die Musik, die der Komponist notiert – alle sind »bloße Abkömmlinge« der jeweiligen Erfahrung eines O, die der Künstler nur in Form eines solchen »Derivats« wiedergeben und mitteilen kann. Bions These besagt, dass es in jedem Moment einer psychoanalytischen Begegnung – ja in jedem Moment des Lebens überhaupt – ein O, eine »ultimative Wahrheit« gibt, der wir uns zu nähern suchen, wohl wissend, dass sie nie vollends zu erreichen ist.

Mit diesen Ausführungen zu Bions O möchte ich es soweit damit belassen und widme mich als nächstes meinem Fallbeispiel.

Die Patientin kann weder leben noch sterben ...

Ein erfahrenes Krankenhausteam am Rande des Aushaltbaren

Ich möchte im Folgenden von einem ungewöhnlichen und extrem schwierigen Auftrag in einer kleinen Privatklinik berichten. Da ich der Klinikleitung und einer sehr erfahrenen leitenden Schwester dieser Klinik bekannt war und gelegentlich in meiner Rolle als Psychotherapeut auf konsiliarischer Basis dort beansprucht wurde, wusste man auch von meiner Arbeit als Supervisor und Berater. Dennoch war ich überrascht, als eine mir unbekannte Stationsschwester mich um Hilfe mit einem äußerst schwierigen Problem bat.

Die Patientin: Ihre Krankheit und ihre Behandlung

Einige Wochen zuvor war eine Frau mittleren Alters zu ihnen auf die Station gekommen, die zur Nachbehandlung einer schweren Krebserkrankung für unbestimmte Zeit aufgenommen worden war. Diese Frau, eine alleinstehende Ausländerin, die im Auftrag einer großen ausländischen Firma als Abteilungsleiterin arbeitete, war im Winter davor an einem Unterleibstumor operiert und dann im höchsten zumutbaren Maße bestrahlt worden, weil der Tumor so groß und in einer so ungünstigen Lage war, dass man ihn operativ nicht ganz entfernen konnte. Die Folgen dieser erfolglosen Behandlung waren für die Patientin wie für das Klinikteam verheerend.

Die Patientin litt unter entsetzlichen Schmerzen, die mit allen Mitteln und Künsten der Schmerztherapeuten nicht zu beseitigen waren. Die Schmerzexperten der Universitätsklinik hatten alles versucht, um der Patientin Linderung zu verschaffen. Trotz großer Mengen von Morphium, Schlaftabletten und anderen Schmerzmitteln litt sie manchmal, aber *nur manchmal*, unter unaushaltbaren Schmerzen. Die Prognose schien hoffnungslos; der Tod aber – als einzig mögliche Erlösung – noch nicht absehbar. Ein Weiterleben in diesem Zustand schien unzumutbar und für alle unerträglich, aber es gab kein akutes medizinisches Problem, das ihren Tod hätte verursachen können.

Weitere Metastasen wurden nicht festgestellt, und die Frau war ansonsten erstaunlich wach und robust. Sie hatte einen guten Appetit und zeitweise sogar Humor, trotz der unglaublichen Schmerzen und der entsprechend hohen Medikationsdosis. Manchmal aber, berichteten die Schwestern, sei sie dem Personal gegenüber absolut unausstehlich. Sie verhalte sich trotz (bzw. *gerade wegen*) ihrer Hilflosigkeit so, dass erfahrene Schwestern sich weigerten sie zu behandeln, gar zu ihr ins Zimmer zu gehen. Darüber hinaus schien sie überhaupt keine richtige Bewusstheit über ihren wahren Zustand zu haben. Im Gegenteil: sie verleugnete ihren Krankheitszustand so sehr, dass die Schwestern und Ärzte sich außerstande fühlten, ihr den wahren Stand der Dinge, bei allen medizinischen Unklarheiten, klarzumachen. Eigentlich konnte sie nicht leben. Aber sterben konnte sie auch nicht. Ein Ende der Qual war zu diesem Zeitpunkt nicht abzusehen.

Das Schlimmste für die Schwestern war das Verbinden der offenen Wunde. Schon bei den Schilderungen der Schwester wurde ein Kollege ohnmächtig. Das Ausmaß an Unerträglichem, nicht Aushaltbarem, kurz »uncontainable« überwältigte das Team so sehr und machte es so hilflos, dass es seine Aufgaben, die es bei anderen Patienten mit außerordentlichem Fleiß, Hingabe und Expertise auszuüben gewöhnt war, bei dieser Patientin nicht mehr wahrnehmen konnte. Das Team war am Ende seiner Kräfte. Alle hatten das Gefühl, der Patientin nicht gerecht werden zu können. Sie konnten sie weder richtig pflegen und psychisch betreuen, noch verlegen oder nach Hause schicken. Sie kamen miteinander dauernd und unauflösbar in Konflikt – und es bot sich keinerlei medizinische Lösung des Problems. Alle waren sich einig, es müsse ein neuer, ein unkonventioneller Lösungsweg gesucht werden.

In ihrer Verzweiflung kamen die zwei hauptverantwortlichen Schwestern und die Stationsärztin auf die für sie ungewöhnliche, beinahe absurde Idee, einen psychologisch geschulten Außenstehenden zu suchen, der sowohl mit der Patientin Gespräche führen könnte (und zwar in ihrer Muttersprache) als auch parallel dazu dem Team eine Art »Supervision« über Behandlung und Betreuung der Patientin anbieten könnte. Da ich ihnen bekannt war, auf beiden Gebieten etwas Erfahrung habe und außerdem Englisch spreche, die Muttersprache der Patientin, baten sie mich, diese Aufgaben zu übernehmen.

Ich selbst war ebenso überwältigt und schockiert über das Schicksal dieser Frau wie das Behandlungsteam; ich hatte große Angst, mich auf eine solch hoffnungslose, ja ekelerregende Situation einzulassen. Die gleichzeitige Betreuung des Teams empfand ich als zusätzliche Herausforderung. So schwierig mir die Rollenüberschneidung und die Grenzziehungen erschienen, sah ich hier eine andere, zwingende Logik: irgendwie musste *einer* versuchen, das Ganze zusammenzuhalten, da alle Beteiligten die Angelegenheit eigentlich nur noch verdrängen oder davor flüchten wollten. Ein »Container« für das Ganze wurde gesucht, aber ich war mir wirklich nicht sicher, ob ich es mir zumuten könnte bzw. sollte und schon gar nicht, ob ich dieses Containment zu leisten in der Lage sein würde. Schließlich entschied ich mich dafür, es zu versuchen.

Die Gespräche mit der Patientin waren so faszinierend wie auch strapaziös. Ich hatte mit ihr vereinbart, sie zweimal wöchentlich für eine Stunde zu besuchen, um mit ihr zu sprechen, soweit sie dazu in der Lage war und soweit sie es wünschte. Unsere Zusammenkünfte waren teilweise sehr berührend, manchmal sogar heiter, manchmal von tiefer Traurigkeit und manchmal von ebenso großer Wut erfüllt. In keiner meiner bisherigen Behandlungen ist es mir so sehr darum gegangen »in authentischer Weise« mit der Patientin umzugehen, wie Frick in Anlehnung an Armin Nassehi schreibt. In der Tat ging es um eine Art »gemeinsames Nichtwissen«, um die »Absurdität ihres Leidens« und um die »Unausweichlichkeit des Todes« (Frick 2010, S. 6). Eine Episode aus dieser Behandlung, lieber sage ich »Begegnung«, soll etwas von der Atmosphäre, die in dem Raum zwischen uns herrschte, wiedergeben.

Das »Frühlingsgespräch«

Als ich mit dem Rad zum dritten oder vierten Besuch bei der Patientin fuhr, war ich von der Schönheit des abklingenden Winters und den zarten Ankündigungen des nahenden Frühlings komplett hingerissen. Obwohl noch etwas Schnee am Boden lag, war die Luft durch die Sonne bereits angewärmt, die Vögel zwitscherten in den leicht grünlich gefärbten Bäumen – ein Tag, an dem man sich nur des Lebens freuen konnte. Aber ich musste zu dieser Patientin, in ihre »Kammer des Todes«, in dieses nach Putzmitteln und Schweiß riechende – schlimmer noch –, dass nach dem nekrotischen Verwesungsgeruch der Wunde der Leidenden stinkende Krankenzimmer eintreten.

Sie lag wie immer auf der Seite, das Gesicht zur Zimmerseite (also nicht zum Fenster) gedreht, und grüßte mich missmutig. Wie es ihr ginge? »Unverändert«. Wie es mit der Pflege laufe? »Unterschiedlich«, manche Schwestern seien »reizend«, manche seien »Hexen«! Manche könnten wunderbar massieren und eincremen, manche würden sie quälen und vorsätzlich misshandeln und hätten sichtlich ihren Spaß daran.

Recht entmutigt, etwas verzweifelt, ideenlos und deprimiert nahm ich meinen gewohnten Platz an der Fensterseite des Bettes ein und schwieg eine ganze Weile vor mich hin; die Patientin auch. Es war ganz still bis auf das Gezwitscher der Vögel im Baum vor dem Fenster, und ich fühlte die Wärme des Sonnenlichts durch das offene Fenster auf meinem Rücken. Ob sie gemerkt habe, dass der Frühling angefangen habe? Sie drehte sich zu mir – und damit zum

Fenster und horchte, roch ein bisschen am Duft des Frühlingslüftchens, das durch das offene Fenster kam, und fragte, wie es draußen denn sei. Ich schilderte die Atmosphäre draußen, der noch herumliegende Schnee, das zarte Grün der Bäume und Pflanzen, das Gezwitscher der Vögel, die Wärme der Sonne. Sie hörte mir aufmerksam zu, wurde viel wacher, freundlicher, lebendiger und zugewandter.

Es war, als könnten wir in diesem Augenblick an das bisschen Lebenskraft, Lebenslust und Lebensfreude, das in ihr noch schlummerte, näher herankommen, durch die in mir geweckten »Frühlingsgefühle«, die ich von draußen ins Krankenzimmer hineingebracht hatte. Vor allem aber durch die Natur selbst, die zu riechen, zu hören, zu spüren war, nahm die Atmosphäre an Lebendigkeit zu. Gleichzeitig wussten wir beide in dem Moment, dass die Patientin diesen Genuss, ja dieses Lebenselixier des Frühlings nur aus der Ferne, nur von ihrem Krankenbett aus erleben konnte und dass sie den nächsten Frühling höchstwahrscheinlich nicht mehr erleben würde. Wir verabschiedeten uns leise, aber gefühlvoll, und ich hatte zum ersten (und einzigen) Mal das Gefühl, dass diese Patientin etwas mehr Ruhe und Zufriedenheit gefunden habe; dass sie ihren Zustand und ihr Schicksal etwas besser habe wahrnehmen und akzeptieren könne.

Nach einigen weiteren Besuchen fand ich die Patientin fast nur noch dösend vor. Sie nahm meine Anwesenheit kaum mehr wahr und bat mich schließlich durch die Schwestern, nicht mehr zu kommen. Ich habe sie nie wiedergesehen. Etwa zwei Monate später starb sie.

Kurzer Kommentar: Ich erlaube mir im Nachhinein zu behaupten, dass ich mich komplett »arglos« und »absichtslos« in dieses Abenteuer begeben habe. Ich hatte zwar große Angst, aber keine *Absichten* – in der Tat keine Ahnung, was oder wie mir geschehen würde. In diesem Sinne fiel es mir relativ leicht, ohne Erinnerung (ich hatte ja keine), ohne Ersehnen (denn ich wusste nicht, was ich der Patientin hätte wünschen sollen – außer vielleicht Schmerzfreiheit) und ohne Verstehen zu sein, denn mir war klar, dass ich von dem, was in der Patientin und in der Gesamtsituation geschah – zunächst zumindest –, praktisch nichts verstand! Erst im Nachhinein kam mir der Gedanke, dass es in dieser Begegnung mit Frau S. um eine Annäherung an O ging (Bions »becoming O«), um ihr und mein Dasein *als solches* – und dass es zwischen uns unter Umständen um nichts Anderes ging, um nichts anderes gehen konnte.

Zu diesem Fall scheinen mir folgende Sätze aus Eckhard Fricks Antrittsvorlesung von besonderer Relevanz zu sein. Zur Formel »Leben ist gleich Körper plus X« sagte Frick:

»[...] vielmehr geht die Anerkennung des X durchaus mit der Anerkennung eigener methodischer und theoretischer Grenzen einher, *ganz besonders, wenn die Grenzen der Therapierbarkeit erreicht sind*. Entscheidend ist, wie der Mensch, ob Arzt oder Patient, mit den Grenzen umgeht. Der Mensch ist das ›nicht-feststellbare Wesen‹, sagte Nietzsche. Er entzieht sich unserer Objektivierung, ist unserem Zugriff verborgen, ein ›Geheimnis‹, und zwar ein Geheimnis, das über die eigenen Grenzen hinausgreift, ein Wesen der Transzendenz also« (Frick 2010, S. 6).

Die Teamsitzungen

Die Sitzungen mit dem Team waren ebenso faszinierend wie diffizil. Sie waren spannend wie keine andere Arbeit, die ich bisher gemacht hatte, aber auch schwieriger, schmerzvoller und von einer Brisanz in der Auseinandersetzung über Tod und Leben, wie ich sie mir kaum intensiver vorstellen kann. Teamsitzungen fanden einmal wöchentlich statt und mussten aus technischen Gründen unmittelbar nach der Sitzung mit der Patientin erfolgen. Da nicht einmal ein richtiger Raum für diese Treffen zur Verfügung stand, mussten wir uns im öffentlichen Aufenthaltsraum der Station treffen. Für diese Zeit konnten wir zwar von außen ungestört bleiben, aber optisch saßen wir auf einem Präsentierteller, da die Wände des Raumes aus Glas waren (es ist ein moderner Bau, und dieser Raum ähnelt einem Gewächshaus mit Balkon). Da außerdem jeder einen anderen Dienstplan und jeder seine Patienten zu betreuen hatte, gab es ein ständiges Kommen und Gehen – nicht gerade das, was man sich unter einem »well-contained setting« vorstellen möchte!

Zehn bis fünfzehn Schwestern und Pfleger nahmen jedes Mal teil: die Stationsärztin, soweit sie Zeit hatte, einige andere Ärzte, manchmal Schwestern von anderen Stationen, Zivildienstleistende und, soweit sie es sich einrichten konnte, eine sehr wichtige Bezugsperson, die Krankengymnastin. Von den äußeren Gegebenheiten her also war das Setting eine einzige Katastrophe, aber bald wurde mir klar, dass ich mich in das gegebene System einzufügen hatte und versuchen musste, das Beste aus der Situation zu machen – eine Alternative dazu gab es einfach nicht.

Die erste Sitzung fing zäh an. Es gab viel Missmut über die Patientin, über die Konflikte im Team bezüglich ihrer Pflege, und auch über die Supervision selbst. Einige Schwestern waren sehr skeptisch, konnten sich keine wirkliche Hilfe vorstellen, indem man »nur« mit mir darüber spreche. Die unterschwellige Wut, die Ratlosigkeit und die Depression waren deutlich spürbar. Es war klar, dass mit dieser Patientin die Identität, das Rollenselbstverständnis, ja der *Glaube an die Medizin und die eigene Tätigkeit* vollkommen erschüttert worden war. Eine ältere Kollegin drückte das Hilflosigkeitsgefühl aller in folgenden Worten aus: »Wissen Sie, wir sind gewöhnt zu pflegen, und das können wir! Die einen pflegen wir gesund, die anderen pflegen und begleiten wir in den Tod. Das sind wir gewöhnt, aber mit Frau S. ist das nicht möglich – und das macht uns so hilflos!«

Schuldzuweisungen und gegenseitige Vorwürfe richteten sich teilweise gegen das augenscheinliche Versagen der Ärzte und teilweise gegen die Schwestern untereinander. »Gib' ihr *noch* mehr Schmerzmittel!« lautete die eine Devise. »Nein, sie muss selbst aktiver werden!«, meinte die Krankengymnastin. »Wir müssen ihr mehr zumuten!«, sagte die eine. »Nein, das ist unmöglich, ich halte es selber nicht aus!«, erwiderte die Nächste. Die einen drückten sich heimlich vor der Konfrontation mit der Patientin und ihrer eigenen Angst, ihrer Wut, ihrer Hilflosigkeit. Die anderen erklärten ganz offen, dass sie das nicht aushielten und wollten mit der Behandlung der Frau S. nichts zu tun haben. Alle hatten diesem Leid, diesem Hass und ihrem eigenen »Versagen« gegenüber immense

Schuldgefühle. Im Sinne der Bion'schen Grundannahmen befand sich die Gruppe ohne Supervisor in der Grundannahme »Kampf/Flucht«. Allein auf sich gestellt mit diesen Ängsten, dieser Hilflosigkeit, dieser Frustration und Wut konnten die einen nur an Kampflösungen denken, die anderen nur daran, die Flucht zu ergreifen. Mit dem Supervisor zusammen änderte sich die Grundannahme der Gruppe in die der »Abhängigkeit«. In diesem Sinne war die – natürlich übertriebene, überhöhte – Erwartung an mich gerichtet, *die* Lösung zu diesem unlösbaren Dilemma zu produzieren.

Die Vermutung, dass sogar die Patientin selbst eine gewisse Schuld an ihrem Zustand und Schicksal trage, da sie von der Existenz dieses Tumors schon mindestens ein Jahr zuvor gewusst habe, und die Tatsache, dass ihre Mutter an derselben Krankheit gestorben sei, machte die Situation nur noch schlimmer. Aber das Zugeständnis solcher Gefühle war für die Betroffenen nahezu unvorstellbar, forderten doch ihre Ausbildung, ihre institutionelle und Gruppenkultur und ihre professionelle Ethik sowie ihre jahrelangen Erfahrungen das Gegenteil. Dennoch waren solch unausgesprochenen, »unerlaubten« Gefühle in der Übertragung und Gegenübertragung in der Supervisionssituation unverkennbar und wurden von mir beim Namen genannt. Die erste Gelegenheit dazu kam am Ende der zweiten Teamsupervision.

Als ich etwas naiv fragte, ob man meine, die Patientin bewege sich zurzeit mehr in Richtung Leben oder mehr in Richtung Tod, brachen plötzlich Emotionen aus der Gruppe der am meisten ablehnenden Schwestern hervor, die fast einstimmig zugaben, sie hofften, die Patientin würde bald sterben! Die Betroffenheit der anderen war groß, denn so etwas in der Öffentlichkeit der Supervision zu hören anstatt in der Sicherheit eines Zwiegesprächs auf Station, war für alle Beteiligten erschreckend.

Die nächste Sitzung, die dritte, fing in einer total depressiven Stimmung an. Die Situation sei »trostloser denn je«. Die Patientin schlafe nicht, rufe die ganze Nacht stündlich nach einer Schwester und wolle ununterbrochen massiert werden. Sie unterscheide ganz genau unter den Schwestern, wer sie verbinden und massieren dürfe. Die Konkurrenz unter ihnen wurde durch solche Bemerkungen von Seiten der Patientin – ob bewusst oder unbewusst – deutlich angeheizt, und alle schimpften auf die Patientin, weil sie es fertigbrachte, dieses erfahrene Team gegeneinander auszuspielen, während sie für sich es hervorragend verstand, die Rolle des »verwöhnten Babys« zu beanspruchen.

In der fünften und letzten Sitzung dieser Krisenintervention brach alles, was an negativen und destruktiven, aber auch depressiven, an traurigen und besorgten Gefühlen unterschwellig vorhanden gewesen war, inmitten der Sitzung aus. Endlich konnte zugegeben werden, dass man nicht nur wünsche, die Patientin möge an ihrer Krankheit sterben, sondern dass manche regelrechten Tötungsphantasien hegten. Manche konnten sogar eingestehen sich vorstellen zu können »Hand anzulegen« (eine sehr doppeldeutige Aussage!). Daraufhin konnte jemand seine Phantasie direkt äußern, die Patientin umbringen zu wollen. Die makabren Gedanken und Schuldgefühle massivster Art »purzelten« aus dem Team heraus. Aber die Gelegenheit, im relativ geschützten Setting der Supervision all diese Gefühle und Phantasien auszusprechen, hatten alle soweit zu schätzen gelernt, dass sie ihre heimlichsten, verbotensten Gedanken veröffentlichen, wie Bion es nennt, d. h. »publik« machen konnten.

Ab diesem Punkt ging es mit der Patientin rapide abwärts. Sie fühlte sich zum ersten Mal richtig »krank«, die Medikamente wirkten besser. Sie schlief sehr viel und konnte in Ruhe und Würde schließlich bis zu ihrem Tode gepflegt werden. Natürlich blieben viele Fragen offen, viele Phantasien und Gefühle unaufgelöst. Aber das Wesentliche war getan. Das Team konnte wieder wie gewohnt erfolgreich arbeiten und die Patientin konnte in einer liebevollen, umsorgten Atmosphäre human sterben. Außerdem musste keiner mit dem ewig schlechten Gewissen leben, nicht alles getan zu haben, was menschlich machbar gewesen wäre.

Der Mut, sich so in die Tiefe der eigenen Seele einzulassen, die eigene berufliche Identität sowie die eigene Beziehung zum Leiden und Sterben so in Frage zu stellen, hat uns alle beeindruckt, erschüttert und zutiefst berührt. Die Entwicklung, die sich hier vollzog, war nicht geplant oder beabsichtigt. Aber alle haben dazu beigetragen, dass es geschehen konnte. Das Schicksal der Patientin hat uns dazu gezwungen, und die glückliche Kombination von inneren Faktoren, sowohl in den Teammitgliedern als auch in der Patientin und im Supervisor, hat – trotz der vielen ungünstigen äußeren Faktoren – zugelassen, dass »katastrophische Ängste« erlebt und ausgehalten werden konnten und »katastrophische Änderung« in uns allen stattfinden konnte. Waren wir in diesem Prozess auf dem Weg zu »becoming O«? Ich weiß es nicht. Man wird es nie wissen, kann es nicht wissen, aber so stelle ich mir es vor.

In einem zweiten »Fallbericht« erzählt Dr. Rainer Oechslen eine ganz *andere* »Geschichte vom Krebs« aus der Sicht der Betroffenen.

4.3 »Wir werden doch vor dem Tod nicht kapitulieren« – Eine Geschichte vom Krebs

Rainer Oechslen und Kirsten Jörgensen †

Es begann kurz vor Ostern 2009: Meine Frau bekam Rückenschmerzen, die nicht vergehen wollten. Der Orthopäde fand nichts, obwohl sich die Beschwerden verschlimmerten. Am 26. Oktober schließlich konnte sie sich fast nicht mehr bewegen. Unser Hausarzt telefonierte mit den Radiologen. Noch am gleichen Abend gingen wir zur Kernspinaufnahme. Da erfuhren wir schon, dass die Sache sehr bedenklich stand. Nach einer weiteren Aufnahme drei Tage später war die Diagnose klar: Brustkrebs im fortgeschrittenen Stadium mit Metastasen in der ganzen Wirbelsäule und im Becken.

Vom Schock rede ich jetzt nicht. Ich hatte einfach Angst um die Frau, mit der ich erst seit einem Jahr verheiratet war. Natürlich wollte ich, dass die Behandlung möglichst gleich begänne. Aber zuerst musste der Krebs genauer bestimmt werden. Das geschah in der Uniklinik. Am 3. November ging Kirsten dort von einer Untersuchung zur anderen. Am Schluss legte sie sich vor Erschöpfung auf meinen Mantel am Boden. Zuhause dann wieder: Warten auf die Ergebnisse. Mein Sohn und seine Freundin kamen zu Besuch. Er tat sich schwer damit, dass sein Vater ihm so wenig Aufmerksamkeit schenkte. Dieses Problem sollte meine beiden Kinder aus erster Ehe noch lange beschäftigen.

In der Nacht vom 9. auf den 10. November eskalierten die Dinge. Kirsten hatte so extreme Schmerzen, dass sie völlig am Ende war. Gegen Morgen war sie bereit, ins Krankenhaus zu gehen: eine Palliativstation der Missionsbenediktinerinnen. Das Gefühl, in der Wohnung zu sein, aus der man den liebsten Menschen gerade hinausgetragen hatte, ist schwer zu beschreiben. Aber die Oberärztin dort bekam wenigstens den Schmerz und die damit einhergehende schreckliche Übelkeit in den Griff.

Inzwischen hatte man an der Uniklinik die Diagnose ermittelt: ein hormonrezeptor-positiver Krebs, die Wirbelsäule in gefährlichem Zustand, eine Stabilisierungsoperation nicht leicht, deshalb zuerst Bestrahlung. Am 18. November also weiter nach W. zur Bestrahlungstherapie. Dort lange Wartezeit, Kirsten im Bett auf dem Flur. Schließlich holte mich die Radiologin und sagte, sie wage nicht, die Behandlung aufzunehmen. Der unterste Hals- oder der obersten Brustwirbel könnten weiter einbrechen mit der Folge einer Querschnittslähmung. Vielleicht könne Dr. J. in M. noch helfen. Also fuhr ich mit den Bildern dorthin. Der Neurochirurg sah die Bilder an und sagte: »Eine Operation ist gerade noch möglich. Aber sie muss sofort sein. Bis morgen mache ich ein Bett frei.« Ich fahre zurück. Kirsten liegt immer noch auf dem Flur, ratlos, weil ich solange ausbleibe. Es folgt eine schreckliche Nacht in W. und dann am anderen Tag der Transport auf der Spezialtrage. Am 23. November wird Kirsten operiert, zwei Wirbel werden entnommen und durch eine Kunststoffplatte ersetzt.

Während sie im OP liegt, halte ich einen Vortrag in der Nähe. Ich bin ja immer noch berufstätig als Beauftragter meiner Kirche. Am Abend bin ich in M. Die Operation ist gelungen. Als Dr. J. kommt, um das mitzuteilen, hat der nüchterne Mann Tränen in den Augen.

Doch die schwerste Zeit kommt erst. Am 1. Dezember bringt man Kirsten nach O. in eine onkologische Fachklinik. Am Abend ruft sie an. »Bitte komme heute Nacht noch. Hier ist mir unheimlich zumute.« Ich fahre hin und bleibe. Hätte ich gewusst, dass ich zwanzig Wochen lang jede Nacht bei ihr im Krankenzimmer verbringen würde, am Schluss im Hospiz auf einem Feldbett, das ich abends aus dem Keller holte und morgens wieder verstaute, ich wäre vielleicht zurückgeschreckt. Der Psychoanalytiker, bei dem ich seit Jahren zur Supervision ging und den ich auch in dieser Krise aufsuchte, fragte manchmal, wie lange ich das durchhalten könne. Aber ich wusste, dass meine Entscheidung richtig war.

In den drei Wochen in O. wurde Kirsten zum Pflegefall. Es begann mit nächtlichen Alpträumen. Weil sie das kommen fühlte, hatte sie mich wohl gerufen. Dann versagte die Stimme. Monatelang war nur noch flüstern möglich. Ein Blasenkatheter wurde nötig, ein Infusor für die Morphine.

Der 17. Dezember gehört zu den Tagen, die ich nicht vergessen werde: Kirsten hatte kein gutes Gefühl bei der Bestrahlung. Ich spreche mit der Radiologin. Die meint, meine Frau habe nach ihrer Erfahrung vielleicht noch 30 oder 60, maximal 100 Tage zu leben. Was sollte ich tun? Kirsten war sehr schwach – längst hatte ich begonnen, sie bei allen Mahlzeiten zu füttern – aber bei klarem Verstand. Ich sagte es ihr und sie begann nachzudenken. Gerade an diesem Tag kam die Regionalbischöfin zu Besuch – wir sind ja Pfarrerin und Pfarrer. Sie erkannte die Situation und riet zur Palliativstation in München. Und noch etwas sagte sie, als ich erklärte, ich hätte nun sämtliche Urlaubs- und Ausgleichstage verbraucht: »Bleiben Sie bei Ihrer Frau. Wir werden einen Weg finden.« Ich habe von diesen Worten in den folgenden Wochen reichlich Gebrauch gemacht.

Am 20. Dezember entschied sich Kirsten. Sie erklärte dem Stationsarzt und mir: »Ich will einen Platz, wo ich 1. schmerzfrei gehalten werde; 2. mein Mann bei mir bleiben kann und ich 3. in Ruhe von meinen Eltern, Geschwistern und Freunden Abschied nehmen kann.« Am 23. Dezember erfolgte der Transport nach München.

Dort kam Kirsten endlich zur Ruhe. Von der ersten Stunde an spürte sie die beruhigende Atmosphäre der Palliativstation. Die Pflege war sehr aufmerksam und liebevoll. Sie fühlte sich geborgen. Wir teilten uns ein großes Zimmer mit zwei Betten. Ich verließ Kirsten in diesen Tagen nur, wenn sie gewaschen wurde. Ich hatte schon früher den Herrnhuter Stern und die Krippenfiguren von zuhause geholt. Wir feiern Weihnachten miteinander. Unter Aufbietung aller Kräfte hielt Kirsten in einer Art Liegerollstuhl die Christmette im Foyer der Station durch. In den folgenden Tagen kamen ihre Eltern, ihre vier Geschwister, mein Vater, meine Geschwister, meine Kinder, Kirstens Freundinnen, darunter die Pfarrerin, die ich in Kirstens Auftrag gebeten hatte, ihre Beerdigung zu halten. Am 5. Januar kaufte ich auf dem Friedhof in der Nähe unserer Wohnung ein Grab. Kirsten wollte wissen, wo sie ruhen werde. Am 6. Januar kamen ihre Eltern ein zweites Mal. Danach war das Besuchsprogramm durchgearbeitet. Aber Kirsten starb nicht. Stattdessen ließ sie sich am 7. Januar von mir samt Sauerstoffflasche in den verschneiten Schlosspark fahren.

Nun begann eine merkwürdige Zeit. Ab Mitte Januar fühlte ich, dass Kirsten ein wenig stärker wurde. Die Veränderung war minimal, aber wer 24 Stunden da ist, der bemerkt auch Kleinigkeiten. Ärzte und Pfleger schüttelten den Kopf, wenn ich sie auf meine Beobachtungen ansprach. Ich dagegen rechnete damit, dass – so schrieb ich in einer Mail an Freunde und Verwandte: »Kirsten noch ein paar Wochen oder Monate, so Gott will auch länger, zu leben hat«.

Auf der Palliativstation war das nicht vorgesehen. Hier befinden sich Menschen, die in Frieden sterben sollen, weil sie nach ärztlichem Ermessen keine Überlebenschance mehr haben. Was aber, wenn das Blatt sich wendet? Meine Frau wünschte sich z. B. Krankengymnastik. Vom langen Liegen waren die Muskeln sehr geschwächt. Die ärztliche Reaktion empfanden wir als niederschmetternd: »Wozu braucht sie Krankengymnastik. Für den Weg, den sie vor sich hat, werden die Muskeln ausreichen.« Eine Pflegerin sagte beim morgendlichen Waschen leichthin: »Wie schön, wenn einen so kurz vor dem Sterben noch so angenehme Düfte umgeben.« Kirsten und ich beschlossen, dass wir, sollte sie überleben, aus diesen Erfahrungen ein Kabarett-Programm machen würden. Wir spürten, dass die Blickrichtungen diametral verschieden waren: Die Palliativstation erwartete für sie nur noch sehr kurze Zeit auf Erden, während wir wieder ums Überleben kämpften und jedes hoffnungsvolle Zeichen aufgriffen.

Trotzdem fühlte sich Kirsten auf der Station sehr wohl. Auf ihren ausdrücklichen Wunsch hin durfte sie viel länger als allgemein üblich dortbleiben.

Erst am 28. Januar – nach fünf Wochen – wurde sie ins Hospiz verlegt. Für mich war das ein schrecklicher Tag. Das Wort »Hospiz« klang für mich hoffnungslos, und irgendwie schien dort kein Platz für mich zu sein. Das Zimmer ist zwar groß – aber nur für eine Person.

Doch am 29. Januar abends kam der Onkologe, der uns von nun an begleitete. Er sagte: »Die Schmerztherapie ist ja gut. Aber warum wird die Krankheit nicht bekämpft? Fangen wir wieder an mit Aromasin gegen den Krebs und Zometa zur Stabilisierung der Knochen. Vielleicht bekommen wir Sie noch einmal aus dem Bett.«

Was nun folgte, war eine andere Geschichte. Am 19. April konnte Kirsten das Hospiz verlassen und in unsere Wohnung zurückkehren. Bis Anfang Juli saß sie noch im Rollstuhl, wenn wir ausgingen. Doch nun läuft sie schon viele Wochen ohne Hilfsmittel, fährt wieder Auto und kann ein weitgehend selbständiges Leben führen. Seit langem hat sie die Blutwerte einer Gesunden. Der Onkologe spricht von einer »serologischen Komplettremission«. Soweit mein Bericht.

Das letzte Wort in dieser Geschichte soll meiner Frau gehören. Das ist zwar nichts wirklich Außergewöhnliches, in diesem Fall aber etwas Notwendiges, weil ich das, was ihr wichtig ist, nicht selbst sagen kann. Sie hat rückblickend auf das vergangene Jahr folgendes formuliert:

»Ich glaube, dass Leben und Sterben eines jeden Menschen in Gottes Hand stehen. Dass ich dies in jedem Moment nicht nur gewusst, sondern auch gespürt habe – dafür bin ich sehr dankbar. Ich konnte mein Schicksal annehmen. Gleichzeitig gab es irgendeinen Teil von mir selbst, der noch nicht bereit war, zu gehen. Mein Mann berichtet, dass er mich einmal zu einer Freundin hat sagen hören: ›Wir werden doch vor dem Tod nicht kapitulieren!‹

Instinktiv suchte ich inmitten dieses Überlebenskampfes nach Verbündeten: Da gab es die Geborgenheit in der Palliativstation und im Hospiz mit allem, was mein Mann vorher schon beschrieben hat. Da gab es die Unterstützung durch den regelmäßigen Besuch einer Psychotherapeutin. Da gab es meine Familie, meine Freundinnen und Freunde. Unmittelbaren Anteil an dieser positiven Entwicklung jedoch hatte zuerst und zuletzt mein Mann selbst. Er hat mich über Wochen und Monate am Tag und in der Nacht kaum eine Stunde allein gelassen. Wenn ich wieder einmal in irgendeinem Bett auf irgendeinem Flur abgestellt war, hat er sich neben mich gesetzt und mir vorgelesen. Selbst in der Zeit, als ich mich bereits irgendwo zwischen Himmel und Erde befand, habe ich immer seine Nähe und Anteilnahme gespürt.

Dass diese Form der Begleitung ungewöhnlich ist, wissen wir beide. Aber nur so konnte das geschehen, was viele mittlerweile als ›Wunder der Heilung‹ ansehen.«

Ein Nachwort zur Geschichte vom Krebs

Am 14. November 2014 ist Kirsten gestorben – ziemlich genau fünf Jahre nach der Krebsdiagnose. Von einem »Wunder der Heilung« sprach Kirsten in ihrem Beitrag zu unserem gemeinsamen Text. Ich denke nicht, dass ich das Wort »Wunder« nun relativieren muss.

Wir hatten trotz Krebs fünf wunderbare Jahre miteinander. Ganz ohne Sorgen war ich nie, aber die Freude an Kirstens Gegenwart war viel wichtiger und stärker. Kirsten konnte laufen – wenn auch nicht sehr weit – und sie konnte reisen und das taten wir: Noch in dem Jahr, in dem sie aus dem Hospiz heimkam, fuhren wir zweimal nach Italien, im Frühling danach waren wir in Florida, ein Jahr später auf Rhodos und dann – das war wirklich ein Wagnis – 2013 in Sansibar. Wie froh war ich beim Umsteigen in Addis Abeba, dass es auf diesem Flughafen Liegestühle gab. Kirsten hätte sich sonst wohl auf den Boden legen müssen. Auch 2014 nahmen wir uns etwas Großes vor: eine Autofahrt ins Périgord im Westen Frankreichs. Zweimal mussten wir unterwegs übernachten, in Breisach und in Autun in Burgund. Dann waren wir da. Kirsten musste viel liegen. Aber ihre Kraft reichte für eine Besichtigung der berühmten Höhlen von Lascaux – davon hatte sie lange geträumt – und für die Teilnahme an der Johannisfeier der Bürger von Beaumont du Périgord. Es war ein zauberhafter Abend, bis lange nach Mitternacht saßen wir am Feuer. Zum Abschied von Frankreich schenkte mir Kirsten – im Voraus zum Hochzeitstag, der erst drei Monate später war – eine Übernachtung und ein Abendessen in einem Luxusrestaurant. Das wäre nie unsere »Preisklasse« gewesen, aber Kirsten konnte schenken wie kaum jemand sonst. Seit meine Mutter vor dreißig Jahren gestorben ist, hat mich niemand mehr so liebevoll beschenkt.

Da war noch jemand, den Kirsten beschenken wollte und konnte. Im ersten Winter nach Kirstens Rückkehr in die eigene Wohnung kam ihr Bruder Peter aus Berlin mit seinen drei kleinen Söhnen, der Jüngste ging damals noch in den Kindergarten. Mir war ein wenig bange, ob das gut gehen würde in unserer Drei-Zimmer-Wohnung – aber es ging gut, so gut, dass die »Berliner« fast in allen Ferien wiederkamen, später auch mit der Mutter der Familie. Kirsten hatte sich Kinder gewünscht und auch ich hätte zu den beiden aus meiner ersten Ehe gerne noch mit Kirsten Kinder gehabt; aber als wir uns kennen lernten, waren wir nicht mehr ganz jung – die Kinder sind ausgeblieben. Nun aber gab es Kinder bei uns, Kinder, mit denen Kirsten spielen, Filme gucken und Ausflüge machen konnte. Und es gab einen Bruder, der ihr nahe war und der, als es Kirsten schlecht ging und ich auf einer Dienstreise war, sie einige Tage pflegen durfte, was sonst nur dem Ehemann erlaubt war. Auch in diesem Sommer kamen die »Berliner«. Ich merkte zwar deutlich, dass es ihr schlechter ging. Aber von vielen Arztbesuchen und Untersuchungen wollte sie nichts wissen: zuerst die Zeit mit den Besuchern genießen.

Ende Juli wurde mein Vater neunzig. Zur Geburtstagsfeier fuhr Kirsten mit mir ins Fränkische. Am nächsten Tag suchten wir im Ruheforst in der Nähe meines Heimatortes den Baum aus, unter dem wir einmal beigesetzt werden wollten. Das Grab, das ich im Januar 2010 auf Kirstens Wunsch an unserem

4.3 »Wir werden doch vor dem Tod nicht kapitulieren« – Eine Geschichte vom Krebs

Wohnort gekauft hatte, hatten wir vor einigen Jahren der Gemeinde zurückgegeben. Der Besitzer des Ruheforstes schrieb mir später, er hätte an jenem Tag nicht bemerkt, dass Kirsten ernsthaft krank sei.

Es wurde Herbst. Die »Berliner« kamen in ihren Ferien. Nachdem Kirsten an einem nebligen Tag Ende Oktober mit den Gästen und mir noch einmal auf unserem »Hausberg« in die Sonne und in den Schnee gefahren war, begannen die Untersuchungen. Schnell war klar: Es sind große Metastasen in der Leber. Dr. V., der uns so viel geholfen hatte, empfahl eine Leberpunktion, um die weitere Therapie festlegen zu können. Das geschah am 8. November in einer Praxis in München. Schon auf dem Heimweg ging es Kirsten schlecht. Daheim war sie fast bewusstlos. Die punktierte Leber hatte zu bluten begonnen. Sie kam ins Krankenhaus in M., wo man ihr schon zweimal gut geholfen hatte. Einen guten Tag hatten wir da noch, den 9. November 2014. Da kam eine sehr kompetente und sympathische Ärztin. Weil ich dem Direktor des Krankenhauses vorher in einer Sache aus meinem Arbeitsbereich (Beziehungen zwischen den Religionen) geschrieben hatte, dachte Kirsten zunächst, es ginge um mich und sie stellte mich vor, so liebevoll, ja mit Bewunderung, dass ich erst verlegen und dann gerührt war. Später sagte sie: »Aber Rainer, so rede ich doch immer von dir.« Nachdem das Missverständnis ausgeräumt war und die Ärztin meinte, es ginge um Kirsten und die Maßnahmen, die nötig seien, um sie noch einmal, vielleicht nur für Tage, nach Hause zu bringen, sagte Kirsten: »Ich danke Ihnen sehr. Können wir nicht du sagen? Ich heiße Kirsten.« Die Ärztin ließ sich darauf ein. Sie heißt Susanne.

In den folgenden Tagen nahmen Kirstens Kräfte jeden Tag ab. Wir ließen sie keine Minute mehr allein. Ihr Bruder Peter aus Berlin kam, ihre Freundin Christine aus Münster, schließlich Manuel, mein Sohn aus erster Ehe. Am Freitagmorgen, dem 14. November, zwischen sieben und acht Uhr, wurde ihr Atem schwach. Christine war bei ihr. Wir Männer übernachteten zuhause. Man rief uns an, aber als wir ins Krankenhaus kamen, war sie schon hinüber gegangen in die Ewigkeit. Wir vier saßen dann um ihr Bett und sangen ihre Lieblingslieder, vor allem das eine: »Schönster Herr Jesu …«

Von der Schauspielerin Adele Sandrock (1863–1937) erzählt man, dass sie einmal gefragt wurde, warum sie immerzu schwarze Kleider trüge. Sie antwortete: »Meine Mutter ist gestorben.« Der Gesprächspartner: »Aber gnädige Frau, das ist doch schon einige Jahre her!« Darauf die Sandrock: »Ja, aber meine Mutter ist immer noch tot.«

So geht es mir. Kirstens Sterben ist nun mehr als ein Jahr her, aber sie ist immer noch tot. Ich bin damit nicht einverstanden. Wenn ich überlege, was mir am meisten fehlt, dann ist das ihre Fähigkeit, sich meine Sorgen und Ängste anzuhören und sich selber davon nicht irritieren zu lassen. Auch wenn es ihr schlecht ging, konnte sie zuhören und sie hatte nie Angst, von meinen Problemen überschwemmt oder überfordert zu werden. Sie muss in ihrer aktiven Zeit eine wunderbare Seelsorgerin gewesen sein, denn sie hatte keine Angst vor der Angst der anderen, auch nicht vor meiner. Niemals, auch nicht in der Palliativstation und im Hospiz, war sie nur die Empfangende, sie war immer auch die Gebende. Das machte es mir möglich, die Sorge für sie auch in sehr schwierigen

Situationen durchzuhalten. Wenn ich dann darüber nachdenke, was sie mir in kranken wie in gesunden Tagen gegeben hat, dann kann ich nur sagen: eine Liebe, eine Aufmerksamkeit, eine Bejahung, von deren Kraft ich mir nichts hätte träumen lassen, bevor ich Kirsten kannte.

4.5 Schlussbemerkungen

Es ist beinahe unmöglich nach einer so bewegenden Schilderung überhaupt noch etwas Sinnvolles dazu zu sagen, außer vielleicht, dass ich überzeugt bin, dass Herr Dr. Oechslen und seine Frau in diesem langen Prozess von Erkrankung und »Heilung«, wenn man sich das Wort erlauben darf, unmittelbar beim »becoming O« waren und vielleicht sogar immer wieder sind, gar jenseits des Todes.

Einige letzte Formulierungen Bions sollen uns schließlich in Erinnerung rufen, was er uns mit O und Faith in O näherbringen will:

> »O bedeutet eine Erfahrung von der Existenz der Realität und Wahrheit. Faith in O gibt uns einen Sinn dafür, dass Wahrheit, obwohl nicht erreichbar, verstehbar, aussprechbar oder Besitz sein kann, in seiner Existenz intuitiv erkannt werden kann. Die Erfahrung einer sich evolvierenden Wahrheit oder Realität ist vorübergehend, aber nicht erkennbar. Faith in O stellt keine mystische ›Position‹ dar, sondern die Anerkennung, dass eine geschulte Intuition entwickelt und ausgeübt werden kann, die dazu führen kann, sich O zu nähern, O zu ›werden‹. Faith in O ist ein Ausdruck dafür, dass diese ›Wahrheit‹ existiert, dass es aber einer Disziplinierung von Erinnerung, Ersehnen [desire] und Verstehen bedarf, um sich ihr zu nähern« (Bion 1984, S. 35).
>
> »Man kann daraus oder dahin ›evolvieren‹, kann aber nicht damit identifiziert sein, kann es nicht kennen, sondern nur ›werden‹« (Bion 1984, S. 26).

Literatur

Benker G (1991) Loslassen können – die Liebe finden. Die Mystik des Johannes vom Mainz. Stuttgart: Kreuz
Bion WR (1961) Experiences in Groups. London: Routledge
Bion WR (1984) Attention and Interpretation. London: Karnac
Bion WR (1988) Erfahrungen in Gruppen. Stuttgart: Klett-Cotta
Bion WR (2006) Aufmerksamkeit und Deutung. Tübingen: edition discord]
Lazar RA (2002) Bions Modell »Container-Contained« und seine Implikationen für die Praxis der Supervision. In: Pühl, H (Hrsg.) Supervision – Aspekte organisationeller Beratung. Berlin: Ulrich Leutner. S. 165
Sandler PC (2005) The Language of Bion. A Dictionary of Concepts. London: Karnac

5 Selbst und Tod

Ralf T. Vogel

5.1 »Wer oder was stirbt?« Die »Selbste«, Selbstkonzepte und der Tod

Seit nunmehr fast tausend Jahren beschäftigen die Menschen sich mit der neugierigen Betrachtung ihrer selbst. Von der Theologie ausgehend, übernahm die Philosophie die Deutungshoheit menschlicher Selbstdefinition – die Philosophie der Renaissance ist bereits erstaunlich nahe an modernen Selbstkonzepten (Fetz 1999) –, bis sich seit dem 19. Jahrhundert die Psychoanalyse, dann auch die akademische Psychologie dem »Gegenstand« des eigenen Selbst zuwandten. Heute ist die gesamte Palette der Gesellschaftswissenschaften involviert und auch in der populären Presse hat die nunmehr zum »lifestyle« gehörige Frage nach dem »Wer bin ich?« (z. B. Precht 2007), die sich nicht selten auf eine Auflistung von Rollen oder einfachen Persönlichkeitszuschreibungen bezieht, Hochkonjunktur. Diese oft vereinfachenden Sichtweisen beantworten die Frage nach dem Selbst meist mit der Definition eines »sozialen Selbst« und bleiben, C. G. Jung würde sagen auf »Persona«-Aspekte (»Das, als was einer erscheint«, Jung, GW Bd. 7, § 246) beschränkt. In der Zusammenschau des Selbst-Begriffs mit dem Todesthema vollzieht sich aber nahezu automatisch eine Bedeutungsverschiebung. Das lapidare und auf die Aufzählung von Attributen zielende »Wer bin ich?«, wird nun schwerpunktmäßig entscheidend verlagert auf ein »Wer bin ich?«, nachdem eben gerade diese Persona-Aspekte in conspectus mortis, im Angesicht des Todes, obsolet geworden sind. Es geht darum: »Wer bin ich zuletzt?« (Brathuhn 2006, S. 51) und diese Betonung führt uns hin zu einer sorgfältigen Betrachtung des Selbst-Begriffs quasi von »außen und von innen«.

Psychoanalyse und Analytische Psychologie, sehr viel später nun auch die akademische Psychologie, können auf einen großen Erkenntnisschatz zum jeweils definierten Selbst und dessen Begriffsumfeld verweisen. Außer mehr oder weniger ausführlicher Rekurse auf philosophische Vorläufer- oder auch Gewährstheorien haben sich die genannten Fachbereiche aber entschieden, einander wenn irgend möglich nicht zur Kenntnis zu nehmen. Deutlich wird dies exemplarisch bei den beiden modernsten Werken beider Richtungen, Roman Lesmeisters »Selbst und Individuation« (2009) (für die Analytische Psychologie C. G. Jungs) und Hans Dieter Mummendeys »Psychologie des Selbst« (2006) (für die akademische Selbst-Forschung). Bei einen genauerem Blick tun diese beiden hervorragenden Autoren aber dann vielleicht doch das Richtige, denn ihr Selbst-Begriff weist kaum Berührungspunkte auf. Eine Kontaktaufnahme akademischer und jungianisch-analytischer Selbstforschung wäre demzufolge wohl in einer komplementären Betrachtung der jeweiligen Erkenntnisse zu sehen, die Jung'sche Differenzierung in »Das Selbst« und den »Ichkomplex« (s. u.) (dieser entspricht weitgehend dem akademischen Selbstkonzept) könnte dabei ein Modell liefern.

5.1.1 Der Selbstbegriff

Ohne eine vorherige Bestimmung des mit dem Selbst-Begriff Gemeinten macht keine Lektüre einschlägiger Literatur Sinn. Die Begriffsdefinitionen scheinen dabei in ihrer völligen Sprachverwirrung die Verwirrung in den Versuchen des modernen Menschen wiederzuspiegeln, tatsächlich dem nahezukommen, was er wirklich ist. Mit dem Einsetzen einer abendländischen systematischen Beschäftigung mit »sich selbst« wurden über lange Zeit die Termini Ich und Selbst kaum unterschieden. Der Selbst-Begriff wird Gegenstand von Dichtung und Literatur, Philosophie, Psychologie, Religion(-swissenschaften), Soziologie. Dabei entsteht ein grundlegender Diskurs pro und contra einer »Substanzialisierung« (Mummendey 2006, S. 14) des Selbst. Es geht um die Frage, ob wir mit dem Selbst in der Betrachtung so verfahren können als hätte es tatsächliche Substanz, als wäre es fast so wie etwas Gegenständliches.

Das Selbst(-konzept) ist dabei Projektionsfläche für ganz persönliche Ängste und Hoffnungen sowie narzisstische Größen- oder Kleinheitsphantasien. Nicht nur, dass jede quasi-objektive Begriffsdefinition diese höchst subjektiven Konnotationen birgt, es entstehen die diversen Selbst-Begriffe auch in Auseinandersetzung mit Ideologien und Weltanschauungen (etwa um die eigene zu propagieren und andere abzuwerten), sie sind zudem auch der aktuellen Stimmungslage (des Einzelnen oder seiner Gruppe) geschuldet und es muss davon ausgegangen werden, dass das individuelle Selbstkonzept in heutiger, gehobener Stimmung ein anderes sein kann als das von morgen, wenn die Stimmungslage sich trübt, mit dem Selbstbegriff assoziiert sind Begriffe wie Ich, Identität, Existenz/Dasein. Persönlichkeit/Person, Rolle, Authentizität aber eben auch die Seele. Ja, die Renaissance des Selbst-Begriffes in Psychologie und Psychoanalyse wird nicht selten kritisiert als die Wiedereinführung der Seele in die empirische Wissenschaft »durch die Hintertür« (z. B. Bischof 2005)!

Vor allem im theologischen Diskurs finden wir eine manchmal nahezu vollständige Gleichsetzung des Ich/Selbst-Begriffes mit der Seele. Etwa bei dem hoch angesehenen Religionsphilosophen Romano Guardini (1885–1968) zeigt sich die Sicht auf »das verborgene Selbst« als die »Seele« (1940/2008, S. 18) und so schreibt auch die katholische Dogmatikerin Pemsel-Maier eindeutig:

> »Die Theologie versteht unter der Seele das nicht sichtbare und nicht stofflich greifbare ›Ich‹ des Menschen. Die Seele ist der Ort, an dem Menschen zum Bewusstsein und zur Erkenntnis ihrer selbst kommen. Sie ist zugleich das identitätsstiftende Prinzip menschlichen Personseins« (Pemsel-Maier 2003, S. 199).

Alle modernen, aber auch multiplen Selbst-Definitionen bis hin zur (Über-)Betonung des Bewusstseins sind in diesem Seelenbegriff enthalten und bringen die Theologie in gefährliche Nähe zum Selbst-Begriff einer reduktionistischen Mainstream-Psychologie (s. u.). So stellt der »Evangelische Erwachsenen-Katechismus« dann auch konsequenterweise »offenkundige Entsprechungen zwischen Psychotherapie und Seelsorge« fest. (Kiessig et al. 2006, S. 711).

Völlig andere Selbst-Begriffe entwickelten sich aus den asiatischen Denktraditionen. Auf das Vorkommen des Selbst in den religiösen Traditionen des Hinduismus (atman, sanskrit = das Selbst) oder des Buddhismus (Anatman, sanskrit = das Nicht-Selbst) wie auch auf die chinesischen Termini des zi (pinyin = das Selbst) bzw. xin (pinyin = das Herz, das Selbst, das Bewusstsein) kann an dieser Stelle leider nur verwiesen werden. Allen spirituellen Traditionen scheint aber eine für unseren Zusammenhang sehr bedeutsame Erkenntnis gemeinsam zu sein: Im Tod (in der direkten Auseinandersetzung mit dem Tod) entwickelt, ja gewinnt der Mensch sein Selbst (Oberhammer 1995).

Innerhalb philosophischer Denkgebäude sind es vor allem der Idealismus (Fichte, Schelling, Hegel etc.) und der Existenzialismus des 20. Jahrhunderts (Heidegger, Sartre, Camus etc.), die sich, wenn auch mit sehr unterschiedlicher Ausrichtung, als »Selbst-Experten« ausweisen.

So beschreibt etwa der deutsche Philosoph Karl Jaspers (1883–1969) das Selbst als »ein Verhältnis, das sich zu sich selbst verhält« (in Mader 2005, S. 375). Martin Heidegger (1889–1976) ist für die Konfrontation des Selbstbegriffes mit dem Todesthema von besonderer Relevanz: Er trifft die auch für die Psychoanalyse relevante Unterscheidung zwischen »Ich-selbst« als dem »Eigentlichen des Daseins« und dem »Man-selbst«, das dem Alltagsgebrauch des Wortes »Ich« entspräche und »uneigentlich« sei. Durch das »Sich-vorausdenken-Können«, das Erstellen eines Zukunftsentwurfes von sich mit Einbeziehung des Todes (das »Sein zum Tode«) drohen laut Heidegger Gefühle von Existenzangst und Sinnlosigkeit. In Seinem Hauptwerk »Sein und Zeit« aus dem Jahre 1927 entwickelt er dann den ebenfalls für die psychoanalytische Theorie- und Methodenbildung höchst bedeutsamen Begriff eines »hermeneutischen« Selbst und radikalisiert gewissermaßen die Hermeneutik als den Selbst- und Weltbezug des Menschen schlechthin. Für eine Psychoanalyse als eine hermeneutische Wissenschaft jenseits naturwissenschaftlicher Denkmuster bieten die entsprechenden Kapitel in »Sein und Zeit« einen unüberschätzbaren Angelpunkt.

Im Deutschen Idealismus umkreist etwa Johann Gottlieb Fichte (1762–1814) den Begriff des »absoluten Ich«. Er definiert in seiner »Grundlage der gesamten Wissenschaftslehre« zunächst sehr bewusstseinspsychologisch:

»Dasjenige, dessen Sein (Wesen) bloß darin besteht, daß es sich selbst als seiend setzt, ist das Ich, als absolutes Subjekt. So, wie es sich setzt, ist es; und so, wie es ist, setzt es sich, und das Ich ist demnach für das Ich schlechthin und notwendig. Was für sich selbst nicht ist, ist kein Ich. [...] Das Ich ist nur insofern, inwiefern es sich seiner bewusst ist« (Fichte 1794/1997, S. 9).

Fichte setzt aber dem erfahrbaren Ich bereits den Begriff des »Nicht-Ich« gegenüber und durch seine Nähe des späteren Terminus des »absoluten Seins« zum

Gottesbegriff wird er zu einem Vordenker aktueller Denkweisen wie etwa der Analytischen Psychologie (s. u.).

An dieser Stelle können nur wenige kurze Einblicke in diese komplexen und weit gefächerten Denksysteme gegeben werden, dem interessierten Leser seien zur weiteren Lektüre die Überblickswerke etwa von Mader (2005) oder Volpi (2004) anempfohlen.

Als »Übergangszeit« zwischen Philosophie und Psychologie wie wir sie heute kennen, kann wohl das 19. Jahrhundert gelten. Als erstem, einschlägig wichtigem Autor kommt dabei William James (1842–1919) eine besondere Bedeutung zu. Er beeinflusste nicht nur die Entwicklung der akademischen Psychologie, auch maßgebliche Pioniere der Tiefenpsychologie, an prominentester Stelle C. G. Jung, ließen sich von ihm inspirieren und nahmen auf seine Schriften Bezug (vgl. z. B. Jung 1920, Bd. 6, § 509). Für unseren Zusammenhang ist v. a. die James'sche Unterscheidung zwischen »self as knower«, (I) und »self as known« (me) von Relevanz. Letzteres wird noch einmal unterschieden in »material me«: Körper, Besitz, Familie; »social me«: Bewusstsein der Sicht der anderen auf mich sowie »spiritual me«: seelische und psychologische Geschehnisse, z. B. auch Fühlen, Denken etc. (1980). Wie wir in den folgenden Abschnitten sehen werden, sind in den Ausfaltungen des Selbstbegriffes in Psychologie und Psychoanalyse bis heute unschwer mehr oder weniger relevante Erweiterungen und Präzisierungen der von James entwickelten Terminologie zu erkennen.

In jüngerer Zeit hat v. a. der Mainzer Philosoph Thomas Metzinger mit seiner »neuen Philosophie des Selbst« (2014, S. 1) die Diskussion um einen adäquaten philosophisch-psychologischen Selbstbegriff befördert und einige durchaus kontrovers diskutierte Annahmen vorgestellt. Ausgehend von der Philosophy of Mind und neuropsychologischen Forschungsbefunden glaubt er eine »naturalistische Wende im Menschenbild« (S. 17) auszumachen und formuliert hieraus z. T. weitreichende ethische Vorschläge, etwa auch bzgl. einer »säkularisierten Spiritualität«. (ebd. S. 373). Was den Selbstbegriff i.e.S. anbelangt so beschreibt er eine sog. »Selbstmodell-Theorie der Subjektivität« (Metzinger 2003). Dazu führt er den Begriff eines »phänomenalen Selbstmodells« (abgekürzt PSM) ein als das dem Bewusstsein völlig zugängliche Bild, das der Mensch von sich als Ganzem besitzt. Metzinger zieht aus seinen Überlegungen den zusammenfassenden Schluss, »dass das robuste Erleben, ein Selbst zu sein, dadurch verursacht wird, dass das PSM in unserem Gehirn fast vollständig präsent ist«. Es handele sich also um eine »Illusion in unserem Gehirn« (2014, S. 25). Mit Nietzsche sieht er dann als Ergebnis einer »fest in uns eingebaute(n) Suche nach Unsterblichkeit (...) die systematische Endlichkeitsverleugnung in unserem Selbstmodell« (ebd. S. 390).

5.1.2 Das Selbst in der modernen akademischen Psychologie

Der universitäre Blick auf das Selbst ist erst wenige Jahrzehnte jung. Nach der erfolgreichen Verbannung der »Seele« aus der psychologischen Wissenschaft wollte man wohl nicht mehr allzu rasch in den Dunstkreis potenziell numinoser, weltanschauungsverdächtiger Begriffsbildung gelangen. Um dies zu vermeiden, setzten die universitären Forscher auf ein bewährtes Mittel, die »Operationalisierung«. Darunter wird ein sukzessives »Herunterbrechen« zuvor komplexer Gegebenheiten oder Begrifflichkeiten auf ein Maß verstanden, das der experimentellen oder wenigsten quasi-experimentellen Forschung zugänglich ist. Bezüglich des Selbstbegriffs heißt dies, er wird ersetzt durch den Begriff des »Selbstkonzeptes«, das Mummendey folgendermaßen definiert:

> »Unter dem (Selbstkonzept der Gesamtheit der Selbstkonzepte) eines Individuums verstehen wir die Gesamtheit aller Selbstbeurteilungen. [...] Das Selbstkonzept einer Person ist die Gesamtheit (die Summe, das Ganze, der Inbegriff usw.) der Einstellungen zur eigenen Person« (Mummendey 2006, S. 28).

Die Struktur des Selbstkonzeptes sind die kognitiv-affektiven »Selbstschemata«, die dann für die kognitive Verhaltentherapie besondere Bedeutung erlangen (die kognitive Verhaltenstherapie sieht generell im Wissens- und Methodenbestand der akademischen Psychologie ihre Erkenntnisgrundlagen und übernimmt von dieser auch den erkenntnistheoretischen »Background«).

Der Neuropsychologe und Verhaltenstherapeut Siegfried Gauggel definiert Selbstschemata als

> »kognitive Generalisierungen [...], aus früheren Erfahrungen abgeleitet, dynamisch, selbstbezogene Handlungen und Erfahrung ermöglichend mit motivationalen und emotionalen Konsequenzen. Sie liefern Verstärker, Standards, Pläne, Regeln und Skripte für Verhalten« (Gauggel 2010).

Als Beispiel mag die derzeit wohl am besten ausformulierte kognitivverhaltenstherapeutische Sicht auf das Selbst(-schema) des Bochumer Psychologie-Professors Rainer Sachse (2001, 2002) dienen, der drei Ebenen der relationalen Betrachtung des Selbst differenziert: Auf der sogenannten »Motivebene« postuliert Sachse (2001) vor allem »grundlegende Beziehungsmotive« des Menschen, wie das Bedürfnis nach Akzeptanz, Autonomie, Solidarität etc. Die »Ebene der Schemata oder Annahmen« enthält die Sichtweisen des Selbst »im Hinblick auf andere« sowie »Annahmen über Beziehungen« und stellt damit das eigentliche Kernstück der Sachse'schen Selbstvorstellungen dar (ebd. S. 38 ff.). Er nennt dabei ein sich unter Umständen entwickelndes sogenanntes »Doppeltes Selbst-Schema« mit einem positiven und einen negativen Pol (z. B. im Falle einer narzisstischen Problematik mit den Polen: »Ich bin ungenügend« vs. »Ich bin ganz groß« (Sachse 2002).

Auf der »Spielebene« schließlich zeigen sich die handlungsmäßigen Konsequenzen der beiden ersten Ebenen. Hier kommt auch Vorbewusstes zur Geltung wenn angenommen wird, dass der eigentliche Wunsch des Menschen sich auf die Anerkennung der »Motivebene« durch den Interaktionspartner bezieht, er aber nicht selten diesen Wunsch durch mehr oder weniger manipulatives Verhalten auf der »Spielebene« torpediert.

Andere moderne verhaltenstherapeutische Konzepte (z. B. Stangier et al. 2006) entwickeln den Begriff des »sichtbaren Selbst« (S. 16) und weisen somit zumindest implizit auf die Möglichkeit unbewusst bleibender Selbstanteile hin.

Verlassen wir nun den Bereich der akademischen Selbstkonzeptforschung und deren therapeutischen Arm und wenden uns derjenigen psychologischen Disziplin zu, die wohl mit Abstand am meisten Mühe und Energie für eine (therapeutisch relevante) Fassung des Selbstbegriffs aufgewendet hat, der Psychoanalyse und mit ihr der Jung'schen Analytischen Psychologie. Dabei ist zunächst wichtig: Die zentrale Kritik der Psychoanalyse am Selbst-Konzept der akademischen Psychologie ist deren (oft unhinterfragte) Beschränkung auf bewusste, maximal vorbewusste (d.h. leicht bewusst zu machende) Anteile. Diese Beschränkung ist der oben dargestellten Operationalisierungs-Notwendigkeit geschuldet, bedeutet aber aus der Sicht der Tiefenpsychologie eine enorme Verarmung des Selbstbegriffes, so dass in deren Blick dieser auf den Gegenstand akademischer Forschung erst gar nicht angewandt werden sollte! Das Selbst (-konzept) der akademischen Psychologie firmiert in der Psychoanalyse/Analytischen Psychologie unter Begriffen wie Ich(-Komplex), Selbstrepräsentanz, Persona. Eine nützliche mittels Groß- und Kleinschreibung verdeutlichte Unterscheidung finden wir in der amerikanischen Literatur zwischen »Self« (Selbstpsychologie, Analytische Psychologie etc.) »self« (Akademische Psychologie etc.).

5.1.3 Das Selbst in der Psychoanalyse

Das folgende Kapitel stellt anhand einiger ausschnittartiger Darstellungen psychoanalytischer Theoriefragmente die wichtigsten sich im heutigen Diskurs herausentwickelnden Selbst-Konzeptionen vor. Werfen wir kurz einen Blick zurück: Sigmund Freud (1856–1939) führte den Selbst-Begriff in die tiefenpsychologische Theoriebildung ein. Allerdings zeigt sich in seinem Werk eine manchmal verwirrende teilweise Gleichsetzung des Selbst mit dem Begriff des Ich. Dieses formulierte er bekanntlich als eine Instanz des »psychischen Apparates« und sprach ihm – für unser Todesthema von hoher Brisanz – eine starke Köpergebundenheit zu: »Das Ich ist v. a. ein körperliches« (Freud 1923/1975, S. 294). Die »Ich-Instanz« vermittelt zwischen Umwelt und Gewissen, verfügt über Funktionen, umfasst Wahrnehmung, Denken und das Bewusstsein, enthält die Abwehrmechanismen ... (vgl. Anna Freud 1936/2006). Seit den 1950er Jahren bemüht sich die psychoanalytische Community um eine Differenzierung zwischen Ich- und Selbstbegriff. Heute wird die Beschaffenheit des »Ich« oft gleichgesetzt mit der »Struktur« der Person.

Überspringen wir die teilweise heterogenen Entwicklungsstränge des Selbstbegriffs in den sich in der Historie der Psychoanalyse ausfaltenden Schulrichtungen (vgl. hierzu z.B. Jacobson 1964, Mahler 1996) und werfen einen Blick in die heutige Zeit: Der wohl einflussreichste psychoanalytische Autor unserer Zeit, Otto F. Kernberg sieht im Selbst einen Bestandteil des Ich. Er schlägt vor, »den Begriff Selbst für die Gesamtheit von Selbstvorstellungen in enger Verbundenheit von Objektvorstellungen zu reservieren« (Kernberg 1992, S. 335). Er betrachtet das Selbst als eine intrapsychische Struktur, die ihren Ursprung im Ich hat und eindeutig in das Ich eingebettet ist (ebd.). Sie setzt sich zusammen aus vielfältigen sogenannten »Selbstrepräsentanzen« und den damit verbundenen Affekten, ja das Selbst »entspricht« sogar direkt »den internalisierten Selbstrepräsentanzen« (Diamond 2006, S. 181). Diese Selbstrepräsentanzen sind zu definieren als das kognitiv-emotionale innere Bild, das das Ich von sich selbst aufbaut und sind damit nahe an den oben definierten Begriffen von Selbstkonzept und Selbstschema (Kernberg ist an dieser Stelle durchaus an die akademische Psychologie anschließbar).

Der mit der psychoanalytischen Schulrichtung der »Selbstpsychologie« als Begründer untrennbar verbundene Autor Heinz Kohut (1913–1981) brachte eine gänzlich andere Definition des Selbstbegriffes in die Psychoanalyse ein, die, längere Zeit schwer umstritten, nun jedoch in der psychoanalytischen Therapielandschaft unverzichtbar geworden ist.

»Kohut beschreibt das Selbst als ein tiefenpsychologisches Konzept, das sich auf den Kern der Persönlichkeit bezieht und aus verschiedenen Anteilen besteht, die sich zu einer kohärenten und dauerhaften Struktur verbinden. Zu den Kernaufgaben des Selbst gehört es, ein Zentrum der Initiative zu sein, ein Empfänger von Eindrücken und der Ort der individuellen Konstellation von Ambitionen, Idealen, Talenten und Fertigkeiten« (Milch 2001, S. 57 f.).

Das Kohut'sche Selbst ist demgemäß bipolar aufgebaut und bewegt sich zwischen den Polen der »Strebungen« und der »Ideale«. Um sich angemessen zu konstituieren, ist das Selbst in seiner Entwicklung auf relevante Andere angewiesen. Bis in die Erwachsenenzeit hinein besteht – in Intensität und Dramatik abhängig von den frühesten Beziehungserfahrungen – eine Affinität zu sogenannten »Selbstobjekten« (Kohut 1976). Diese können beschrieben werden als die die Kohärenz ihres Selbst stützenden Wahrnehmungen einer Person, aber auch Sache, Idee etc.

Als Weiterentwicklung der Selbstpsychologie, unter Einbeziehung postmoderner philosophischer Konzepte, aber auch als aktuelle ›Neuauflage‹ vieler bereits von C.G. Jung angelegter (therapeutischer) Beziehungskonzepte (s.u.) hat sich die Intersubjektivitätstheorie (z.B. Otscheret u. Braun 2005, Jaenicke 2006) zu einem maßgeblichen Rahmen, innerhalb dem die heutige psychoanalytische Theoriebildung erfolgt, entwickelt. Bzgl. des Selbstbegriffes bedeutet sie die Abkehr von einer monistischen, substantivischen (das Selbst als eine eigenständige Substanz betrachtend) Selbsttheorie hin zu einem ›Selbst in Beziehung‹, das fließend, flexibel und in ständiger gegenseitiger Veränderung »prozesshaft« (Staemmler 2015, S, 18) mit anderen ›Selbsten‹ gedacht wird. Es handelt sich hierbei durchaus bereits um einen transzendenten Selbstbegriff, das das persönliche Selbst als Entität aufgegeben hat und bereits in ständiger Verschränkung mit anderen erscheint. Für unser Todesthema ist dies deshalb von Bedeutung, weil durch diese Verschränkungen auch Selbstteile – quasi im Selbst des anderen – den physischen Tod des Einzelnen zu überstehen scheinen. Der schöne Satz des französischen Philosoph Gabriel Marcel, der nach dem Tod seiner Frau in sein Tagebuch schrieb: »Jemanden lieben heißt ihm sagen: Du wirst nicht sterben«, könnte erweitert werden in »In Beziehung sein, heißt nicht sterben« (1952, S. 474, allgemein zum Thema Liebe und Tod vgl. auch Vogel 2015). Unser Selbst ist in dieser Sicht also konstituiert im interaktiven ›in Beziehung sein‹, es wird ein ›dialogisches Selbst«, entsprechend dem »dialogischen Format der Psyche« (Staemmler 2015, S. 166).

Sichtet man die psychoanalytische Theoriebildung, dann fallen auch unterschiedliche »Eigenschaftszuschreibungen« des Selbst in den Blick. So sprechen einige Psychoanalytiker in Anlehnung an den britischen analytischen Entwicklungspsychologen Donald Winnicott (1896–1971) von einem »Wahren Selbst« vs. das sogenannte »Falsche Selbst«. Letzteres entsteht durch selektive Bestätigung des Kleinkinds durch die Bezugsperson (Winnicott 1983). In ähnlichem Duktus konzipieren Autoren der Mentalisierungstheorie ein »alien self«(Bateman u. Fonagy 2004): Statt genauer Spiegelung wird das Kind demgemäß dazu gebracht, Teile der Innenwelt der Erwachsenen aufzunehmen. In anderen Worten: »Nicht-Anerkennung des eigenen Seins führt dazu, dass die Erwartungen der Mutter oder des Vaters als Eigenes einverleibt werden«, das Selbst ist kontaminiert durch Introjekte (Gruen 2015, S. 36f). Für unseren Gegenstand besonders wichtig: Das durch fehlende anerkennende Responsivität durch die primären Bezugspersonen ausgelöste Gefühl der Ohnmacht entspricht, so schon William James 1905, dem Gefühl, zu sterben (James 1950) und es ist davon auszugehen, dass der spätere tatsächliche Sterbeprozess durch seine regressive Kraft diese frühen Erlebnisse reaktiviert.

Der New Yorker Säuglingsforscher Daniel Stern fügt die Begrifflichkeiten des »Sozialen Selbst« (Anpassung an die Gesellschaft), des »Privaten Selbst« (bleibt anderen verborgen, gewährleistet innere Freiheit), und des »Verleugneten Selbst« (man kann nicht dazu stehen) (Stern 1992) hinzu. Verena Kast streicht mit dem Begriff des »Beziehungsselbst« (z. B. Kast 2006) und den damit zusammenhängenden Beziehungsphantasien die bis zum Lebensende geltende relationale Komponente des Selbst heraus und gibt damit für das Todesthema wertvolle Anregungen. Das »Körper-Selbst« schließlich meint ein früh sich entwickelndes und seine Bedeutung nie verlierendes mehr oder weniger bewusstes subjektives Körperbild (Lichtenberg 1978: Dynamische Summe der Körperrepräsentanzen) und die Verbindung des Identitätsgefühls mit diesem.

Die Zusammenschau von Köper und Selbst ist dabei von besonderer Brisanz für das Todesthema. Wir finden aus soziologischer Perspektive eine postmoderne und medial inszenierte Darstellung des Köpers als Symbol des Selbst bis hin zu einer vollständigen Gleichsetzung von Körper und Selbst etwa in den Köperkulten der Fitness-Studios oder den »Top-Modell«-Inszenierungen der TV-Privatsender einerseits sowie, fast im gegensätzlichen Trend, eine »Esoterik-Szenen« gemäße und oft abwehrbestimmte Abspaltung des Körpers vom Selbst, ein Trend, der sich aber in alten abendländischen Denkschulen bereits seit Jahrtausenden abzeichnet. In modernem Gewand kommt uns auch die naturwissenschaftliche Suche nach dem Selbst (Bildgebende Verfahren etc.) in der Tradition von Descartes (1556–1650) als körpergebundene Selbst-Bestimmung entgegen, der den Sitz der Seele in der Zirbeldrüse (Corpus pineale) zu erkennen glaubte. Das Selbst wird eng an die körperlichen (Hirn-)Strukturen gebunden, das Gehirn ist nicht mehr Abbild oder Organ des menschlichen Selbst, sondern wird mit diesem gleichgesetzt (vgl. Vogel 2003).

Spätestens seit dem Kirchenlehrer Thomas von Aquin (1225–1274), der den »Leib« als Sichtbarwerdung und Form der Seele betrachtet und damit den bis heute vorherrschenden Leib-Seele (Körper-Selbst)-Dualismus kritisierte (eine ganz ähnliche Idee finden wir auch im alten Ägypten, wo der Seelenvogel »ba« den Körper belebt und sich in ihm ausdrückt), befassen sich Theologen, Philosophen und Psychologen mit diesen schwierigen Verhältnissen.

1. Körper und Selbst sind identisch: Mit dem Körper stirbt das Selbst (z. B. Materialismus, z. T. Existenzialismus).
2. Der Tod trennt den Körper vom »eigentlichen« Selbst, der Seele, diese lebt weiter oder verflüchtigt sich (z. B. Platon: Phaidon).
3. Der Körper ist nur Illusion, der körperliche Tod daher unerheblich (z. B. Buddhismus).
4. Köper und Selbst sind zwar getrennt zu fassen, durchdringen einander aber in der Leibdimension. Frick (2015) trifft »die Unterscheidung zwischen dem (lebendigen) Leib als primärer Erfahrung und dem (vergegenständlichten) Körper ... « und beschreibt »Leib und Körper, Sein und Haben« als »ineinander verschränkte physische Daseinsmodi, Aspekte unseres Menschseins« (S. 122 ff.).

Eine Gleichsetzung von Körper und Selbst, etwa die Definition der Außenhülle des Körpers als Grenze des Selbst, stellt ein sehr ernstzunehmendes Problem im Hinblick auf das Todesthema dar: »Die größte Schwierigkeit [...] liegt wohl darin begründet, dass wir uns zu Lebzeiten fast völlig mit unserem Körper identifizieren. Unser ganzes Gefühl von Ich-Identität ist mit dem Körper verbunden«, so die Jung-Schülerin Marie-Luise v. Franz (2001, S. 21). Abwehrmaßnahmen müssen dann ergriffen werden, um sich dieser totalen Endlichkeit stellen zu können. Der amerikanische Psychiater Robert Lifton (1999) meint dann auch, die Entwicklung einer »Unsterblichkeitsphantasie« folgt unmittelbar auf die Konfrontation mit der totalen Endlichkeit. Er beschreibt fünf »Modi« zu Abwehr der Sterblichkeitserkenntis, den biologischen (Familien-) Modus (weiterleben in den Nachfahren), den religiösen Modus (z. B. Jenseitsgewissheit), den kreativen Modus (Weiterleben in den kreativen Werken), den Modus der ewigen Natur sowie den »Modus der Transzendenz«.

Er postuliert ein »Proteisches Selbst«, definiert durch »das proteische Ringen um Einheit und Zusammenhalt des Ich inmitten aller Wandlungen« (ebd. S. 27). Unser Selbst gleiche hierbei dem frühen antiken Meeresgott Proteus, dem »Alten vom Meer«. Dieser habe seine Gestalt laufend gewechselt, um sich den Gegebenheiten anzupassen, aber manchmal auch, ohne selbst auf diesen Gestaltwandel Einfluss nehmen zu können. Lifton sieht in diesem wandelbaren Selbst aber nicht in erste Linie Pathologie, sondern moderne Notwendigkeit.

In den dargestellten psychologischen, vor allem aber psychoanalytischen Selbst-Vorstellungen ist deutlich geworden: Das Selbst kann auch »gestört« sein, es kann sich z. B. ein »Inkohärentes Selbst« oder ein »Fragmentiertes Selbst« entwickeln. Der Großteil der modernen psychoanalytischen Krankheitstheorien setzt tatsächlich an einer Theorie des gestörten Selbst an (vgl. Lesmeister 2009). Solchermaßen formulierte (»substanzialistische«) Selbsttheorien implizieren in letzter Konsequenz natürlich auch die Vorstellung der möglichen Vernichtung des Selbst im Tod!

5.1.4 Der Gegenentwurf: Das Selbst in der Analytischen Psychologie C. G. Jungs

Zwar in psychoanalytischer Tradition stehend, entwickelt der Schweizer Psychoanalytiker C. G. Jung (1875–1961) eine radikale tiefenpsychologische Alternative zu den etablierten psychoanalytischen und akademisch-psychologischen Konzeptionen. Bis heute wird seine Sicht auf das Selbst innerhalb der psychoanalytischen Gemeinschaft skeptisch beäugt und wenig integriert, wohl vor allem deshalb, weil Jung gerade mit der Entfaltung seines Selbstbegriffs den Boden der akademischen wie auch psychoanalytischen Erkenntnistheorie und der diesen zugrunde liegenden Menschenbildsannahmen verlässt. Jungs Selbstbegriff ist dann auch kein rein psychoanalytischer, er speist sich ebenso aus philosophischen und spirituellen Zugängen und verlangt für seine Rezeption die Anerkennung eben auch dieser Erkenntniswege. Er bestimmt das Selbst als eine sich aus sich selbst heraus regulierende »Ganzheit«, bestehend aus polaren Bestandteilen teils individueller, teils beziehungserworbener, teils überindividueller (!) Genese. Diese Selbst-Konzeption Jungs in Termini von Einheit und Ganzheit bleibt allerdings auch innerhalb der Jung'schen Community nicht unwidersprochen (z. B. Lesmeister 1992). Jungs Selbstbegriff ist eben nicht modern, will es auch nicht sein, denn er begnügt sich ganz bewusst nicht mit den Zeitgeistvorstellungen eines fragmentierten, »gebrochenen« Selbst:

> »Er hat es vorgezogen, nach einer Möglichkeit der Auflösung, der Überwindung der Gebrochenheit zu suchen. [...] Statt darauf zu vertrauen, dass die Figur des gebrochenen Selbst das adäquate ›Containment‹ der modernen Subjektivität darstellt, hielt er zeitlebens Ausschau nach alten und bewährten Symbolen, die er als Containment für das gebrochene Selbst zu benötigen glaubte« (Lesmeister 2009, S. 23).

Wie bei Kohut steuert und strukturiert das Selbst als Zentrum allen psychischen Geschehens die Entwicklung, es umfasst dieses aber gleichzeitig vollständig (und damit tun sich auch schon wieder die Unterschiede zur Selbstpsychologie auf), so dass außerhalb des Selbst auch nichts mehr zu finden ist, es sei denn in projektiven Zusammenhängen. Das Selbst umfasst das Ich und das Unbewusste in all seinen Schichten, d. h. neben dem persönlichen Unbewussten auch die verschiedenen Tiefenebenen des Kollektiven Unbewussten. Das Ich (jungianisch eher der »Ichkomplex«) ist also dem Selbst als das Bewusstsein beinhaltende Instanz gegenüberstehend, während es gleichzeitig als Anteil desselben zu sehen ist:

> »Trotz der unabsehbaren Reichweite seiner Grundlagen ist das Ich nie mehr und nie weniger als das Bewusstsein überhaupt. Als Bewusstseins-Faktor könnte das Ich, theoretisch wenigstens, völlig beschrieben werden. [...] Ich habe vorgeschlagen, die vorhandene, aber nicht völlig fassbare Gesamtpersönlichkeit als das Selbst zu bezeichnen. Das Ich ist definitionsgemäß dem Selbst untergeordnet und verhält sich zu ihm wie ein Teil zum Ganzen« (Jung 1950, GW Bd. 9/2, §8 f.).

Die Rede vom »nicht völlig Fassbaren« meint Jung ernst. Er verlangt uns ein Aushalten des Nicht-Wissbaren ab, denn »Das Selbst vollends ist der persönlichen Reichweite entrückt und tritt, wenn überhaupt, nur als religiöses Mythologem auf, und seine Symbole schwanken zwischen Höchstem und Niedrigstem« (Jung 1950, GW Bd. 9/2, § 57) (vgl. auch Karl Jaspers 1948/2008, S. 323: »Das Selbst ist mehr als alles Wissbare«). Das Selbst ist faktisch, ja objektiv und gleichzeitig Möglichkeit, es ist das im Leben »Angelegte, auf das hin ich mich entwickle« (Riedel 2009, S. 38), die »potentielle Gesamtpersönlichkeit« (ebd. S. 143).

Ein solchermaßen gedachtes Selbst kann dann auch nicht mehr zerstört, erst recht nicht »gestört« werden. Die psychische Störung ist bei Jung folgerichtig auch nicht eine Erkrankung des Selbst, denn Jung vertritt »eine relationale Krankheitslehre, wobei ›relational‹ sich auf intrapsychische Verhältnisse – genauer: das Verhältnis zwischen Ich und Selbst bezieht« (Lesmeister 2009, S. 248). Hier können Störungen auftreten und die Kultivierung der Ich-Selbst-Achse, »in der das Selbst den tragenden Wurzelgrund der eigenen Psyche darstellt« (Neumann 1999, S. 62), der Verbindung zwischen dem bewussten Anteil des Selbst und seinen Tiefenschichten, die »transzendente Funktion« (s. u.), ist die Lebensaufgabe des Menschen. In Fortführung Jungs und Neumanns formulieren jungianische Autoren auch eine »Spiegelbeziehung« zwischen dem Ich-Bewusstsein und dem Selbst (z. B. Mercurio 2009), die vor allem in der Theorie der Imagination eine Rolle spielt.

Wie etwa zu seiner Zeit auch Philipp Lersch (1898–1972) oder Erich Rothacker (1888–1965) und nach ihm der amerikanische Transzendentalpsychologe Ken Wilber (1984/2008) vertritt Jung ein Schichtenmodell der Seele/des Selbst, das für die Auseinandersetzung des Menschen mit seiner Sterblichkeit von großer Bedeutung werden kann. Denn unter Bewusstsein (darin befindet sich auch das akademische »Selbstkonzept« oder das psychoanalytische Ich/Selbst) und persönlichem Unbewussten schlummern die Ebenen des Kollektiven Unbewussten, unterteilbar in familiäre über allgemein-menschliche bis hinunter zu kosmischen Schichten. Es findet sich dort »ein absolut Unbewusstes, […] unberührt – vielleicht unberührbar […] eine Art überindividueller seelischer Tätigkeit« (Jung 1927, Bd. 8, § 311).

Marie-Luise v. Franz (1985) nennt diese Tiefenschicht des Selbst berechtigterweise auch »… die religiöse Dimension der Seele«, (S. 7) Dieser Selbst-Begriff und die oben bereits angeführten Paradoxien bringen Jung in die Nähe der Mystik, was ihm (als wäre dies ein Schimpfwort) vor allem in naturwissenschaftlichen Kreisen bis heute große Kritik beschert.

Die Zuschreibung von »Zeitlosigkeit« findet sich bei Jung 1935 im Aufsatz »Seele und Tod« (GW Bd. 8, § 813). Wenigstens teilweise, so lässt sich aus einem Brief 1959 schließen, befinde sich die Seele »in einem unanaschaulichen Raum-Zeit-Kontinuum« (Jaffe 1990, S. 190). Dabei bietet uns Jung keinen billigen Trost eines »ewigen« individuellen Weiterlebens. Der Trost ist teuer erkauft, denn zeitlos ist bei Jung das Unpersönliche, das Überpersönlich-Ewige, das aber doch Teil unserer ganz individuellen Seele ist. Dies ist sehr wichtig zu betonen, denn »die Macht des Negativen oder der Schmerz der Trennung, Entzweiung, sind nur dann ernst genommen, wenn das Negative, Nichtige, nicht verflüchtigt, depotenziert wird« (Graf 2004, S. 23). Jung selbst hat dies in seiner Biographie immer wieder auch so erfahren. Er ist jedoch sehr deutlich, wenn er immer wieder darauf hinweist, dass diese Tiefenschichten des Selbst die psychologische Entsprechung des religiösen Jenseitsbegriffes sind: »›Jenseits des Grabes oder Todes‹ bedeutet psychologisch ›jenseits des Bewusstseins‹, kann gar nichts anderes bedeuten ... « (Jung 1934, GW, Bd. 7, § 302). Die Arbeit an diesen Tiefenschichten, von James Hillmann (1979) als die eigentliche »Tiefenpsychologie« bezeichnet, ist also so gesehen immer gleichzeitig auch Arbeit am Todesthema, Jung'sche Analytische Psychologie ist im Grunde eine eigentliche Thanato-Psychoanalyse (s. u.)!

5.2 Zum Todesbegriff

Mit dem Todesbegriff verhält es sich ähnlich wie mit dem Selbstbegriff: Verschiedene Disziplinen definieren den Tod (griech. thanatos, lat. mors) unterschiedlich und z. T. in Konkurrenz zueinander. Es gibt den medizinischen Tod, unterteilt in klinischen Tod (Stillstand von Herz und Atmung) und biologischen Tod (Hirntod) (z. B. Nuland 2007), es gibt die religiösen Todesvorstellungen (z. B. Barloewen 2000), die z. T. in Jahrtausende alter Entwicklung befindlichen philosophischen Konzepte des Todes (z. B. Godek 2001), wir greifen zurück auf psychologische Todesannäherungen (s. u.), erleben die Darstellungen des Todes in gestaltender Kunst (z. B. Aries 1984) und Lyrik (z. B. Graf 2007). Menschen erleben einen »sozialen Tod« (Gronemeyer 2008) durch Ausgliederung, obwohl sie körperlich noch am Leben sind und in unserer durchregulierten Gesellschaft gibt es auch den juristischen Tod, der sich mit Bestattung und dem Erlöschen von Persönlichkeitsrechten auseinandersetzt (z. B. Uden 2006).

5.2.1 Der Tod und das Todeskonzept

Als »Thantopsychologie« (auch »Psychothanatologie«) bezeichnet die akademische Psychologie denjenigen Zweig ihrer Disziplin, der sich mit dem Menschen in Todesnähe oder aber zumindest im Todesbewusstsein befasst. In den 1970ern zunächst in den USA entwickelt, gibt es inzwischen auch bei uns einige, jedoch sehr vereinzelte universitäre Zentren genuin psychologischer Todesforschung (z. B. Ochmann 1991, Wittkowski 1978).

Wie im universitären Umfeld gängig, setzt auch dieser (sozial-)psychologische Zweig auf Operationalisierung. Vor allem mittels Fragebogenuntersuchungen wird eine Annäherung an das menschliche Leben in Konfrontation mit dem Todesthema versucht. Im heutigen Forschungskontext scheint die genuine Thanatopsychologie von der stark an Bedeutung zunehmenden Psychoonkologie verdrängt zu werden, mit der nicht seltenen Konsequenz, das Todesthema gegenüber der Erforschung von Coping-Möglichkeiten erneut an den Rand zu drängen.

Wir definieren den Gegenstand thanatopsychologischen Erkenntnisgewinns, das ›Todeskonzept‹, analog der Selbstkonzeptdefinition sehr bewusstseinsnah: Das Todeskonzept ist die bewusste oder zumindest vorbewusste d. h. potentiell durch Anstrengung bewusstseinsfähige Sicht des Ich auf das eigene Selbst im Hinblick auf dessen zeitliche und räumliche Grenzen und damit Ende. Es enthält – analog dem Selbstkonzept – bestimmte kognitiv-affektive Strukturen und Inhalte.

Im individuellen Todeskonzept finden sich also Vorstellungen plus dazugehörige Emotionslagen! Die Strukturen des Todeskonzeptes wären dann die Todesschemata mit ihren Inhalten (Jenseitsvorstellungen, Seelenglaube) und Affekten (Hoffnung, Angst, Verzweiflung …).

5.2.2 Thanato-Psychoanalyse

Seit Freud (vgl. dazu z. B. Sötemann 2010) gibt es innerhalb der Psychoanalyse eine lange Tradition der Auseinandersetzung mit der Sterblichkeit des Menschen und dem Einfluss der Todesgewissheit auf die Persönlichkeit und ihre Entwicklung. Trotzdem findet sich in der psychoanalytischen Literatur bisher keine integrierende Zusammenschau der Todespsychologien der einzelnen psychoanalytischen Schulen. Eine solchermaßen zu formulierende Thanato-Psychoanalyse hätte sich auf zwei Säulen zu stützen:

1. explizite Theoriebausteine zum Todesthema (z. B. Freuds »Zeitgemäßes über Krieg und Tod« 1915 oder Jungs »Seele und Tod« 1934)
2. Nutzung allgemeiner psychoanalytischer Kenntnisse (z. B. der Entwicklungspsychologie, der Übertragungs-Gegenübertragungs-Theorie) zur Anwendung auf das Todesthema

Der Großteil der bisherigen psychoanalytischen Publikationen in Umfeld von Sterben und Tod befasst sich in der Tradition von Freuds »Trauer und Melancholie« (1917) mit den Phänomenen gesunder und pathologischer Trennung und Trauer (z. B. Zwettler-Otte 2006 oder Kogan und Vorspohl 2011). Einige wenige, meist ältere Veröffentlichungen bringen das Todesthema mit der klinischen Psychologie der Psychoanalyse in Verbindung, etwa indem die Abwehr von Todesangst als konstituierend für eine neurotische Entwicklung dargestellt wird (z. B. Meyer 1978). Die bisherige zögerliche psychoanalytische Betrachtung des Sterbens selbst mag mit der Skepsis Freuds zu tun haben:

> »Der eigene Tod ist ja auch unvorstellbar, und so oft wir den Versuch dazu machen, können wir bemerken, dass wir eigentlich als Zuschauer weiter dabei bleiben. So konnte in der psychoanalytischen Schule der Ausspruch gewagt werden: Im Grunde glaubt niemand an seinen eigenen Tod, oder, was dasselbe ist: Im Unbewussten sei jeder von seiner Unsterblichkeit überzeugt« (Freud 1915, GW, Bd. IX, S. 49).

So hielt er auch die Todestatsache wegen seines Blicks in die Vergangenheit des Individuums (der Tod sei nicht eine Tatsache der Biographie) als für die psychische Entwicklung wenig relevant, er wurde zum Symbol für Kastrationsangst oder Angst vor Trennung und Verlust. In der nächsten Generation wurden diese Einschränkungen teilweise wieder aufgehoben. Otto Rank (1884–1939) (Zusammenhang zwischen Lebensangst und Todesangst) und Melanie Klein (1882–1960) (Todesangst schon bei Kleinstkindern) und in deren Folge Winnicott (1896–1972) (Schwerpunkte wie die kindliche Trennungs- und Vernichtungsangst oder die Fähigkeit, allein zu sein (1958) sind hier unter anderem zu nennen. Sie nahmen sich mehr oder weniger unmittelbar des Todesthemas an und brachten bis heute gültige Erkenntnisse hervor. Letztere begründeten eine moderne psychoanalytische Entwicklungspsychologie, die bis zur heutigen Säuglingsforschung reicht und für das Todesthema – nicht nur durch die regressive Kraft der Todesnähe – höchst relevantes Wissen bereithält. Von besonderer Wichtigkeit erscheint in diesem Zusammenhang auch die Bindungstheorie (Petersen und Köhler 2005, vgl. auch den Beitrag von Petersen und Hloucal in diesem Band). Keiner dieser Theoriebausteine kann für sich die Entwicklung eines alleinig suffizienten psychoanalytischen Bildes von Tod und Sterben beanspruchen. Fasst man all diese Erkenntnisse jedoch zusammen, so ergibt sich inzwischen eine stattliche Basis für einen ersten Entwurf einer Thanato-Psychoanalyse. Dies gilt vor allem, wenn man die Beiträge Jungs hinzunimmt, der sich Zeit seines Lebens mit dem Todesthema konfrontiert sah und daraus eine breite Theoriebildung (deren zentrale Begriffe in diesem Beitrag aufscheinen) anstieß.

5.3 Zusammenhänge: Das Ineinander von Selbstkonzept und Todeskonzept

»Nur Angesichts des Todes wird das Selbst des Menschen geboren« (Augustinus).

Das Selbstkonzept in conspectu mortis ist in dynamischer Entwicklung. Der 90. Psalm etwa verweist mit seinen bekannten Worten: »Lehre uns, dass wir sterben müssen, auf dass wir klug werden« auf die von der kulturübergreifenden »memeto mori«-Lehre verbreitete und von Psychologie und Psychoanalyse nachgewiesene große Nähe zwischen der präsenten Bewustheit der Endlichkeit und der menschlichen Selbst-Entwicklung (so weist z. B. Cramer 2008, S. 26, darauf hin, dass sich das Todeskonzept bei Kindern durch direkte Konfrontation mit dem Tod formt und verändert). Im Angesicht des Todes, im Sterbeprozess, in der Trauer, bei Todesangst, ist diese Bewustheit auch mit größter Anstrengung nicht mehr zu verhindern, eine spontan ablaufende und unter Umständen eine reflektierte Umwälzung innerhalb des Selbstkonzeptes ist die Folge.

Es ergibt sich die folgende These: Selbstkonzept und Todeskonzept sind aufeinander bezogen und beeinflussen sich gegenseitig. Dies gilt ab der Geburt und wird forciert durch wahrgenommene Todesnähe.

5.3.1 Selbstkonzept und Todeskonzept sind entwicklungspsychologisch parallelisiert

Das Selbst des Menschen entwickelt sich von Beginn an aus der Erfahrung der Abwesenheit (vgl. Freuds Fort-Da im »Garnspiel« oder E. Eriksons »Identität entsteht da, wo Identifikation aufhört«). Die Selbstpsychologie beschreibt die Phasen der Selbstentwicklung in folgenden Abschnitten: virtuelles Selbst (Vorstellung der primären Bezugspersonen → Auftauchen eines primären Selbstgefühls → Konsolidierung des Selbst Selbstentwicklung im Lebenslauf → »Ende des Selbst als Schlusspunkt des Lebenszyklus« → »posthumes Selbst« in Erinnerungen (Milch 2001, S. 57).

Die Säuglingsforschung legt den Schwerpunkt auf die Entwicklung des Selbstempfindens (Stern 1992) mit den sich überlappenden Phasen: Empfindung eines auftauchenden Selbst → Empfindung eines Kernselbst (ca. ab dem 2.–3. Lebensmonat) → Empfindung eines subjektiven Selbst (ca. ab dem 7.–9. Lebensmonat) → Empfindung eines verbalen Selbst (ca. ab dem 2. Lebensjahr). Im sich ab dem 3./4. Lebensjahr entwickelnden »Narrativen Selbst« wird Identität durch Erzählung der eigenen Geschichte erworben und entfaltet. Es zeigt sich in diesen Entwicklungslinien eine ab der Geburt beginnende Abgrenzung des Selbst von dem, was Nicht-Selbst ist. Parallel dazu entwickelt sich die Erkenntnis des Todes mit dem Auftauchen des Erlebens von Universalität, Irreversibilität, Nonkonformität und Kausalität (Specht-Toman und Topper 2007, S. 64; vgl. auch den Beitrag von Tyrkas in diesem Band) sowie dem veränderten Zeiterleben kleiner Kinder (Cramer 2008). Mit den Quellen der akademischen und psychoanalytischen Entwicklungspsychologie, Säuglings- und Kleinkindforschung, vor allem aber aus bisher recht unzusammenhängenden Einzelberichten aus Pädagogik, klinischer Kinderpsychologie, Notfallpsychologie und kindlicher Trauerbegleitung ergibt sich folgende vorläufige Entwicklungspsychologie des Todes als ein zentraler Bestandteil der Entwicklungspsychologie des Selbst (z. B. Kresja 2006, Cramer 2008). Säuglinge erleben Trennungsangst als Vernichtungsangst. Bis ca. zum Ende des 2. Lebensjahres scheint es keine Vorstellung des Todes zu geben, vom 2. bis zum 7. Lebensjahr erzeugt der erlebte Tod heftige Emotionen, der Tod ist konkretistisch und personifiziert repräsentiert (Sensenmann ...), es gibt eine enge Assoziation mit Eigenem mit der Gefahr von Schuldgefühlen. Zwischen dem 3. und 4. Lebensjahr scheint die Trauer über ein verstorbenes Tier möglich, ohne dass bereits ein Konzept eines persönlichen Todes zu finden wäre. (Die akademische Thanatopsychologie sieht ca. um das 10. Lebensjahr einen Scheidepunkt zwischen einem vormodernen und sich dann entwickelnden modernen Todesverständnis von Kindern, vgl. Wittkowski 2010). Unter fünf Jahren scheint der Tod als rückgängig zu machend angenommen zu werden, die Reaktion auf eine Todeskonfrontation bleibt stark abhängig von der der beteiligten Erwachsenen. Ab dem 7. Lebensjahr ist dann ein abstrakteres Gespräch über den Tod möglich. Erstmals mit ca. 9 Jahren ergeben sich erste Fragen nach dem Sinn des Lebens (Cardinal 2009). Die Spätadoleszenz, in der von der klassischen Entwicklungspsychologie eine erste Konsolidierung des Selbst angenommen wird, reaktiviert dann erneut »Gefühle von Einsamkeit, Verletzlichkeit und Sterblichkeit« (Bründl 2010, S. 157). Aus der »Life-span«-Forschung und schon viel früher aus der Individuationstheorie Jungs lesen wir die Plastizität der Selbstkonzepte bis zum Sterbezeitpunkt hin ab.

Die genannten Erkenntnisse vor allem der kindlichen Entwicklungspsychologie müssen noch als vorläufig gelten und bedürfen theoretischer und empirischer Fundierung. Vor allem die genannten Jahreszahlen sollten auf keinen Fall als Maßstab für eine gelungene oder misslungene Entwicklung genommen werden! Unentschieden bleibt auch, ob das kindliche Selbstkonzept als Voraussetzung für die Entwicklung eines Konzeptes vom Tod zu sehen ist oder aber ob der Tod (die Erkenntnis des Todes) als Ursache für die Entwicklung eines (defensiven) Selbst-Konzeptes gesehen werden muss. Trotzdem wird aus der Zusammenschau mit den gut gesicherten Erkenntnissen der Entwicklung des Selbst deutlich:

1. Das Selbst zieht zunehmend sicherere Grenzen um sich, neben einfachen Introjektions- und Identifizierungsprozessen kommt es vor allem darauf an, immer mehr als nicht zu einem selbst dazugehörig auszuschließen. Das Selbst wird subjektiv »verdinglicht«, das sich schließlich herausbildende individuelle Selbstkonzept ist abhängig von Grenz(ziehungs-) entscheidungen. Die subjektiven Begriffe des Selbst unterscheiden sich in der Folge stark in ihrer Weite.
2. Das Selbstgefühl zieht sich mehr und mehr innerhalb der Körpergrenzen zurück, das Selbst wird »somatisiert«.

Beide Aspekte bereiten, wie oben bereits dargelegt, nicht unerhebliche Probleme im Umfeld des Todes: »Die Grenze zwischen Selbst und Nicht-Selbst ist die erste, die wir ziehen, und die letzte, die wir ausradieren. Sie ist die Urgrenze all unserer Grenzen« (Wilber 1984/2008, S. 97), sie rührt an die alles entscheidende Frage die im eigenen Sterben und im Sterben anderer verborgen ist: Was stirbt und was eventuell nicht?

Nicht von ungefähr finden wir in den spirituellen Traditionen ein Kontinuum innerhalb der Selbstbilder von klar umgrenzten bis zu völlig entgrenzten Selbstkonzepten: Mystik und viele fernöstliche Philosophien leugnen Grenzen gänzlich, betrachten sie als Illusion, bestehen auf der »Tatsache, dass man Grenzen niemals wirklich sieht, sondern sie nur selber macht« (ebd., S. 91). Vor allem die Selbststruktur ist todesrelevant etwa in der Trauer, da die für sich erkannte Selbststruktur (nicht den Selbstinhalt) auch für andere als gültig gesehen wird (ich bin nicht der andere, aber ich bin »zusammengesetzt« wie er).

Im Sterbeprozess werden diese Unterscheidungen und Grenzziehungen erneut zur Disposition gestellt, die entscheidende Frage lautet: »Wo ziehe ich die Grenze meines Selbst?«

5.3.2 Selbstkonzept und Todeskonzept sind inhaltlich und strukturell verwoben

Auch von Seiten der Philosophie und der Psychoanalyse erhalten wir Evidenz für die kaum zu trennende gemeinsame Logik in den einzelmenschlichen Selbst- und Todeskonzepten. Das »Vorlaufen zum Tode« gibt dem Dasein die Gelegenheit »es selbst zu sein« so Heidegger (1927/2006), Sterben ist zu fassen als entscheidender Teil der Selbst-Entwicklung (Tausch 1988). Sterben und Trauern sind Phasen der Selbst-Entwicklung auch mittels der durch die Psychoanalyse dargestellten Prozesse der Identifizierung und Introjektion (z. B. Freud 1917/1975). Wellendorf (2009) beschreibt sogar eine Ähnlichkeit der Trauer mit dem psychoanalytischen Prozess. Schmidbauer (2006) sieht die Beibehaltung eines allmächtigen, »Grandiosen Selbst« als Negation der Sterblichkeit: Menschen »nutzen« den Tod (etwa im Suizid) zur »kosmischen Erweiterung des Selbst«. Das narzisstische Selbst wäre so gesehen »todeslöslich«, im Anerkennen der faktischen Sterblichkeit müsste Narzisstisches wohl weichen. Kast (1986/2009) beschreibt die Veränderung des Selbst in der Trauer mit der Notwendigkeit, sich vom Gemeinschafts-Selbst auf das individuelle Selbst »zurückorganisieren« (S. 101) zu müssen. Brathuhn (2006) konzipiert Trauer als »Selbstwerdung«: mit den Phasen: Selbst-Wahrnehmung → Selbst-Erkenntnis → Selbst-Annahme und → Selbst-Gestaltung.

5.4 Tod, Individuation und Imagination: Die Arbeit am Selbst

»Was sagt dein Gewissen? – Du sollst der werden, der du bist« (Nietzsche, Aphorismus).

5.4.1 Der Individuationsgedanke

Das Konzept der menschlichen Individuation wird von vielen Autoren als das zentrale Denkgebäude in C. G. Jungs Analytischer Psychologie angesehen:

> »Der Individuationsprozess ist mithin der wichtigste Begriff der Jung'schen Psychologie. Er bezeichnet und beschreibt die Selbstverwirklichung, d.h. den Versuch, das Selbst zu finden und zu leben, um so zu einer ganzheitlichen Persönlichkeit zu werden, die gleichermaßen zwischen den kollektiven und persönlichen Anteilen in sich zu differenzieren vermag« (Fietsch 2006, S. 37).

Die Individuationsidee konzipiert den Menschen als »Mensch auf dem Weg« (Wehr 1969). Individuation bedeutet »Selbst-Werdung« als lebenslanger, allerdings nicht linear verlaufender Wandlungs-Prozess, in dem Schritt für Schritt die psychische Ganzheit angestrebt wird. Individuation ist Entwicklungspsychologie und psychotherapeutische Prozesstheorie zugleich:

> »Individuation heißt nicht, dass Sie ein Ich werden, dann wären Sie ein Individualist. Individuation bedeutet das zu werden, was nicht Ich ist, und das ist merkwürdig […] Im Verlauf des Individuationsprozesses entdeckt das Ich, dass es nur ein Anhängsel des Selbst und nur locker mit ihm verbunden ist« (Jung 1932, zit. nach Shamdassi 1998).

Individuation ist zielgerichtet, sie unterliegt dem »Finalitätsprinzip«. Das bedeutet, dass der Mensch nicht nur als Produkt seiner Vergangenheit sondern auch ausgerichtet auf Zukünftiges verstanden werden will. Ihr Verlauf ist nicht eine mechanische Abfolge von Veränderungen sondern ist organisch, vorwiegend zyklisch, oft unbewusst und spontan. Trotz dieser vielen positiven Attribute ist die Individuation aber kein Heilsweg im herkömmlichen Sinn. »Die allgemein herrschende Vorstellung, die psychologische Entwicklung führe zu einem Zustand, in dem es kein Leiden mehr gibt, ist ganz irrig. [Sie sind] natürliche Attribute unseres Seins […] Selbstwerdung ist Sinngebung, Charakterbildung und Formung einer Weltanschauung« (Jacobi 1973/2006, S. 129); Evers (1987) ergänzt hierzu: »Zwischen ›Kollektivem Unbewussten‹ und ›Individuation‹ besteht eine Spannung wie zwischen Sein und Werden« (S. 22 f.).

Jung legt Wert darauf, den Schwerpunkt der Selbst-Ausrichtung in die zweite Lebenshälfte zu verlagern. Zum einen, weil wir Menschen in der ersten Hälfte unseres Lebens darauf aus sind, uns gesellschaftlich zu etablieren, einen Beruf zu erwerben, gegebenenfalls auch eine Familie zu gründen, alles Dinge, die Jung nicht primär dem Selbst, sondern der Persona zuschreibt, unserer »Außenperspektive« gewissermaßen, die dasjenige umfasst, als das wir im sozialen Umfeld scheinen möchten (vgl. z. B. Palmer 1999). Ist dies gewissermaßen »erledigt«, dann richten wir uns – durch die nun gewisser werdende Endlichkeit – fast gezwungenermaßen auf das Ende hin aus (»Im Tod ein Ziel erblicken, nach dem gestrebt werden sollte«, Jung 1930, GW, Bd. 8, § 792), oder wir versuchen die immer drängender werdenden Todesgewissheit abzuwehren auf Kosten psychischer Gesundheit und zum Schaden unserer »Selbst-Verwirklichung«.

5.4.2 C. G. Jungs Konzept der zweiten Lebenshälfte als Anleitung einer »Selbst«-bezogenen ars moriendi

> »Wir können den Tod sehen als jene Macht, die uns ständig antreibt, uns zu wandeln« (Kast 1982/2006, S. 185).

Die Sterbephase (individuell definiert) verdichtet – egal in welchem Lebensalter – den Prozess und die Lebensaufgaben der zweiten Lebenshälfte mit ihrem Mittelpunkts-Thema der Selbst-Entwicklung. »Der Individuationsprozess ist eben auch recht eigentlich eine Vorbereitung auf den Tod« (v. Franz 2001, S. 16).

Dies ist die zentrale These dieses Abschnitts. »Existenziell zu wissen, daß wir sterblich sind, läßt Menschen echt, authentisch sein und auch großzügig werden« (Kast 2003, S. 11). Wie alle großen spirituellen Traditionen so weist auch die Jung'sche Psychologie auf den Wert der Todesnähe/Sterbephase hin. Wie in frühen Entwicklungsphasen haben wir nun noch einmal die Chance, unser Selbstkonzept am (nahen) Tod zu formen. Gleichzeitig ermöglicht die Todesgewissheit das Abstreifen unnützer und hinderlicher Identifizierungen und Rollen.

Die Aufgaben der Sterbephase entsprechen also den Aufgaben der Individuation aus jungianischer Sicht (z. B. Vogel 2009):

- Relativierung der Persona und Annahme des Schattens (der »ungelebten« Lebensaspekte)
- Rücknahme von Projektionen und Delegationen (von »ungeliebten« Selbstanteilen nach außen, oft auf andere Menschen)
- Integration von Anima und Animus (der »gegengeschlechtlich« ausgerichteten Seelenanteile in uns)
- Entwickeln der Transzendenten Funktion

Aber: Sterben ist kein Leistungssport, vielmehr kann der »Sterbeprozess« verstanden werden als »Wandung zur Ganzheit« (Vogel 2015, S. 99).

Im Allgemeinen verlaufen diese Dinge spontan, können aber gefördert oder unterdrückt werden.

Die transzendente Funktion (transcendere, lat. = übersteigen, überschreiten) erweitert die Grenzen des Selbst. Sie geht hervor aus der Vereinigung bewusster und unbewusster Inhalte und wird gefördert durch eine wertschätzende, dialogische Betrachtung des Unbewussten. Sie ist der »Kanal« zwischen dem Ich-Bewusstsein und den kollektiven Schichten des Unbewussten. Es geht damit um die Zielausrichtung auf »das Unendliche« (Frick und Lautenschlager 2008), d. h. um Introversion (Innenschau) und Kontaktaufnahme mit den kollektiven Schichten des Unbewussten, das von Jung gerne mit dem Jenseits gleichgesetzt wird.

Die Relativierung der Persona als erster Einstieg in diesen Prozess kann auch dargestellt werden durch die in der akademischen Psychologie hoch angesehene »Theorie der symbolischen Selbstergänzung« (Wicklund und Gollwitzer 1982). Von der allgemeinen und auch Jung'schen Symboldefinition (z. B. Dorst 2007) abweichend definieren Wicklund und Gollwitzer Symbole als »Bausteine einer Selbstdefinition. Durch ihren Gebrauch und Besitz wird die Selbstdefinition ausgestaltet und aufrechterhalten« (ebd. S. 33). Es sind dies z. B. Verhaltensweisen, Sprachäußerungen, Gegenstände jungianisch also eher »Zeichen« als Symbole!

In der ersten Lebenshälfte, in der Zeit also vor der Realisierung der eigenen Endlichkeit, geht es um ständige Anstrengungen um Besitznahme und Erweiterung solcher Zeichen oder um das Ersetzen verlorener Zeichen durch Alternativen. Diese Zeichen, so die empirisch gut gesicherte Theorie, müssen von anderen Menschen gesehen werden können (Bayer und Gollwitzer 2000), um wirksam zu sein (um »Identitätsziele« zu erreichen). Sie erinnern an Yaloms (2008) »Unsterblichkeitsprojekte«, z. B. die Hoffnung, eigene Kinder könnten die eigene Sterblichkeit relativieren (S. 32) und seine »Welleneffekte« (S. 86 ff.), die das erschreckende Bewusstsein unseres Endes durch die Einflussnahme auf andere, die wiederum andere beeinflussen usw., abschwächen sollen (vgl. dazu auch Lifton 1999).

Individuation wäre in diesem Zusammenhang die Umwandlung der Suche nach Zeichen in die Suche nach wirklichen Symbolen zur Selbstergänzung. Dem entspricht eine Rücknahme der Identifikation mit der Persona und eine Erweiterung der Grenzen des Selbstkonzepts über bloße Zeichen hinaus.

Was also entwicklungspsychologisch in der Kindheit bis zum Ende der ersten Lebenshälfte erfolgte (Ausdifferenzierung des Selbst, Differenzierung von der Umwelt) muss im Individuations-/Sterbeprozess zumindest teilweise wieder zurückgenommen werden! Im Sterbeprozess kommt es also zu einer paradoxen Bewegung von Erweiterung (des Selbst) und Rückzug (aus personahaften Verwicklungen), zu Regression und Progression gleichermaßen.

Um dies auch ohne unmittelbare Todesnähe erreichen zu können, wird das Bewusstsein des Seins im Umkreis des Todes genutzt. Die Rede vom Tod als »Grenzsituation« (Japers 1971) verweist uns auf die Suche nach anderen Grenzsituationen, um mit ihnen den Tod »einzuüben«. Wir suchen nach »Todesäquivalenten« (Lifton 1999), nach »Weckrufen« (Yalom 2008) in unserem alltäglichen Leben, wir üben die »Abschiedliche Existenz« (Kast 1982/2006), das »Sterben ins Leben hinein«: Es »bleibt nur der lebendig, der mit dem Leben sterben will« (Jung 1935, GW, Bd. 8, § 800).

Einige wenige empirische Befunde belegen die »eigentümliche Charakterveränderung«, die dem Tod längere Zeit vorausgehen kann (Jung 1935 Bd. 8, § 809), in unserer modernen Terminologie also Veränderungen des Selbst (-konzeptes) im Umkreis des Todes (als Quellen dienen unter anderem: Studien mit Strebenden und Trauernden, Nahtoderlebnis-Folgen, »death-imagery«, z. B. Sheikh und Sheikh 2007). Es kommt zu(r)

- »Ent-Somatisierung« des Selbst (oft nach einer Phase des besonderen Körperbezugs)
- Gelassenheit und Entspannung
- Bezogenheit auf nahe Ziele (z. B. unerledigte Geschäfte erledigen) und das Hier und Jetzt
- Steigerung der Kreativität
- Verstärkte »Ganzheitserfahrungen« (Cureton 2003, zit. nach Roesler 2010)
- Individualisierung und Entindividualisierung gehen im Sterbeprozess Hand in Hand (Grötzbach und Thönnes 2010) (vgl. Jungs Individuations-Idee)
- »Sinkende Bindungskraft gesellschaftlicher Institutionen« (Grötzbach und Thönnes 2010, S. 187) (vgl. Jungs »Relativierung der Persona«)
- Förderung von Sinnsuche/Sinnerleben und Spiritualität
- »Trivialisierung des Trivialen« (Yalom 1980/2000, S. 49, vgl. auch Kast in diesem Band)
- Disidentifikation (ebd. S. 198)
- Veränderungen der Trauminhalte in Todesnähe: »Mehr archetypische Bezüge und Übergangssymbole« (Relph-Wilkman 1995, zit. nach Roesler 2010)

Gerade die Disidentifikation ist ein operationalisierbarer Terminus für Jungs Rücknahme der Persona, etwas, das in mystischen Traditionen oft als »lediges Gemüt« bezeichnet wird: »Ledig« wäre das Gemüt zu nennen, das – so Meister Eckhart – »aus sich herausgetreten ist, aus dem eigenen Selbst herausgetreten ist« (wobei natürlich das Ich und nicht der Selbst-Begriff von Jung gemeint ist)« (Riedel 2009, S. 173). Folgerichtig verschreibt uns z. B. Ken Wilber (1984/2008) eine »Entidentifizierungs-Therapie« (S. 251), ein »Hinabsteigen« (S. 253) in die tieferen Schichten des Selbst. Dies entspräche einer Verschiebung der Grenzen nach außen.

5.4.3 Imagination: Eine Methode der »Selbst-Kultivierung«

Verschiedene Situationen sind besonders geeignet für Berührungen mit den »zeitlosen« Schichten des Selbst, für eine direkte Begegnung mit »archetypischem Material«. Im Sterben geschieht, wie wir gesehen haben, eine oft spontane Hinwendung zum Selbst und seinen Tiefendimensionen. Auch im Traum nehmen wir damit Fühlung auf (z. B. Hillmann 1979), besonders aber eignet sich, wegen ihrer Lehr- und Lernbarkeit, die Technik der (aktiven) Imagination zu einer Einübung der Transzendenten Funktion. Eine Definition von Imagination könnte folgendermaßen getroffen werden:

Imagination (imago, lat = Bild) meint das beabsichtigte Herstellen bzw. achtsame Zulassen »innerer Bilder«. Diese »inneren Bilder« sind dabei durch alle Sinnesqualitäten (wenn auch in unterschiedlicher Ausprägung) gekennzeichnet.

Imagination ermöglicht eine Selbst-Erfahrung im engeren Sinne, ja sie kann gesehen werden als aufmerksame und sorgfältige Betrachtung des Selbst. Imaginative Verfahren ermöglichen Selbst-Exploration, Auslotung der Grenzen des Selbst oder das Erstellen eine Landkarte des Selbst mit oder ohne Wegführer (Imaginations-Anleitung). Da an dieser Stelle leider keine ausführliche Darstellung der relevanten Imaginationsverfahren gegeben werden kann, sei unter anderem auf Verena Kast (2003) als Überblick über allgemeine und Sheikh (2002) als Sammelband zu im engeren Sinn therapeutischen Imaginationsmethoden hingewiesen.

Die Jung'sche Analytische Psychologie hat eine eigene »Wissenschaft von der Imagination«, eine »Imaginologie« (Adams 2008) entwickelt. Methodisches Kernstück ist dabei die Aktive Imagination, in der ein bewusster Dialog mit den verschiedenen Tiefenschichten des Selbst eingeübt wird. Da, wie bereits bemerkt, Jung »im Jenseits, d. h. im Unbewussten« (Jung 1941, GW, Bd. 9/I, § 372) oft gleichsetzte, kann dieser Dialog als ein Kontakt auch mit den (kollektiven) Jenseitsschichten der Menschheit betrachtet werden. Die Aktive Imagination liegt damit genau an der Schnittstelle psychotherapeutischer und spiritueller Arbeit und stellt den zentralen Jung'schen Beitrag zu einer im Leben geübten ars moriedi (Sterbekunst) dar (zur Methode der Aktiven Imagination vgl. unter anderem Dorst und Vogel 2015).

5.5 Forschung im Umfeld von Selbst und Tod

Die in diesem Beitrag gemachten Vorschläge sind, wie so oft im tiefenpsychologischen Kontext, entstanden aus theoretischer Reflexion, Erfahrungen mit »betroffenen« Menschen und Eigenerfahrungen. Ergebnisses eines solchen Weges der Erkenntnisgewinnung sind nicht feststehende Wahrheiten, Gesetze oder signifikante Korrelationen sondern Anregungen zur eigenen Weiterentwicklung, eventuell Heuristiken, den »Gegenstand« (hier Tod und Selbst) umkreisende Aussagen. Das Gegenstück hierzu bilden positivistisch begründete Forschungsstränge etwa mittels standardisierter Befragung, Fragebogen usw. Die Entwürfe von rasch bewusstseinsfähigen Selbstkonzepten in der akademischen Psychologie bzw. von Selbstschemata in der kognitiven Verhaltenstherapie sind diesem Paradigma geschuldet und haben innerhalb desselben ihre Bedeutung. Obige Darstellung machte aber hoffentlich deutlich, dass Auffassungen des Selbst, die über das Kognitiv-Affektive in einen kollektiven, numinosen, potentiellen und eventuell transpersonalen Bereich reichen, das positivistische Menschenbild überschreiten und somit auch nicht durch Forschungsstrategien erfassbar sind, die diesem entwachsen (das gleiche gilt für einen Todesbegriff, der nicht auf körperliches und affektiv-kognitives Geschehen reduziert ist). Dies heißt nicht, dass empirische Forschung unmöglich wäre. Angelehnt wäre sie aber wohl an Methodologien anderer Wissenschaftsbereiche als der Mathematik wie z. B. der Geschichtswissenschaft, der Kunst- oder der Literaturwissenschaften. Ein hervorragendes Beispiel hierfür ist die Arbeit über den Individuationsprozess bei Hanke (Frietsch 2006). Forschungslinien dieser Art könnten das in diesem Kapitel hergeleitete gewinnbringend unterstützen und weiterentwickeln. Dazu sei an dieser Stelle ausdrücklich ermutigt!

5.6 Zum Abschluss: Das Selbst im palliativen Feld

Obwohl das Todesthema in der Palliativarbeit wohl den eindrücklichsten Entwicklungsimpuls für das Individuationsgeschehen liefert, ist es sicher nicht das einzige Selbst-Relevante in der »palliativen Situation«. In palliativen Einrichtungen Arbeitende verweisen zu Recht immer wieder darauf, dass es bei ihnen nicht nur ums Sterben geht. Das innerpsychische Geschehen von Patienten, Angehörigen und Helfern ist bestimmt durch eine Fluktuation des Leidens, das sich in Bipolaritäten von Hoffen und Bangen, von Angst und Vertrauen, von Schmerz und (relativer) Schmerzfreiheit, von Glück und Unglück ausdrücken lässt. All diese Elemente sind individuationsrelevant (Jungs Psychologie etwa ist eine »Psychologie der Komplementaritäten« und weist uns gerade auf deren Bedeutung für die Selbstentwicklung hin!), sie alle extrahieren Existenzielles und wollen für sich genommen betrachtet und wertgeschätzt sein.

Literatur

Adams MV (2008) Imaginology: The Jungian Study of the Imagination. In: Marlan S (Hrsg.) Archetypal Psychologies. Reflections in Honor of James Hillman. New Orleans: Spring Journal Books. S.225–244.
Aries P (1984) Bilder zur Geschichte des Todes. München: Hanser.
Barloewen C (2000) Der Tod in den Weltkulturen und Weltreligionen. Frankfurt/M.: Insel.
Bateman A W, Fonagy, P (2004) Psychotherapy for Borderline Personality Disorder: Mentalization Based Treatment. Oxford: Oxford University Press.
Jaenicke C (2006) Das Risiko der Verbundenheit. Intersubjektivitätstheorie in der Praxis. Stuttgart Klett-Cotta.
Bayer U, Gollwitzer PM (2000) Selbst und Zielstreben. In: Greve W (2000) (Hrsg.) Psychologie des Selbst. Weinheim: Belz pvu. S. 208–235.
Bischof N (2005) Das Paradox des Jetzt. In: Psychol Rundschau 56:36–42.
Brathuhn S (2006) Trauer und Selbstwerdung. Würzburg: Königshausen & Neumann.
Bründl P (2010) Die Beendigungsphase in der analytischen Therapie von Jugendlichen und die Fähigkeit, mit sich selbst allein zu sein. In: Hauser S, Schmabeck H (Hrsg.) Übergangsraum Adoleszenz. Frankfurt/M.: Brandes und Apsel. S. 155–172.
Cardinal C (2009) Weil wir sterblich sind. Eine Anleitung für den Umgang mit der Endlichkeit. München: Knaur.
Cramer B (2008) Bist du jetzt ein Engel Mit Kindern über Leben und Tod reden. Tübingen: dgvt.
Cureton A (2003) A journey toward wholeness: The experience of healing through lifethreatening illness. San Franciso.
Diamond D (2006) Narzissmus als klinisches und gesellschaftliches Phänomen. In: Kernberg OK, Hartmann HP (Hrsg.) Narzissmus. Grundlagen – Störungsbilder – Therapie. Stuttgart: Schattauer. S. 171–204.
Dorst B (2007) Therapeutisches Arbeiten mit Symbolen. Stuttgart: Kohlhammer.
Dorst B, Vogel RT (2015) (Hrsg.) Aktive Imagination. Schöpferisch leben aus inneren Bildern. Stuttgart: Kohlhammer
Evers T (1987) Mythos und Emanzipation. Eine kritische Annäherung an Jung. Hamburg: Junius.
Fetz RL (1999) Michel de Montaigne. Philosophie als Suche nach Selbstidentität. In: Blum PR (Hrsg.) Philosophie der Renaissance. Darmstadt: Wiss. Buchgesellschaft. S. 161-172.
Fichte JG (1794/1997) Grundlage der gesamten Wissenschaftslehre (Philosophische Bibliothek, Bd. 247). Hamburg: Meiner.
Fietsch W (2006) Peter Handke – C. G. Jung. Selbstsuche, Selbstfindung, Selbstwerdung. Gaggenau: scientia nova.
Freud S (1915/1975) Zeitgemäßes über Krieg und Tod. Studienausgabe. Bd. IX. Frankfurt/M.: Fischer.
Freud S (1895/1987) Entwurf einer Psychologie. Gesammelte Werke. Nachtragsband. Frankfurt/M.: Fischer. Freud S (1917/1975) Trauer und Melancholie. Studienausgabe. Bd. III. Frankfurt/M.:Fischer.
Freud S (1923/1975) Das Ich und das Es. Studienausgabe. Bd. III. Frankfurt/M.: Fischer. Freud A (1936/1975) Das Ich und die Abwehrmechanismen. 19. Aufl. Frankfurt/M.: Fischer.
Frick E (2015) Psychosomatische Anthropologie (2. Auflage). Stuttgart: Kohlhammer.
Frick E, Lautenschlager B (2008) Auf Unendliches bezogen: Spirituelle Entdeckungen bei C. G. Jung. München: Kösel.
Gauggel S (2010) Das Selbst in der Verhaltenstherapie. Münster: Symposion-Vortrag.
Godek A-K (2001) Über den Tod. Eine philosophische Anthologie. Köln: Headroom Sound Production.

Gruen A (2015) Wider den Gehorsam. Stuttgart: Klett-Cotta.
Graf FW (2004) Todesgegenwart. In: Graf FW, Meier H (Hrsg.) Der Tod im Leben. Ein Symposium. München: Piper. S. 7–46.
Graf M (2007) Der Tod ist groß. Erzählungen und Gedichte aus 800 Jahren. Düsseldorf: Patmos.
Greve W (2000) (Hrsg.) Psychologie des Selbst. Weinheim: Belz pvu.
Gronemeyer R (2008) Sterben in Deutschland. Wie wir dem Tod wieder einen Platz in unserem Leben einräumen können. Frankfurt/M.: Fischer.
Grötzbach J, Thönnes M (2010) Letzte Lebensphase. In: Rosentreter, M., Groß, D., Kaier, St. (Hrsg.) Strebeprozesse – Annäherungen an den Tod. Kassel: University Press. S. 169–190.
Guardini R (1940/2008) Die letzten Dinge. München: Topos.
Heidegger M (1927/2006) Sein und Zeit. Tübingen: Niemeyer.
Hillmann J (1979) The Dream and the Underworld. New York: Harper and Row.
Jacobi J (1973/2006) Die Psychologie von C. G. Jung. Frankfurt/M.: Fischer.
Jacobison E (1964) das Selbst und die Welt der Objekte. Frankfurt/M.: Suhrkamp.
James W (1950) Principles of Psychology. New York: Dover
Jaffe A (1990) C. G. Jung. Briefe Bd 3. Olten: Walter.
James W (1980) The principles of psychology. New York: Dover.
Jaspers K (1948/2008) Philosophie. Bd. II. Berlin: Springer.
Jaspers K (1971) Einführung in die Philosophie. München: Piper.
Jung CG (1920/1995) Psychologische Typen. GW. Bd. 6. Solothurn: Walter Verlag.
Jung CG (1927) Die Struktur der Seele. GW. Bd. 8. Solothurn: Walter Verlag.
Jung CG (1930/1995) Die Lebenswende. GW. Bd. 8. Solothurn: Walter Verlag.
Jung CG (1934/1995) Die Beziehungen zwischen dem Ich und dem Unbewussten. GW. Bd. 7. Solothurn: Walter Verlag.
Jung CG (1935) Seele und Tod. GW. Bd. 8. Solothurn: Walter Verlag.
Jung CG (1941/1995) Zum psychologischen Aspekt der Korefigur. GW. Bd. 9/I. Solothurn: Walter Verlag.
Jung CG (1950/1995) Aion. Beiträge zur Symbolik des Selbst. GW. Bd. 9/2. Solothurn: Walter Verlag.
Kast V (1982/2001) Trauern. Phasen und Chancen des psychischen Prozesses. Stuttgart: Kreuz.
Kast V (1986/2009) Der schöpferische Sprung. Düsseldorf: Patmos.
Kast V (2002) Imagination als Raum der Freiheit. 4. Aufl. München: dtv.
Kast V (Hrsg.) (2003) Diese vorüberrauschende, blaue einzige Welt. Gedichte zu Lebensfreude und Endlichkeit. Zürich: Pendo.
Kast V (2006) Sich einlassen und loslassen. Neue Lebensmöglichkeiten bei Trauer und Trennung. 16. Aufl. Freiburg: Herder.
Kernberg OF (1992) Schwere Persönlichkeitsstörungen. Stuttgart Klett-Cotta.
Kiessig M, Stempin L, Echternach H, Jetter H (2006) Evangelischer erwachsenen Katechismus. Gütersloh: Gütersloher Verlagshaus.
Kogan I, Vorspohl E (2011) Mit der Trauer kämpfen: Schmerz und Trauer in der Psychotherapie traumatisierter Menschen. Stuttgart: Klett-Cotta.
Kohut H (1976/2002) Narzißmus. Eine Theorie der psychoanalytischen Behandlung narzißtischer Persönlichkeitsstörungen. Frankfurt/M.: Suhrkamp.
Kohut H (1977) Psychologie des Selbst. Frankfurt/M.: Suhrkamp.
Lesmeister R (1952) Der zerrissene Gott. Zürich: Schweizer Spiegel Verlag.
Lesmeister R (2009) Selbst und Individuation. Facetten von Subjektivität und Intersubjektivität in der Psychoanalyse. Frankfurt/M.: Brandes und Apsel.
Lichtenberg JD (1978) The testing of Reality from the Standpoint of the Body Self. J of Am Psychoanal Ass 26:357–385.
Lifton RJ (1999) Das Ende der Welt. Über das Selbst, den Tod und die Unsterblichkeit. Stuttgart: Klett-Cotta.
Ludwig-Körner C (2005) Im »Fort-Da« entsteht das Selbst. Forum der Psychoanalyse 21:267–276.

Mader J (2005) Einführung in die Philosophie. Wien: UTB Facultas.
Mahler M (1996) Die psychische Geburt des Menschen. Symbiose und Individuation. Frankfurt/M.: Fischer. Mercurio RM (2009) Imagination and Spirituality. Symbolic Life 82:13–24.
Marcel G (1952) Geheimnis des Seins. Wein: Herold Verlag.
Metzinger T (2003) Being No One.The Self-Model Theory of Subjektivity. Cambridge: Mass.
Metzinger T (2014) Der Ego Tunnel. Eine neue Philosophie des Selbst: Von der Hirnforschung zur Bewusstseinsethik. München: Piper.
Metzner M (1986) Opening to inner light. Los Angeles: J. M. Tarcher.
Meyer JE (1978) Tod und Neurose. Göttingen: Vandenhoek und Ruprecht.
Milch W (2001) Lehrbuch der Selbstpsychologie. Stuttgart: Kohlhammer.
Mummendey H-D (2006) Psychologie des Selbst. Theorien, Methoden und Ergebnisse der Selbstkonzeptforschung. Göttingen: Hogrefe.
Nuland SB (2007) Wie wir sterben. Ein Ende in Würde München: Knaus.
Neumann E (1999) Das Kind. Struktur und Dynamik der werdenden Persönlichkeit. Frankfurt/M.: Fischer.
Oberhammer G (1995) Im Tod gewinnt der Mensch sein Selbst: Das Phänomen des Todes in asiatischer und abendländischer Religionstradition (Beitrage Zur Kultur- Und Geistesgeschichte Asiens). Wien: Verlag der österreichischen Akademie der Wissenschaften.
Ochsmann R (1991) (Hrsg.) Lebens-Ende. Heidelberg: Asanger.
Otscheret L, Braun C (2005) Im Dialog mit dem Anderen. Intersubjektivität in Psychoanalyse und Psychotherapie. Frankfurt: Brandes und Apsel.
Palmer M (1999) Freud and Jung on religion. London: Routledge.
Pemsel-Maier S (2003) Grundbegriffe der Dogmatik. München: Don Bosco.
Petresen Y, Köhler L (2005) Bindungstheorie als Basis psychotherapeutischer Interventionen in der Terminalphase. Forum für Psychoanalyse 21/3.
Precht RD (2007) Wer bin ich und wenn ja wie viele München: Goldmann.
Relph-Wikman MM (1995) An empirical investigation of death, dreams and the psyche among cancer-patients. San Diego. In: Roesler C (2010) Analytische Psychologie heute. Freiburg: Karger.
Riedel I (2009) Die innere Freiheit des Alterns. Düsseldorf: Patmos.
Roesler C (2010) Analytische Psychologie heute. Freiburg: Karger.
Sachse R (2001) Psychologische Psychotherapie der Persönlichkeitsstörung. Göttingen: Hogrefe.
Sachse R (2002) Histrionische und Narzisstische Persönlichkeitsstörungen. Göttingen: Hogrefe.
Sachse R (2010) Selbstverliebt aber richtig. 5. Aufl. Stuttgart: Klett-Cotta.
Schmidbauer W (2006) Der Mensch als Bombe. Eine Psychologie des neuen Terrorismus. Reinbek: Rowohlt.
Shamdassi S (1998) Die Psychologie des Kundalini Yoga. Nach den Aufzeichnungen des Seminars 1932. Zürich: Walter.
Sheikh A (2002) Therapeutic Imagery Techniques. New York: Baywood Publishing.
Sheikh A, Sheikh K (2007) Healing with Death Imagery. New York: Baywood Publishing.
Sötemann CH (2010) Die Rolle des Todes in der Freudschen Psychoanalyse vor 1920. s. l.: Grin Verlag http://www.amazon.de/Rolle-Todes-Freudschen-Psychoanalyse-1920/¬dp/3640591992/ref=sr_1_12ie=UTF8&qid=1300004844&sr=8-12.
Specht-Toman M, Topper D (2007) Zeit des Abschieds. Sterbe- und Trauerbegleitung. Düsseldorf: Patmos.
Staemmler FM (2015) Das dialogische Selbst. Postmodernes Menschenbild und psychotherapeutische Praxis. Stuttgart: Schattauer.
Stangier U, Clark DM, Ehlers A (2006) Soziale Phobie. Göttingen: Hogrefe.
Stern D (1992) Die Lebenserfahrung des Säuglings. Stuttgart: Klett-Cotta.
Tausch AM (1988) Gespräche gegen die Angst. Reinbek: Rowohlt.

Uden R (2006) Wohin mit den Toten Totenwürde zwischen Entsorgung und Ewigkeit. Gütersloh: Gütersloher Verlagshaus.
Vogel RT (2003) Mensch oder Hirn Zeitschr f Neuropsychol 14/3:261–264.
Vogel RT (2016) C. G. Jung für die Praxis. Stuttgart: Kohlhammer.
Vogel RT (2012) Todesthemen in der Psychotherapie. Ein integratives Handbuch zur therapeutischen Arbeit im Umfeld von Tod und Sterben. Stuttgart: Kohlhammer.
Vogel RT (2015) Der Tod ist groß, wir sind die Seinen. Mit dem Sterben leben Lernen. Ostfildern: Patmos
Volpi F (Hrsg.) (2004) Großes Werklexikon der Philosophie. Bde. 1 und 2. Stuttgart: Alfred Kröner.
v. Franz M-L (1985) Die Suche nach dem Selbst. Individuation im Märchen. München: Kösel.
v. Franz M-L (2001) Traum und Tod. Königsförde: Königs Furt Verlag.
Wehr G (1969) C. G. Jung. Reinbek: Rowohlt.
Wellendorf F, Wesele T (2009) Über die (Un-)Möglichkeit zu trauern. Stuttgart: Klett-Cotta.
Wicklund RA, Gollwitzer PM (1982) Symbolic self-completion. New York: Erlbaum.
Wilber K (1984/2008) Wege zum Selbst. München: Goldmann.
Winnicott D (1958) Über die Fähigkeit, allein zu sein. Psyche 12:344–352.
Winnicott D (1983) Von der Kinderheilkunde zur Psychoanalyse. Frankfurt/M.: Fischer.
Wittkowski J (1978) Tod und Sterben. Ergebnisse der Thanatopsychologie. Heidelberg: UTB.
Wittkowski J (2010) Thanatopsychologie. In: Lexikon der Psychologie. Heidelberg: Spektrum Akademischer Verlag (www.wissenschaft-online.de).
Yalom I (1980/2000) Existenzielle Psychotherapie. Köln: Ed. Humanistische Psychologie.
Yalom I (2008) In die Sonne schauen. München: Btb.
Zwettler-Otte S (2006) Die Melodie des Abschieds. Stuttgart: Kohlhammer.

6 Abschiedlich existieren – sich einlassen und loslassen

Verena Kast

6.1 Einführung

Sterblichkeit und Tod sind Tatsachen, die wir hinzunehmen haben, so schwer es uns fällt. Wehren wir den Tod ab, wird er zum Feind, er steht hinter oder vor uns als ständige Bedrohung und hindert uns daran, unser Leben frei zu gestalten. Akzeptieren wir ihn, wird Leben kostbar. Blickt der Mensch seiner Sterblichkeit ins Auge, wird deutlich, was wesentlich ist im Leben, was letztlich zählt. Die Bedeutung des Lebens angesichts des Todes leuchtet auf, seine Kostbarkeit wie auch die Gewissheit, dass wir dieses Leben nicht vertun, nicht vergeuden sollten. Kreativität ist die Antwort des Menschen auf das Sterben-Müssen; der Trauer und der Wehmut um die unabwendbaren Verluste steht die Freude gegenüber – die Freude darüber, dass wir leben können angesichts des Todes und dass das Leben doch immer wieder besser ist als erwartet. Die Notwendigkeit des Engagements für dieses eine Leben und für das Leben der Gemeinschaft wird existentiell erfahrbar und als unmittelbarer Sinn des Lebens erkannt und kann uns zur Lust am Leben verhelfen.

6.2 Abschiedlich existieren

Der Tod wirkt in Gestalt der Veränderung immer schon in unser Leben herein, besonders in Form der Veränderungen, die uns so widerfahren, wie uns der Tod widerfährt und den wir hinzunehmen haben als äußersten Widerspruch zur Freiheit. Immerfort müssen wir etwas sterben lassen, immer wieder sind wir gezwungen, etwas loszulassen, zu verzichten, uns zu trennen. Wir lassen uns aber auch immer wieder ein, wir lieben Menschen, wir lieben das Leben, wir lieben Dinge ... Wir verlieren nicht nur, wir gewinnen auch: Sogar das Vergangene behalten wir als kostbare Erinnerung, und wir gewinnen Neues, eine Offenheit für das Unbekannte, auch im Hinblick auf unseren letzten Tod.

Das Leben angesichts des Todes wird intensiver, wenn wir gelernt haben, abschiedlich zu leben, wenn wir bereit sind, immer wieder Abschied zu nehmen, auf Liebgewonnenes zu verzichten, loszulassen und uns neu auf das einzulassen, was bleibt und was kommt. Abschiedlich zu existieren, ist Lebenskunst und zugleich Notwendigkeit für alle Menschen – während des ganzen Lebens. Sich einlassen und loslassen, das ist ein Rhythmus des Lebens. Das kommt auch in folgendem biblischem Text zum Ausdruck (Prediger 3, Der Tod).

> »Alles hat seine Stunde, und eine Zeit (ist bestimmt) für jedes Vorhaben unter dem Himmel:
> Eine Zeit fürs Geborenwerden, und eine Zeit fürs Sterben; eine Zeit fürs Pflanzen und eine Zeit, das Gepflanzte auszureißen.
> Eine Zeit, zu töten, und eine, zu heilen: eine Zeit, einzureissen, und eine Zeit aufzubauen. Eine Zeit, zu weinen, und eine Zeit zu lachen; eine Zeit, zu klagen und eine Zeit zu tanzen […]
> Eine Zeit, zu lieben, und eine Zeit, zu hassen; eine Zeit für den Krieg und eine Zeit für den Frieden […].«

Als ich mich mit dem Trauerprozess befasste, habe ich für mich diesen Text ergänzt: »Es gibt eine Zeit, festzuhalten und eine Zeit, loszulassen …« Leben und Tod, beide gleichermaßen bedeutsam, bestimmen die Rhythmen des Lebens. Etwas später heißt es dann (Prediger 3,12) – sozusagen als Konsequenz davon, dass alles, Helles und Dunkles, seine Zeit und damit auch seine Berechtigung hat: »Da erkannte ich: es gibt für den Menschen kein anderes Gut, als sich zu freuen und es sich wohl sein zu lassen in seinem Leben.«

In einem Denken, wie es in diesem Text ausgedrückt ist, kann man sich als Mensch gelassen niederlassen: Man braucht weder das Leben noch den Tod zu vermeiden. Man kann sich engagieren, wissend, dass es auch eine Zeit gibt, das Engagement loszulassen – nicht nur beim endgültigen Tod, immer wieder. Kann man das Leben immer wieder einmal so sehen – denn diese Sicht kommt einem gelegentlich auch abhanden –, dann kann man sich in der Tat freuen und es sich wohl sein lassen. Sind wir einverstanden mit dem Leben, dann freuen wir uns. Freude ist die Emotion, die uns ergreift, wenn wir einverstanden sind mit uns selbst und mit dem Leben, wenn etwas überraschend besser ist als zu erwarten war.

Sich einlassen und loslassen und sich zu freuen sind anthropologische Konstanten, sie gelten für alle Menschen, in verdichteter Form für Menschen kurz vor dem Tod. Marianne Schiess (2005), schreibt angesichts ihrer terminalen Krebskrankheit einen Beitrag zum Thema »Kämpfen oder Vertrauen – sterben lernen«.

> »Auch ich weiss nicht, wie ich sterben werde, aber ich weiss, dass der Tag nicht mehr fern ist: Eine fortgeschrittene Krebserkrankung begrenzt meine Lebenszeit. Vom Umgang mit dieser Situation möchte ich hier berichten, indirekt vom Sterben lernen, vor allem aber vom Leben lernen mit dem Wissen, in absehbarer Zeit zu sterben« (Schiess 2005, S. 188).

Sich einlassen und loslassen – angesichts des nahen Todes.

6.3 Sich einlassen

Der Philosoph Weischedel (1980) schreibt: »Die Abschiedlichkeit ist die gemäße Antwort des Skeptikers (dessen, dem alles fraglich ist, VK) auf den Anblick der Vergänglichkeit, die alles Wirkliche bestimmt und durchherrscht« (S. 196). Abschiedlichkeit versteht er dahingehend, dass wir ständig von dem Abschied nehmen, in dem wir uns aufhalten. Es geht dabei um zwei Richtungen: Abschied in Bezug auf uns selbst, und Abschied in Bezug auf die Welt, in der wir heimisch sind.

Das abschiedliche Exstieren ist eine Grundhaltung dem Leben gegenüber, das den Tod und damit ein Ende – ein immer wieder »Enden« – und damit aber auch immer wieder ein »Beginnen« kennt und akzeptiert. Den letzten Triumph aber hat das Ende.

Zu dieser Haltung gehört für Weischedel, dass man sich zum Dasein entschließt, sich nicht dieser Welt vorzeitig entzieht. Offenheit und Verantwortlichkeit sind zwei Haltungen, mit denen Weischedel diese abschiedliche Existenz flankiert haben will, wobei er unter Offenheit Wahrhaftigkeit, Sachlichkeit, Gelten-Lassen und Toleranz versteht (ebd., S. 137). Er schreibt ja eine skeptische Ethik. Ich füge das hier an, um zu zeigen, dass die Offenheit, die er anmahnt, wirklich offen ist. Um abschiedlich zu existieren, so meint er, müsse man eine durchgehende Distanz zu sich selbst und zur Welt bewahren. Da mag ich ihm nicht folgen.

Angesichts der ständigen Wandlungen im Leben gefällt mir der Gedanke der Abschiedlichkeit gut: immer wieder bereit sein, Abschied zu nehmen – von Lebensphasen, von Liebgewordenem, von Menschen, von Ideen, auch von Ideen, wie die Welt zu sein hat. Aber gerade bei diesen Abschieden, bei diesen Trennungen, die ja oft sehr weh tun, leuchtet jeweils unsere Lebensgeschichte als die Geschichte von vielen Veränderungen und Wandlungen in uns auf – und wird als unsere Geschichte gesehen, wir identifizieren uns damit. (Also gerade keine Distanz.) So loslassen, dass wir uns gerade nicht verlieren, sondern dass unsere gewordene Existenz dadurch sichtbar wird, das scheint mir erstrebenswert. Auch braucht abschiedliches Leben die Bindung, die Beziehung, die Nähe. Gewiss, das Trennen-Müssen schafft auch immer wieder Distanz: Nähe und Distanz sind auch Themen des sich Einlassens und des Loslassens; Themen, die unsere Beziehungen durchgehend bestimmen. Für mich also braucht es nicht eine durchgängige Distanz, aber immer wieder ein Reflektieren über das sich Einlassen und das Loslassen-Müssen.

Wenn wir immer wieder Abschied nehmen müssen, brauchen wir auch die Erfahrung, dass wir uns wieder niederlassen können – auf Zeit gewiss –, aber dennoch: niederlassen. Das Bild des Nomaden bietet sich an: sich niederlassen an einem Ort; sich geborgen fühlen, wenn auch auf Zeit, tun, was notwendig ist, mitnehmen, was der Ort hergibt, und dann weiterziehen, einen neuen Ort zum Bleiben suchen. Was zu einem gehört, das nimmt man mit, das lässt man nicht zurück. Sich trennen, loszulassen bedeutet nicht, dass wir vergessen: Was wir zurück lassen, bleibt in unserer Erinnerung, solange wir uns erinnern können, ist ein Schatz immer wieder abrufbar (Kast 2010).

Die Haltung, das Leben abschiedlich zu leben, würde dann problematisch, wenn wir nur losließen und uns nicht auch einließen: Unter dem Eindruck der Abschiedlichkeit besteht die Gefahr, dass wir schon von vornherein alles als zum Scheitern verurteilt sehen. Ich sehe das nicht als Todestrieb, sondern als Fatalismus: Wenn der Tod uns doch gewiss ist, wozu denn Leben? Lohnt sich die Anstrengung, wenn man doch stirbt? Das Leben existiert dann nicht wirklich, wird nicht wertgeschätzt. Vielleicht wartet man ständig auf das eigentliche Leben, irgendwann in der Zukunft, oder gar in den Tod projiziert. Wir wissen aber nicht, was nach dem Tod ist, ob etwas nach unserem Tod ist – und deshalb ist es sinnvoll, das Leben, das uns gegeben ist, zu gestalten – gerade angesichts dieser Vergänglichkeit. Dass das gar nicht so einfach ist, zeigt sich daran, dass durch die ganze Kulturgeschichte immer wieder der Ruf nach dem:»Carpe diem!« erschallt. Es mag dabei die Idee im Blickpunkt stehen, dass Menschen eine Tendenz haben, die Dinge, die sie eigentlich angehen wollen oder auch angehen müssen, auf morgen zu verschieben – in die Zukunft zu verschieben. Gerade hier ist der Gedanke an den Tod ein wichtiges Korrektiv: Wenn ich wüsste, dass ich zu einem mir bekannten Zeitpunkt sterben würde, was würde ich noch in Angriff nehmen, was würde ich lassen?

Wenn unser Leben nicht unter unserer Hand zerfließen soll, dann zwingt uns unsere abschiedliche Existenz, dass wir uns einlassen auf das Leben – uns einlassen auf Bindungen, Bindungen zu Menschen, aber auch zu Aufgaben.

Und die Bindungen zu den Menschen können ja auch außerordentlich beruhigend, glückhaft, lustvoll sein – denken wir etwa an die vielen verschiedenen Formen von Liebe. Gerade die romantische Liebe aber will Ewigkeit und suggeriert Ewigkeit – das ist in ihr so angelegt. Für eine kleine Zeit, so meinen wir, sind wir der Abschiedlichkeit entronnen. Aber wir wissen: Liebe und Tod – das sind die zwei wichtigsten Themen im Leben – und nichts schmerzt so sehr, wie wenn wir geliebte Menschen verlieren.

Dennoch: wir lassen und auf Beziehungen ein, sind von Anfang unseres Lebens in Beziehungen und Bindungen und da hoffentlich hinreichend gut gehalten. Dank der Bindungen zu anderen Menschen, zur Natur, zur Welt wissen wir uns zugehörig, geborgen, gehalten, nicht nur von außen, sondern, wenn wir diese Bindungen auch verinnerlichen können, auch von innen getragen. Eine Voraussetzung dafür, dass wir immer wieder vertrauensvoll uns neu auf das Leben einlassen können.

Sich auf das Leben einzulassen, meint, sich ins Leben zu verwickeln, sich brauchen zu lassen, Verantwortung zu übernehmen für das, wozu man sich entschlossen hat, was an einen herangetragen wird. Bindung an das Leben heißt auch, unseren Interessen nachzugehen und zu spüren, dass es etwas gibt, das uns mit Lebendigkeit erfüllt, ein Interesse von innen heraus am Leben, auch wenn der Tod nah ist. Das heißt, zu gestalten, schöpferisch zu sein in einem zunächst alltäglichen Sinne, sichtbar zu werden, offen zu sein für das, was ist. Das Leben leben. Das eigene Leben leben, so weit das möglich ist, nicht das der anderen. Spuren hinterlassen – kleinere, größere. Sich einlassen auf Beziehungen, diese gestalten, wissend, dass wir Menschen von Beziehungen abhängig sind, wissend, dass das hoch riskant ist, wir bei einem möglichen Verlust in erschreckender Weise erfahren werden, was der Tod des anderen für uns bedeutet.

Beim sich Einlassen auf das Leben geht es darum, dass letztlich sichtbar wird, was wir sind, was wir immer wieder neu auch werden, was wir einmal gewesen sein wollen. Unser Ringen um Individuation, um die Findung von Sinn muss auch sichtbar werden. Zudem geht es um die Erfahrung von Selbstwirksamkeit, darum, zu sehen und zu erfahren, dass man im eigenen Leben für sich und für andere etwas bewirken kann; das ist die Grundlage eines guten Selbstwertgefühls. Das Wissen um die Selbstwirksamkeit bewirkt, dass wir auch in schwierigen Situationen nicht aufgeben. Es geht darum, das eigene Leben, mit anderen Menschen zusammen zu gestalten, zu tun, was notwendig ist, zu akzeptieren, was von außen oder auch von innen an uns herangetragen wird. Das führt letztlich zur Erfahrung von Sinn.

Worum es mir geht: Wenn man sterblich ist, muss man sich engagieren, solange man es kann. Engagement meint auch, den eigenen Lebensthemen nachgehen, den eigenen Interessen. Das macht Freude, beschwingt, gibt das Gefühl, trotz des Todes intensiv leben zu können. Lust am Leben, Freude am Leben, Freude am Gestalten – trotz des Sterben-Müssens, trotz des Loslassen-Müssens oder gerade deshalb.

Verwickeln wir uns aber nicht ins Leben, geizen wir mit unseren Ideen und Kräften, sparen wir uns auf: Dann sind wir plötzlich wie tot. Das mag als depressive Störung imponieren, oder auch als eine Form von Geiz, aber möglicherweise ist dieses Phänomen gar nicht klinisch zu fassen. Es ist einfach unlebendig.

Das Gedicht »Noch bist du da« von Rose Ausländer drückt präzise aus, was ich mit sich Einlassen meine:

»Noch bist du da
Wirf deine Angst in die Luft
Bald
ist deine Zeit um
bald
wächst der Himmel unter dem Gras fallen deine Träume ins Nirgends
Noch
duftet die Nelke singt die Drossel noch darfst du lieben Worte verschenken noch bist du da
Sei was du bist Gib was du hast«[2]

---

2 Rose Ausländer, Noch bist du da. Aus: dies., Ich höre das Herz des Orleanders. Gedichte 1977–1979 © S. Fischer Verlag GmbH, Frankfurt am Main 1984.

6.4 Loslassen

Eigentlich fällt uns das Loslassen schwerer – so meinen zumindest die meisten. Ich werde nie gefragt, wie kann ich mich auf das Leben einlassen, aber immer einmal wieder: wie kann ich bloß loslassen? Die Rückfrage: Wollen Sie denn loslassen? Wird mit Erstaunen wahrgenommen. Nein, eigentlich nicht. Aber ich sollte. Ich müsste. »Wenn ich loslasse, dann habe ich ja nichts mehr ...« Loslassen wird hier gesehen als Verlieren. Wie wollen wir mit vollen Händen etwas Neues ergreifen?

Loslassen, eine Hand, die uns festgehalten hat, vielleicht auch fest gehalten, eine leere Hand nun, die eine andere Hand suchen kann. Noch weiß man nicht, ob die Hand auch ergriffen wird. Vorsichtigere Naturen lassen Hände dann los, wenn sich andere bereits nach ihnen ausstrecken.

Loslassen: eine Anforderung an uns selbst, die wir früher vielleicht bewältigt hätten, oder die auch schön früher zu groß war – aber jetzt geht es nicht mehr. Ein erleichtertes Loslassen, ein wehmütiges Loslassen vielleicht.

Das Thema des Loslassens – als alltägliche Abschiedlichkeit – kann man leicht an körperlichen Aktivitäten sich vergegenwärtigen: Eine Last wird zu schwer – man muss sie loslassen. Zuviel Wind im Segel – man muss loslassen. Zuviel, zu schwer oder auch einfach nicht adäquat. Eine Veränderung steht an, durchaus ein Verlust zunächst: Von einem Selbstbild muss Abschied genommen werden, aber man kann sich auch neu wieder auf das Leben einlassen. Überholte Vorstellungen von uns loslassen – vielleicht nicht mehr ganz so ideal, dafür realistischer, authentischer – mit Schattenakzeptanz, mit einem etwas besseren Selbstwertgefühl. Dann müssen wir den Schatten etwas weniger bei den anderen bekämpfen ...

> **Traum eines 56-jährigen Mannes**
>
> »Ich höre eine Stimme, die ganz ruhig sagt: ›Ja, mit dir ist es jetzt dann auch vorbei.‹ Ich sitze vor dem Computer und versuche, eine Abrechnung irgendwie zu prüfen. Die Stimme sagt wieder, jetzt hinter mir: ›Mit dir ist es jetzt dann auch vorbei.‹ Ich drehe mich um, will die Stimme orten – es geht nicht. Mir wird es unheimlich: wer sagt das? Egal – ich muss diese Abrechnung fertig machen.«
>
> Der Träumer: »Ich erwachte dann, mit einer leisen Angst, ein wenig Herzbeklemmung. Und dann fiel es mir wie Schuppen von den Augen: Da sagt mir eine innere Stimme, dass ich sterben werde, und ich weiß nichts anderes zu tun, als die Buchhaltung zu kontrollieren. ›Ist das wirklich der Sinn meines Lebens? Möchte ich noch etwas anderes? Aber das würde ja mein Leben verändern, wenn ich plötzlich meinen anderen Interessen nachginge.‹ Ja – das Memento mori verändert das Leben – dazu ist es wohl auch da.«

Loslassen – das ist die Erfahrung von Tod im Leben; das nehmen wir dann wahr, wenn das Loslassen wirklich weh tut.

Loslassen: Menschen, die uns verlassen haben, in den Tod hinein, aber vielleicht auch ins Leben hinein: Partner, Partnerinnen, die gestorben sind, aber auch Menschen, die sich von uns abgewandt und einen anderen Menschen gewählt haben. Wir können sie festhalten in unseren Gedanken, vielleicht auch mit unserem Hass, aber so bleiben wir unglücklich Gebundene, Festgehaltene in unserer Entwicklung, sind nicht mehr offen für neue Beziehungen. Loslassen brächte die Freiheit – befürchtet wird aber zunächst der Horror der Einsamkeit.

Der Trauerprozess ist geradezu ein Paradigma, wie wir den Tod als einen realen Verlust erleben, wie wir loslassen – in einem langwierigen, schmerzhaften, lebendigen Prozess – und wie wir uns, indem wir loslassen auch neu wieder uns auf das Leben einlassen – das Leben allerdings auch auf uns (Kast 1982/ 2010).

Wir Menschen sind vom Gefühl der Trauer erfasst, wenn wir einen Menschen oder ein Gut verloren haben, oder zu verlieren drohen, das für unser Leben einen besonderen Wert dargestellt hat oder noch darstellt. Von der Liebe versprechen wir uns die Aufhebung der existentiellen Einsamkeit, der Tod eines geliebten Menschen wirft uns wiederum in diese Einsamkeit zurück. Lassen wir uns auf einen Menschen ein, entsteht eine Beziehung und damit intrapsychisch ein Beziehungsselbst. Dieses Beziehungsselbst ist unterschieden vom eigenen Selbst, es besteht kurz gesagt aus dem »Gemeinsamen«, es gibt aber auch Überschneidungen. Das »eigene Selbst« ist wesentlich im Zusammenhang mit Trauer und Ablösung. Im Trauerprozess organisieren wir uns vom Beziehungsselbst auf das eigene Selbst zurück.

Mit dem Gefühl der Trauer verbunden sind Gefühle des Kummers, der Angst, des Zorns, der Schuld usw. Das Erleben dieser Gefühle, das Zulassen dieser Gefühle bewirkt, dass wir in einen Trauerprozess eintreten, in einen Entwicklungsprozess, durch den wir langsam – und sehr schmerzhaft – lernen, den Verlust zu akzeptieren und ohne den Menschen, den wir verloren haben, aber mit allem, was dieser Mensch in uns geweckt, was dieses Gut in uns belebt hat, und was wir nicht verloren geben müssen, uns wieder neu auf das Leben einzulassen.

In der Trauerarbeit im eigentlichen Sinn geht es darum, die Beziehung und auch das Beziehungsselbst in der Erinnerung sich zu vergegenwärtigen. Indem wir uns an das Leben mit dem verstorbenen Menschen vorstellungsbezogen und emotional betont noch einmal erinnern, Geschichten erzählen, die Schlüsselsituationen für das gemeinsame Leben sind, können wir uns von diesem Menschen ablösen und wieder mehr mit uns selbst im Kontakt, uns neu wieder auf das Leben einlassen, mit neuen Plänen für den Fortgang des Lebens, mit neuen Sehnsüchten. Das vorstellungsbezogene Erzählen, bei dem man in der Imagination die vergangenen Erfahrungen wieder vergegenwärtigt, ist mit Emotionen und Gefühlen verbunden – und diese bewirken eine Veränderung im Sinne, dass man sich zurückholt, was wichtig war, und gleichzeitig weiß, dass etwas zu einem unabänderlichen Abschluss gekommen ist, was allerdings auch Raum gibt für Neues.

Das heißt: Wir organisieren uns von einem Beziehungsselbst auf das eigene Selbst zurück. Haben Menschen einen Zugang zum eigenen Selbst, können sie dieses wieder mehr beleben, dann ist ein Trauerprozess, der ein natürlicher Prozess ist, möglich. Dieser Trauerprozess ist oft von Träumen begleitet, die in dieser Situation gut verstanden werden können, da trauernde Menschen sie fast ausschließlich im Zusammenhang mit dem Verlust verstehen. Im Trauerprozess lösen wir uns so von den Verstorbenen ab, dass wir in unsrer Erinnerung behalten, was durch diese in uns belebt worden ist, was sie aus uns herausgeliebt haben, dass sie aber als Verstorbene auch gehen dürfen, und wir uns nach und nach wieder auf das Leben einlassen können. Nun hilft auch das Leben: Es gibt so vieles, was uns mit anderen Menschen und dem Leben verbindet, plötzlich werden Neugier auf das Leben, neue Interessen wieder wach, manchmal wird unverhofft auch neues Leben, neues Sich-Einlassen wieder möglich.

Mit komplizierter Trauer reagieren Menschen, die wenig Zugang zum eigenen Selbst haben. Sie reagieren mit einer Depression mit akzessorischen Symptomen. Als Therapie eignet sich eine psychodynamisch orientierte Therapie der Depression, bei der der Verlust im Zentrum steht.

Der Trauerprozess ist paradigmatisch für ein Loslassen, bei dem nicht alles verloren geht, sondern bei dem die gewordene Identität in der Beziehung und der Wert des gemeinsam gelebten Lebens sichtbar werden.

Loslassen – auch das alltägliche Loslassen – macht uns Angst, verunsichert uns in unserem Selbstwertgefühl und in unserem Selbstvertrauen. Deshalb halten wir lieber einmal fest, was wir zu haben meinen.

6.4.1 Welches Bild von uns taucht auf, wenn wir einwilligen, älter zu werden, sterblich zu sein?

Loslassen in jungen Jahren ist schwierig, weil man noch nicht weiß – was man später weiß – dass immer wieder etwas Neues kommt – das, weil es neu ist, meistens auch interessant, spannend, auf jeden Fall herausfordernd ist. Das Leben ist wirklich immer wieder für Überraschungen gut – wir selber sind es auch.

In späteren Jahren wird das Loslassen schwieriger, weil das Loslassen immer mehr die existentielle Dimension des letzten Todes erahnen lässt. Die Herausforderung ans Loslassen im höheren Alter: die Selbständigkeit aufgeben müssen, weil man nicht mehr selbständig sein kann. Die Rechnung, wenn wir loslassen, bekommen wir etwas anderes dafür, vielleicht nicht das, was wir wollten, aber dafür vielleicht etwas Überraschendes, ist nicht mehr so leicht aufrechtzuerhalten: Was bekommen wir, wenn wir unsere Selbständigkeit aufgeben? Wir werden gepflegt, wenn wir Glück haben, bekommen liebevolle Zuwendung.

Es wird Lebenskunst sein, auch diesem Loslassen noch etwas an Glück abzugewinnen. Aber es ist nicht zu übersehen: Das, was wir loslassen, wird mehr, das, was noch in unseren Händen ist, wird weniger. Woher nehmen wir unser Selbstwertgefühl? Aus unserem gelebten Leben, aus dem emotionalen Zugang zu unseren Erinnerungen, würde ich sagen, wenn wir denn wertschätzen können, was wir erfahren, was wir gemacht haben. Vielleicht werden wir deshalb das, was wir noch in unseren Händen haben, mehr schätzen – oder aber wir werden verbittert werden.

Menschen, die spüren, dass das Ende des Lebens naht, trauern auch, immer einmal wieder, in ihren Rhythmen, in ihrer Art vergegenwärtigen sie sich noch einmal wichtige Situationen im Leben, hadern damit, dass sie gehen müssen, sind aber auch von einer dankbaren Wehmut erfüllt. Vieles, was im Leben war, was wichtig war, wird in die Innenwelt zurückgenommen – ein Schatz für allenfalls noch schlechtere Tage. Wichtiges, was noch aussteht, kann vielleicht noch ins Leben hereingeholt werden; es geht ums Abrunden des Lebens. Angesichts von körperlichem Zerfall und Abhängigkeit schreibt Marianne Schiess:

> »Es ist nicht nur die Zeit des Loslassens, es ist auch die Zeit des Übergangs vom Haben zum Sein, um mit Erich Fromm zu sprechen, die Zeit der Liebe zum Leben im Hier und Jetzt, ohne Streben nach Dauer. So manche schwierige Erfahrung kann ich in einem positiven Licht sehen und konstruktiv angehen, wenn ich sie unter der Metapher des Altwerdens verstehe« (Schiess 2005, S. 190).

Und:

> »Mich den abnehmenden Kräften in einer Weise anzupassen, dass ich mich nicht überfordere und doch noch verwirkliche, was möglich ist, sehe ich als große Herausforderung. Letztlich geht es um die Kunst, mit dem Leben zu fließen, mit dem Wollen am gleichen Ort zu sein, wie die körperliche Befindlichkeit, was mir eine optimale Lebensqualität ermöglicht« (Schiess 2005, S. 190).

6.4.2 Loslassen und sich einlassen, auch kurz vor dem Tod!

Es gibt eine wechselseitige Abhängigkeit von dem Sich-einlassen-Können auf das Leben und dem Loslassen-Können. Wer den möglichen Verlust vermeiden will, kann sich auch nicht auf das Leben, kann sich nicht auf Beziehungen wirklich einlassen; dadurch verliert man die Lebensintensität, man verliert letztlich alles, verspielt die Lebendigkeit. Wer nicht trauern kann, der kann sich auch nicht richtig freuen. Loslassen ist verbunden mit Trauer, sich einzulassen mit Freude. Hierzu noch einmal Marianne Schiess:

> »Nie hätte ich zu Beginn meiner Erkrankung von solch unvergesslichen Erlebnissen zu träumen gewagt, beglückender Nahrung für die nahende Zeit […].
> Es ist, als ob das Akzeptieren, dass Vergänglichkeit zum Leben gehört, uns dazu befreit, die Schönheit der Natur besonders intensiv wahrzunehmen und uns ihr zugehörig zu erleben. Als ob eine Art Paradigmenwechsel geschieht, der bereits erwähnte Übergang vom Haben zum Sein. Das Leben verliert seinen Geschmack des Alltäglichen, die Erfahrungen werden in gewisser Weise archetypisch« (Schiess 2005, S. 194 f.).

Dankbarkeit, Staunen, Freude – gerade weil man die Vergänglichkeit akzeptiert hat. Aber auch eine neue Form des Erlebens: nicht mehr alltäglich, paradigmatisch. Es gibt eine Zeit fürs Geborenwerden und eine Zeit fürs Sterben ... Und die Konsequenz:

> »Da erkannte ich: Es gibt für den Menschen kein anderes Gut als sich zu freuen und es sich wohl sein zu lassen in seinem Leben« (Prediger 3,12).

Wir haben immer wieder einen Anlass, uns zu freuen, wenn wir denn die Freude schätzen (Kast 1991/2008). Das ist nicht selbstverständlich – die Freude kostet nichts, außer Aufmerksamkeit. Wir sehen etwas Schönes, wir hören etwas, das uns ergreift, packt, etwas kommt zum Blühen. Ein Kind kommt vertrauensvoll auf uns zu, wir fühlen eine wunderbare Nähe zu einem Menschen. Oder: Wir haben eine Leistung vollbracht, einem anderen Menschen eine Freude gemacht, etwas gefunden, von dem wir nie gedacht hätten, dass wir es finden könnten...

Freude erleben wir dann, wenn etwas besser ist als erwartet, uns mehr zukommt, als zu erwarten war. Wenn wir uns freuen, sind wir einverstanden mit uns, mit der Welt, mit den Mitmenschen. In der Freude trauen wir den anderen und dem Leben – wir vertrauen und fühlen uns leicht und geborgen zugleich. Eine der Ausdrucksgesten der Freude ist, dass unsere Augen aufstrahlen, dass Gesichter aufleuchten, es gibt den Eindruck von etwas Strahlendem, Leuchtenden, Lichtem. Die Bewegungen, die wir mit der Freude verbinden, sind Bewegungen in der Vertikalen, Bewegungen, die zur Höhe und zur Weite hin tendieren – so gehen die Mundwinkel nach oben, wenn wir uns freuen, oder wenn wir lächeln: Wir könnten vor Freude Luftsprünge machen oder wir werfen etwas hoch in die Luft. So wird deutlich, dass in der Freude ein Gegengewicht zur Erdenschwere ist und zur Dunkelheit. Freude suggeriert uns eine mögliche Verbundenheit mit etwas, das über uns hinausgeht.

Wenn wir uns freuen, dann fühlen wir eine Wärme in uns aufsteigen, eine körperlich erfahrbare, aber durchaus auch eine seelische Wärme. Diese lässt uns offener, aber auch lebendiger werden. Das Selbstgefühl, das wir bei der Freude erleben, ist ein Gefühl des selbstverständlichen Selbstvertrauens, das daraus resultiert, dass wir im Moment der Freude uns selbst, die Innenwelt, die Mitwelt akzeptieren können, wie sie ist, weil uns mehr zugekommen ist, als wir erwartet haben. Zu diesem selbstverständlichen Selbstvertrauen gehört, dass man sich bedeutsam fühlt, ohne dass man bedeutsam sein muss. Das selbstverständliche Selbstvertrauen, das wir als Menschen im Zustand der Freude erleben, lässt uns uns öffnen: Wir müssen unsere Ich-Grenzen nicht stur behaupten, wir können sie öffnen. In der Freude sind wir nicht misstrauisch, manchmal dafür naiv. Wir erwarten in der Tat nichts Böses. Tritt das Böse dann doch ein, dann fühlen wir uns sehr verletzt. Man kann sich schützen vor diesen Verletzungen, indem man die Freude nicht mehr zulässt. Das ist ein teurer Schutz, ein zu teurer Schutz.

Selbstverständliches Selbstvertrauen, Bedeutsamkeit, auf der man nicht beharren muss, Offenheit und die Möglichkeit des sich Öffnens, ergeben ein Selbstgefühl der Vitalität und der Kompetenz, mit dem Leben umgehen zu können. Wir spüren neue Lebensenergie. Daraus resultiert, dass wir den Menschen nahe sein möchten, dass wir teilen möchten, dass wir den Mut finden, miteinander Lösungen zu erproben. Freude ist die grundlegende Emotion für Verbundenheit und Solidarität.

Angesichts der Vergänglichkeit kann Freude intensiver erlebt werden: Was im Hier und Jetzt erlebbar ist, wird kostbar. Würde eine Frühlingsblume den ganzen Sommer blühen, wir würden sie nie mit der Freude begrüßen, wie wir es aktuell tun. Das Akzeptieren der Vergänglichkeit, die sich in der Natur auch zeigt – vielleicht sogar vor allem, und eigentlich eine Übung des Loslassens und wieder Sich-Einlassens ist –, ermöglicht es uns, das, was ist, besonders intensiv wahrzunehmen und uns daran zu freuen.

Gerade in Situationen, in denen uns bewusst wird, dass nichts für »ewig«, für immer ist, kann eine ekstatische Liebe zum Leben aufbrechen, Freude am Leben vermischt mit Wehmut – und diese lässt uns noch intensiver wahrnehmen, was uns wirklich freut, was wir eines Tages verlieren werden. Dass es uns so intensiv ins Bewusstsein sticht, auch als ein Stich der Wehmut, gibt uns die Gelegenheit, darauf zu fokussieren, was uns wirklich wichtig ist im Leben.

> Eine Frau etwa Mitte 40 mit einer sehr fortgeschrittenen Krebserkrankung litt sehr darunter, dass sie, einst eine sehr sportliche Frau, die im Himalaya geklettert war, sich kaum mehr bewegen konnte. »Ich hatte so viel Freude in den Bergen – und das habe ich nicht mehr.«
>
> Wir holten ihre Klettererfahrungen in die Erinnerung zurück: Im vorstellungsbezogenen Erzählen wurde die Erinnerung immer lebendiger. Wie hat es sich angefühlt, in der Wand zu hängen? Wie hat es im Camp gerochen? Usw. Wir verwendeten viel Zeit darauf, diese Erfahrungen ins Gefühl und in eine sichere Vorstellung zu bekommen. Die Folge: »Wenn ich mich so erinnere, dann spüre ich wieder die Freude von damals, und jetzt auch die Dankbarkeit, dass ich das erleben durfte.« Diese inneren Bilder begleiteten sie bis kurz vor ihrem Tod: Es war, wie sie sagte, das Beste, das die Psychotherapie ihr gebracht hatte, dieses Wissen darum, dass man sich an Freuden, die man einmal hatte, erinnern kann, und dass das wiederum Freude auslöst.

6.4.3 Mit der Freude kommt auch das Vertrauen

Es stellt sich die Frage, woher wir den Mut haben, uns immer wieder neu auf das Leben einzulassen, obwohl wir immer wieder loslassen müssen, und das Loslassen uns schwer fällt, wir das Loslassen unter dem Aspekt des Verlusts erleben.

Freude ist unter anderem auch das Gefühl der erlebten Lebendigkeit: dem Leben zugewandt, bereit, sich ins Leben zu verwickeln und sich mit anderen auch zu verwirklichen; man könnte schreien vor Lust – einverstanden mit sich, mit den anderen, mit dem Dasein: es ist wunderbar zu leben, und manchmal auch schrecklich. Freude ist aber auch eine Emotion, die mit Geborgenheit einhergeht: Wir Menschen fühlen uns geborgen, bei anderen Menschen, in der Kunst, in der Musik, in der Natur – und diese Geborgenheit ist mit einer stillen Freude verbunden. Aufgehoben im Leben, über sich hinaus verbunden mit anderen Menschen, mit der Natur, aber auch mit dem Leben, wie es halt so ist, lässt uns vertrauen, lässt uns Vertrauen in uns selber aktivieren. Man kann sich auch niederlassen im Leben, zumindest auf Zeit. Man kann das Leben – auch das eigene – mit einem gütigen Blick betrachten. Und wenn man loslässt, fällt man nicht einfach ins Leere. An die Freuden können wir uns immer wieder erinnern, und in unserer Erinnerung werden sie lebendig, in unseren Erzählungen sogar noch mehr. Die Freude ist die kleine Schwester der Hoffnung und die Hoffnung begleitet uns als ein Basisgefühl, solange wir leben, die Hoffnung auf das Bessere, trotz allem, trotz Tod.

6.4.4 Ars moriendi

Unsere Einstellung zum Tod und zum immer neuen Loslassen-Müssen beeinflusst in hohem Maße unsere Einstellung zum Leben. Leugnen wir den Tod und unsere Sterblichkeit und vermeiden wir es, uns damit auseinanderzusetzen, führt dies zu einer Entzweiung mit uns selbst. Akzeptieren wir unsere Sterblichkeit nicht, besteht die Gefahr, dass wir uns unbewusst mit dem Tod als dem unzerstörbaren Zerstörer, der Macht hat über alles Leben, identifizieren und destruktiv und gewalttätig werden (Williams 1958). Individuell ist das in der Verbitterung von Menschen zu sehen: Alles, was im Leben war, wird gesehen unter dem Aspekt des Verlusts, des Defizits, des »zu wenig«. Verluste werden erlebt, als hätte es das Schicksal eigens auf diese Menschen abgesehen gehabt, als wäre der Tod, der zum Leben gehört, der persönliche Feind, der einem schaden will. Grundsätzlich: Eine Lebensfeindlichkeit, eine übergroße Tendenz, immer nur das Negative zu sehen, und die damit verbundene grundlegende Unzufriedenheit können darin ihre Wurzel haben.

Aber auch die heutige Gewalt- und Kriegsbereitschaft wie auch die Rücksichtslosigkeit gegenüber unserer Umwelt können wir als eine Folge der permanenten Verdrängung des Todes verstehen.

6.4.5 Ars moriendi – ars vivendi

Gehen wir davon aus, dass uns nichts anderes bleibt, als das Leben abschiedlich zu leben, dann ist die Ars moriendi, die Kunst des Sterbens, auch eine Form der Lebenskunst. Seneca vertrat die Idee, dass das Denken an den Tod zur Ars vivendi, der Kunst zu leben, gehöre. In seinen Lehrbriefen an Lucilius empfahl er diesem, sich täglich darin zu üben, mit Gleichmut das Leben loszulassen; das töte die Angst vor dem Tod. »Memento mori« (gedenke des Todes) bedeutet hier nicht, sich dem Leben zu verweigern, sondern die Angst vor dem Tod – und das ist ja oft auch die Angst vor dem Leben – zu besiegen. Erich Kästner formuliert in einem seiner Gedichte prägnant: »Liebe das Leben, und denk an den Tod!« Je akzeptierender wir den Tod in das eigene Lebenskonzept einbauen, umso lebendiger vermögen wir das Leben zu leben. Sinnfragen, die Fragen, wie wir unser Leben verbringen und wofür wir leben wollen, entscheiden wir anders, wenn wir den Tod als eine universale Tatsache akzeptieren und nicht als etwas, das nur mir zustößt und mich bestraft – und sei es durch den Tod des Liebsten. Haben wir uns mit unserer Sterblichkeit versöhnt, so befinden wir uns in Übereinstimmung mit dem Werden und Vergehen alles Natürlichen. Angesichts der Sterblichkeit gestalten wir das Leben mit vielen anderen

Menschen zusammen, wir sind zur Kreativität herausgefordert – und sind damit auch ein Teil der Kultur.

Literatur

Kast V (1982/2010) Trauern. Phasen und Chancen des psychischen Prozesses. 32. Aufl. Stuttgart: Kreuz.
Kast V (1991/2008) Freude, Inspiration, Hoffnung. Düsseldorf: Patmos.
Kast V (1994/2010) Sich einlassen und loslassen. Neue Lebensmöglichkeiten bei Trauer und Trennung. 20. Aufl. Freiburg i. Br.: Herder.
Kast V (2010) Was zählt, ist das gelebte Leben. Die Kraft des Lebensrückblicks. Stuttgart: Kreuz.
Schiess M (2005) Kämpfen oder Vertrauen – sterben lernen. In: Kast V (Hrsg.) Inspirationen für ein gutes Leben. Heil sein – heil werden. Freiburg i. Br.: Herder.
Weischedel W (1980) Skeptische Ethik. Frankfurt/M.: Suhrkamp.
Williams M (1958) The Fear of Death. JAP3:157–165.

7   Leib, Symbol, Archetyp

Renate Daniel

Als eine Frau mit der Diagnose Krebs konfrontiert wird, beschreibt sie ihre unmittelbare Empfindung mit folgenden Worten: »Ich war wie vom Schlag gerührt. In mir krampfte sich alles zusammen ... Es war etwas ungeheuerlich Fremdes, das in mein Leben einbrechen wollte, nein, das schon eingebrochen war, ohne dass ich es bemerkt hatte« (van Heyst 1982, S. 22).

Grundsätzlich kann uns das Fremde faszinieren und zu Abenteuern locken, aber auch erschrecken oder aggressiv reagieren lassen. Bei einer Krebserkrankung wächst und wuchert in uns etwas Stofflich-materielles[3], das durchaus zu uns gehört, aber Zellen, die wir als bösartig klassifizieren, können wir kaum als zugehörig empfinden[4] – sie befremden uns. Auch wenn wir zum ersten Mal schwer erkranken, sagen wir manchmal: »Wie kann denn so was sein, das hatte ich doch noch nie!«, und drücken damit aus, wie fremd uns die Situation erscheint. Fremdes, sei es in Form eines bösartigen Tumors oder einer schweren Erkrankung, weckt schnell den Impuls, es loszuwerden oder auszumerzen. Wir unterziehen uns Behandlungen, um in das »Reich der Gesunden« zurückkehren zu können, aus dem wir durch eine Krankheit zunächst einmal hinausgefallen sind. Manche schwer Kranke erleben sich regelrecht verbannt in eine »Welt der Kranken« und konfrontiert mit dort herrschenden, unangenehmen Bedingungen. So kann ein kranker Körper den Betroffenen zu einer entschleunigten Lebensweise zwingen, Aufmerksamkeit und Zeit fordern und das in einer Epoche, in der Zeit kostbarste Mangelware geworden ist und wir uns Langsamkeit kaum noch leisten können. Diese Tatsache scheint gar nicht so neu, denn sie hat sich vor langer Zeit in der Sprache niedergeschlagen: Das Wort »geschwind«, das »bald« und »schnell« bedeutet und im Begriff Geschwindigkeit enthalten ist, gehört zur gleichen Sprachwurzel wie »gesund« (Kluge 1975,

---

3 Was ist eigentlich Stoff, Körper, also Materie? Letztlich geheimnisvoll, nicht wirklich begreifbar oder fassbar. Meistens nehmen wir nur die Oberfläche der Materie wahr. Wir erleben Materie als fest, mehr oder weniger dicht und spüren ihren jeweiligen Widerstand, obwohl uns Physiker sagen, dass sie 99,9 % aus leerem Raum besteht. Die Bausteine der Materie, die Atome bestehen nämlich aus einem winzigen Kern, der die ganze Masse enthält und einer fast leeren Hülle aus negativ geladenen Elektronen. Wäre ein Atom so groß wie ein Sportstadion – so das anschauliche Bild des Atomphysikers Rolf Landua am CERN – würde der Atomkern einer Erbse in der Mitte des Rasens entsprechen.

4 Der Krebs ist zusätzlich, »zuviel«, überschüssiges und überflüssiges Wachstum in unserem Körper. Da mag es paradox klingen, wenn der Arzt nachfragt, was uns fehlt. Aber in einem tieferen Sinn fehlt uns etwas zur Gesundheit, auch wenn wir eine Krankheit als Gesundheit plus Symptome wahrnehmen, die wieder verschwinden sollen.

S. 253). Schon die Sprache »weiß« also, dass wir gesund sein müssen, um das heutige Tempo durchhalten zu können. Für Kranksein, vielleicht sogar für ruhiges Sterben fehlt uns eigentlich die Zeit.[5]

Einerseits beobachten wir in unserer Gesellschaft einen exzessiven Körperkult, andererseits nehmen viele Menschen in gesunden Tagen ihren Körper kaum wahr, er wirkt im Hintergrund, geradezu unaufdringlich, fast diskret – und vor allem zuverlässig. Solange der Körper sich so verhält, stört es uns nicht, dass er autonom arbeitet, ja genau das erscheint vielen Menschen als Selbstverständlichkeit. Als der seit Jahrzehnten an Parkinson leidende US-Filmschauspieler Michael J. Fox im Februar 2011 die Goldene Kamera erhielt, stellte er in seinen Dankesworten genau diese Selbstverständlichkeit in Frage und betonte: »Ich nehme nichts mehr als selbstverständlich hin. Nichts ist sicher, nichts ist von Dauer. Auch wenn es bei dir großartig läuft, musst du bescheiden bleiben« (Bachér 2011, S. 73). Auch die Sprache »weiß« von dieser schmerzlichen Tatsache. So heißt »krank« im hebräischen »chole« (Weinreb 1987, S. 9, Weinreb 1999) und dieser von »chol« abgeleitete Begriff bedeutet »allgemein«, »gewöhnlich« und »üblich«. Kranksein ist somit alltäglich und normal, Gesundheit ist eigentlich die Ausnahme und nicht so selbstverständlich, wie wir es gerne hätten.

Solange wir körperlich gesund sind, hören wir manchmal, dass Geist und Seele das wichtigste seien. Aber ohne Körper sind diese beiden nichts. Unser Körper ist das Fundament, ohne das wir weder fühlen, denken noch lachen können. Wir sind Körper, gleichzeitig empfinden wir den Körper als Heimat, Herberge oder Gefäß für Seele und Geist. Sobald dieses Körper-Gefäß zerbricht, stirbt nicht nur der Körper, sondern unser geistiges und seelisches Leben, wie wir es kennen. Voneinander getrennt können Seele, Geist und Körper in diesem Leben nicht existieren. Selbst wenn wir die drei getrennt betrachten,[6] bilden sie zumindest eine enge Schicksalsgemeinschaft, vielleicht sind sie auf geheimnisvolle Art und Weise sogar eine Einheit, also ein unteilbares Ganzes. Davon gehen die beiden Neuropsychologen Mark Solms und Oliver Turnbull (Solms und Turnbull 2004, S. 60 ff.) aus. Sie vertreten den sogenannten Doppelaspekt-Monismus[7], der postuliert: Wir bestehen aus einem einzigen »Stoff«, den wir auf zwei unterschiedliche Weisen wahrnehmen. Das würde bedeuten, dass wir unserem Wesen nach weder geistig noch körperlich sind. Ihrer Ansicht

---

5 Auch das dreitägige Aufbahren einer Leiche, um Abschied zu nehmen, ist nicht mehr üblich. Sicher schonen wir uns dadurch vor einer Auseinandersetzung mit dem Tod, sei es dem Anblick, dem Geruch, dadurch ausgelösten Gefühlen und Gedanken, aber wir sparen eben auch Zeit.
6 Wir haben Spezialdisziplinen zur getrennten Erforschung und Behandlung von Körper, Geist und Seele.
7 Die verschiedenen Theorien können wir kategorisieren: Materialisten meinen, alles ist auf Materie reduzierbar. Idealisten gehen davon aus, dass nur der Geist existiert. Der Monismus sagt: Geist und Materie sind in Wirklichkeit auf ein und dasselbe reduzierbar. Das heißt, der scheinbare Unterschied zwischen Geist und Materie löst sich in ein gemeinsames Etwas auf. Im Dualismus ist das anders: Wir bestehen aus zwei unterschiedlichen Stoffen, nämlich Materie und Geist, und sie können nicht aufeinander reduziert werden.

nach ist das Gehirn aus etwas gemacht, das von außen als Gegenstand betrachtet körperlich zu sein scheint und von innen subjektiv betrachtet als mental erscheint. Wenn wir uns äußerlich im Spiegel und innerlich durch Introspektion wahrnehmen, nehmen wir ein und dieselbe Entität auf zwei unterschiedliche Weisen wahr: als Körper und als psychisches Wesen. Der Unterschied zwischen Körper und Seele, Geist wäre in diesem Leib-Seele-Modell ein reines Wahrnehmungsartefakt. Aber aus welchem »Stoff« wir dann gemacht wären, können wir niemals wahrnehmen.[8] Wir sind prinzipiell nicht in der Lage, die zwei Seiten ein- und derselben Identität ganzheitlich zu erfassen.[9] Diese neurowissenschaftliche These eines einzigen grundlegenden Stoffs entspricht dem, was C. G. Jung und Marie-Louise von Franz (von Franz 1980) »unus mundus« – die hinter dem Dualismus liegende geheimnisvolle Einheitswirklichkeit – genannt haben.

Die meisten Neurowissenschaftler teilen die Vorstellung von Solms und Turnbull nicht, sondern vertreten eine materialistisch-monistische Position: Sie nehmen an, dass geistiges Leben das Stoffwechselprodukt einer gewaltigen Ansammlung von Neuronen ist. Leiden, Gefühle, Bewusstsein oder eigene Identität: Bei all dem handelt es sich in diesem Modell um das Verhalten der Nervenzellen. Andere Wissenschaftler wiederum bevorzugen eine Dualismus- Theorie. Sie vermuten, dass wir aus zwei unterschiedlichen Stoffen, nämlich Materie und Geist bestehen, die nicht aufeinander reduziert werden können aber in enger Beziehung stehen. Eine Variante dieser Dualismus-Theorie geht von einem psychophysischen Parallelismus aus, bei dem zwischen mentalen und physischen Vorgängen kein kausaler Zusammenhang besteht, sondern lediglich ein gemeinsames, also zeitgleiches Auftreten. Kenner der Jung'schen Psychologie werden hinter dieser Hypothese unschwer das Phänomen der Synchronizität erkennen, mit dem Jung ein zeitgleiches und sinnvolles Zusammentreffen eines psychischen Phänomens mit einem materiell konkreten Ereignis beschreibt.

Solms und Turnbull sind der Meinung, dass die Beschaffenheit der Beziehung zwischen Geist, Seele und Gehirn wissenschaftlich nicht nachgewiesen werden kann. Der Vorgang, bei dem Materie zu Geist und Seele wird – das uralte Leib-Seele-Problem – wäre demnach der heutigen Wissenschaft nicht zugänglich, sondern bliebe ein Geheimnis. Alles, was sich aber der gegenwärtigen Erkenntnis entzieht und geheimnisvoll ist, kann nur in einem Symbol erfasst werden. Solange eine wissenschaftliche Hypothese einen noch unbekannten Tatbestand formuliert, ist auch sie ein Symbol. Ein Symbol ist nämlich die bestmögliche Bezeichnung für eine relativ unbekannte Sache (Jung 1994,

---

8 Neurobiologen haben aufgrund der Frage nach der Beziehung zwischen Körper, Geist und Seele mittlerweile Gehirnregionen identifiziert, die mit verschiedenen Wahrnehmungen, Gefühlen, Denken und Bewusstseinsphänomenen korrelieren. Doch die Topik erklärt noch nicht, wie Geist, Bewusstsein und Seele aus der Materie hervorgehen. Wie der Sprung vom körperlichen Substrat zu Geist und Seele geschieht, wissen wir bis heute nicht.

9 Das ist nicht ungewöhnlich: Niemand zweifelt an der Existenz der Quarks oder der Schwerkraft, obwohl wir sie selbst nicht wahrnehmen, sondern lediglich ihre Auswirkungen beobachten können.

§ 819 f.). Unaussprechliches, Unfassbares, Unanschauliches: Alles nicht klar Gewusste, nur Erahnte wird im Symbol dargestellt. Solange ein Symbol uns anspricht, also emotional berührt, hat es eine belebende, häufig auch heilsame Wirkung, weil es uns einen Sinn erschließt, in dem wir uns geborgen fühlen.[10]

Die uns jeweils am plausibelsten erscheinende Leib-Seele-Hypothese vermag uns nicht nur durchs Leben zu tragen, sondern sie beeinflusst – mehr oder weniger bewusst – unser Menschen- und Weltbild. Wer Geist und Seele als direkte Auswirkung des Körpers betrachtet, wird schlussfolgern, dass mit dem körperlichen Tod alles aus ist. Und seelische Krankheiten sind dann primär oder sogar ausschließlich als Stoffwechselstörungen des Körpers zu behandeln. Wer Körper, Geist und Seele als nebeneinander existierende Phänomene oder als Ausdruck einem geheimnisvollen »Urstoffs« wähnt, wird nicht nur die Frage nach dem Schicksal der Seele nach dem Tod stellen, sondern psychosomatische Konzepte ohne Berücksichtigung seelischer und unbewusster Phänomene verwerfen.

Wenn es stimmt – und es spricht einiges dafür – dass wir die unterschiedlichen Leib-Seele-Modelle »nur« glauben können, dann wird klar, wie schwer ein Dialog oder ein gegenseitiges Verständnis zwischen Menschen unterschiedlicher Auffassung sein kann. Leicht kann es zu wechselseitigen Irritationen, Vorwürfen, Rechthaberei oder Schuldzuweisungen kommen. Aber es braucht nicht den Appell, gefälligst an die »richtige« Theorie zu glauben, sondern die Möglichkeit, sich und dem anderen einen Raum für die eigenen Erfahrungen zu geben.[11]

Spätestens wenn wir oder uns nahestehende Menschen schwer erkranken, sind wir mit unseren persönlichen Leib-Seele-Modellen konfrontiert: Eine Frau, ich nenne sie Marion, wusste, dass sie nicht mehr lange zu leben haben würde. Mit dem Tod war für sie alles zu Ende. Marion war sich sicher, wenn der Körper stirbt, ist alles aus.[12] Sie beschrieb das Lebensende als eine Wand, hinter der sich ein dunkles Nichts oder eine unbeschreibliche Leere ausbreitete. Das machte ihr Angst, gleichzeitig spürte sie Bitterkeit über ihr zu kurzes Leben, aber auch Hass, Zorn und Neid auf die Gesunden, die länger leben würden als sie. Als Marion kurz vor ihrem Tod erneut ins Krankenhaus eingeliefert wurde, teilte sie ihr Zimmer mit einer alten Frau, die das Bett nicht mehr verlassen konnte und von ihrem Ehemann besucht wurde. Mit großer Geduld las er ihr den ganzen Nachmittag Geschichten vor. Marion fühlte sich dadurch zunehmend genervt und gereizt. Als der Ehemann am Abend gemeinsam mit seiner Frau betete, erlebte sich Marion plötzlich wie in einem Traumzustand, dabei ergriffen und getragen von einem Glück, das sie mit Worten nicht beschreiben konnte. Ganz unerwartet kehrte in ihr eine innere Ruhe ein, wie sie es noch nie erlebt hatte. Diese Erfahrung schenkte Marion in ihren letzten Lebenswochen

---

[10] Meines Erachtens lebt kein Mensch ohne Symbole. Das muss ihm aber nicht bewusst sein. Ohne Symbole wäre ein Mensch verloren, das Leben wäre grausam leer.
[11] Wenn unsere Weltbilder und Krankheitsmodelle übereinstimmen, werden wir uns in einem gemeinsamen Gefäß getragen und geborgen und gleichzeitig nah und vertraut fühlen.
[12] Sie war somit von der materialistisch-monistischen Hypothese überzeugt.

Halt und Geborgenheit.[13] Marion hätte gerne weitergelebt, aber es war ihr nicht vergönnt.

Einen zu frühen Tod fürchtete auch Erika, als sie von ihren Ärzten erfuhr, dass ihre Überlebenschance nach einer Operation höchstens fünf Prozent betrage. Sie spürte Angst und Verzweiflung. Dabei kam ihr das Grimm'sche Märchen vom Gevatter Tod in den Sinn, das von der Überlistung des Todes erzählt. Das Bild des erbosten Todes, der nicht zu seinem Recht kommt, dem im Märchen zwei Sterbenskranke nicht ins Netz gehen, weil ihn der Arzt überlistet, war ihr aus unerfindlichen Gründen eingefallen. Sie hielt sich an diesem Märchenbild fest und schwor, der medizinischen Statistik ein Schnippchen zu schlagen, um steinalt zu werden. Und tatsächlich hat sie die Behandlung mehrere Jahrzehnte überlebt. Sie hatte sich allen rationalen Argumenten zur Prognose widersetzt, nachdem ihr ein sogenanntes archetypisches Märchenbild in den Sinn gekommen war. Mit Archetypen hat C. G. Jung die kollektiven, über die ganze Welt verbreiteten Bilder bezeichnet, die den geistigen Erfahrungsschatz der Menschheit umfassen. Die Archetypen werden von Jung als Inhalte des kollektiven Unbewussten verstanden, jener seelischen Tiefschicht, die im Laufe der Menschheitsentwicklung entstanden ist und in allen Menschen wirkt und diese auch verbindet. Dabei ergänzt das kollektive Unbewusste unser persönliches Unbewusstes, welches die in Vergessenheit geratenen und verdrängten emotionalen Erfahrungen unserer Kindheit und unseres individuellen Lebens enthält. Archetypen finden wir in religiösen Bildern und Texten, in Märchen und Mythen und in jedem numinosen Erlebnis. In jedem tief ergriffenen Menschen, bei jeder Faszination und großen Erschütterung ist ein Archetyp gegenwärtig. Beide Frauen, Marion und Erika, haben Archetypisches erfahren, sie wurden davon berührt, beeinflusst und getragen – jede auf ihre ganz eigene Art.

Bisher habe ich die beiden Begriffe Körper und Leib – wobei »Leib« auf manche Menschen leicht angestaubt wirkt[14] – benutzt, ohne eventuell vorhandene Bedeutungsunterschiede zu hinterfragen. Das möchte ich nun nachholen. Der Begriff Körper stammt aus dem lateinischen »corpus« (Kluge 1975, S. 395 und 432) und daraus haben sich die Begriffe Leiche und Leichnam entwickelt. Körper, Sterblichkeit, Tod und Verwesung hängen somit aufs Engste zusammen. Leib (Kluge 1975, S. 429, 423, und Röhrich 1991, S. 948), mittelhochdeutsch »lip«, bedeutet dagegen »Leben«. Das zeigt sich noch in der Redewendung »beileibe nicht«, die eigentlich meint: »Beim Leben nicht«. Auch der Begriff Leber gehört zu Leib und Leben, im Altertum galt die Leber als Sitz der Lebenssäfte. Doch was ist nun der Unterschied zwischen Körper und Leib? Ist

---

13 Hier ging es nicht um Deutung oder Erklärung, sondern um das Erlebnis und der sorgfältigen Beachtung dieser inneren Wahrnehmung – der »religio« im eigentlichen Sinn.
14 Zudem taucht der Begriff in den Medien kaum noch auf. Das könnte darauf hinweisen, dass wir die Begriffsbedeutung, die ich im folgenden herauszuarbeiten versuche, die heutigen Menschen nicht mehr überzeugt. Sie könnte zunehmend überholt oder unglaubwürdig sein.

der Leib etwa der beseelte Körper? Für den jüdischen Gelehrten Friedrich Weinreb (Weinreb 1987, S. 12 und S. 20) besteht der Leib aus den gleichen Organen, Gliedern und Funktionen wie der Körper. Aber der Leib enthält die Gewissheit, dass, was immer auch mit dem Körper geschieht, etwas bestehen bleibt. Der Leib weist darauf hin, dass etwas immer war, immer ist und immer sein wird. Er reicht somit über das irdische Leben hinaus, in die Ewigkeit. Er durchbricht die Begrenztheit des Körpers und fordert auf, uns als ewiges Wesen zu erkennen. Der Körper wäre demnach der Leib in seinem zeitlichen Aspekt, und der Leib in seiner konkreten Erscheinung. Der Körper wäre zudem im Leib[15] enthalten, in ihm geborgen. Menschen können in Beziehung mit ihrem Körper und ihrem Leib leben, oder von ihnen abgeschnitten sein. Dieser Ewigkeitsaspekt des Leibes, den Friedrich Weinreb postuliert, hat sich auch in der Sprache niedergeschlagen: das Wort »Leib« hängt eng zusammen mit den Begriffen »bleiben«, »währen« und »beharren«, die ein fortdauerndes, zum Leib gehörendes Leben andeuten.

Nun werden Kritiker sagen, das kann man glauben oder nicht. Dem ist so. Es gibt aber durchaus Erfahrungen, die diese Leib-Vorstellungen stützen. So hat Marie-Louise von Franz (von Franz 1984, S. 9 ff.) Träume gesammelt, die das Thema des körperlichen Lebensendes und die explizite Fortsetzung des Lebens nach dem Tode andeuten. Das Unbewusste scheint an ein Leben nach dem Tode zu glauben. Skeptiker werden auch hier einwenden, es handle sich nur um Wunschträume. Träume sind nach Erfahrung vieler Analytiker jedoch meistens ein objektives, von Ich-Wünschen unbeeinflusstes seelisches Naturereignis. Und die manchmal brutalen, ja mitleidslosen Bilder, mit denen das Ende des körperlichen Lebens angesprochen wird, widersprechen der These des nur Wunsch erfüllenden Charakters. Drastische Bilder wie: die eigene Uhr bleibt stehen, der Blitz schlägt in einen Baum, ein Weizenfeld wird von Wildschweinen zertrampelt, werden häufig als Ankündigung des körperlichen Todes verstanden.

Als sich ein Mann mit seinem bevorstehenden Tod auseinandersetzte, nahm er in einem Traum (von Franz 1984, S. 54) bei seinem Spaziergang durch den winterlichen Wald das Stöhnen von Motorsägen und das Krachen fallender Bäume wahr. Plötzlich befand sich der Träumer wieder in einem Wald, allerdings auf einer höheren Ebene. Dort traf er auf seinen bereits verstorbenen Vater, der ihm vorschlug, sich nicht mehr um das Fällen der Bäume unten zu kümmern, da beide nun in einen anderen Wald waren. In diesem Traum scheint der Tod ein Holzfäller zu sein und das ähnelt mittelalterlichen Bildern, in denen der Tod als Schnitter mit Sense dargestellt wird. Im Tod wird vegetatives Leben – Symbol des sterblichen Körpers – abgeschnitten. Allerdings gibt es auf einer höheren Ebene wieder einen Wald und das könnte nicht nur auf die Unsterblichkeit der Seele, sondern auch auf die christliche Vorstellung der Auferstehung des Körpers hinweisen. Solche Bilder können Schwerkranken

---

15 Der Leib könnte auf den »unus mundus« weisen oder sogar eine Bezeichnung für ihn sein.

Trost schenken, was eine junge Frau, kurz vor ihrem Tod, bestätigte. Sie träumte:
»Ich gehe in meinen Garten. Es ist kalt und neblig. Ich erschrecke, alle Pflanzen sind abgefressen und ich sehe die nackte Erde. Plötzlich sagt eine Stimme: Bedenke, unter der Erde sind die Lilienzwiebeln, sie sind nicht beschädigt.«

Trotz der oberirdischen Zerstörung ihrer Pflanzen garantieren die nicht sichtbaren Zwiebeln, dass zur gegebenen Zeit das Leben wieder sprießen wird.

Bereits die Alchemisten, die Natur, Stoff und Seele erforschten, haben sich mit der Bedeutung des Körpers auseinandergesetzt. Sie nahmen an, dass im Körper eine schwer erreichbare Kostbarkeit und das Geheimnis der Unsterblichkeit verborgen liege. In der alchemistischen Tradition, die weit zurück ins alte Ägypten reicht, versuchten die Adepten – was ihrer Überzeugung nach nur durch die Gnade Gottes gelingen konnte – einen eigenen Auferstehungsleib schon zu Lebzeiten herzustellen. Ähnlich beabsichtigen östliche Meditations-Methoden bereits während des Lebens einen »Diamantleib« herzustellen, also etwas Unzerstörbares zu kristallisieren.[16]

Während die Alchemisten nach der Erfahrung von Unsterblichkeit im alltäglichen, diesseitigen Leben suchten, waren sie von der Beseeltheit des Körpers überzeugt. Und der Alchemist Zosimos von Panopolis erklärte, dass Gott in die dunkle Materie hinabgestürzt oder hinabgestiegen sei und der Mensch dieses Göttliche wieder befreien oder erlösen müsse (Jung 1990a, § 350 ff.). Auch der Kirchenvater Basilides hat vermutet, dass im Körper ein Drittel des geoffenbarten Gottes beherbergt sei, was nichts anderes bedeutet, dass dem Körper erhebliche Heiligkeit zukommen würde (Jung 1992b, § 120).[17] Nun wird der tiefste Punkt der Wirbelsäule, das Kreuzbein, als Os sacrale bezeichnet, was »heiliger Knochen«[18] bedeutet. Sollte dieser Ort mit dem göttlichen Geheimnis verbunden sein, dann wäre das Heilige nicht in der lichten Höhe, etwa dem Kopf, bei Vernunft und Verstand, sondern nah bei den dunkelsten, autonomen körperlichen Prozessen – etwa den Ausscheidungsvorgängen und Sexualität – zu suchen.

Interessanterweise bedeutet das Wort Leib von seiner indogermanischen Wurzel her »Schlamm« bzw. »feuchte Erdmasse« und ist verwandt mit dem Be-

---

16 Die Vorstellung von einer unzerstörbaren Substanz wird manchmal in Träumen angedeutet. M.-L. von Franz hat in »Traum und Tod«, S. 110, einen solchen Traum eines 52-jährigen Mannes vorgestellt: »Ich sehe einen grünen Wald in vollem Laub, noch gar nicht herbstlich. Ein Waldbrand rast und zerstört ihn vollständig. Nachher gehe ich über das verbrannte Gelände. Alles ist schwarz, verkohlt, in Asche. Aber in der Mitte ist ein großer, runder Sandstein, der keine Brandspuren aufweist. Ich denke: den hat das Feuer nicht einmal berührt und nicht einmal geschwärzt. Ich spüre darüber große Freude.« Dieser Traum spricht davon, dass zwar vor dem Herbst des Lebens der Tod kommt, aber auch etwas Unzerstörbares im Zentrum ruht. Dieses Etwas ist fest, gleichzeitig weich (Sandstein).

17 Vor diesem Hintergrund fällt auf den heutigen Körperkult ein anderes Licht: suchen die Menschen damit ohne es zu ahnen, also unbewusst, nach diesem verborgenen Göttlichen? Das religiöse Wort »Kult« wäre der erste Hinweis, dass dem so sein könnte.

18 Dieser »heilige Knochen« ist in der deutschen Sprache als Kreuzbein ebenfalls mit einem bedeutenden religiösen Symbol, dem Kreuz, verknüpft.

griff »Schleim«. Ganz ähnlich stehen in östlichen Lehren (von Franz 1984, S. 58) die Wurzeln einer Lotospflanze für den menschlichen Leib, die Lotosblüte dagegen für den menschlichen Geist. Wurzeln wachsen versteckt im Schlamm, und sind uns nicht direkt zugänglich: Wenn wir dieses Bild für den Leib nehmen, könnten wir ihn und sein Geheimnis nicht sehen. Diese Metapher mag uns überraschen, denn den Körper können wir ja sehr wohl betrachten, wohl aber nicht den Leib.

Auch Jung war überzeugt, dass der Körper Ursprung und Heimat der Symbole und Archetypen ist. Speziell die Symbole des Selbst[19], die sich durch ihre Numinosität auszeichnen und in Jungs Verständnis vom Gottesbild nicht zu unterscheiden sind, wurzeln seiner Ansicht nach auf geheimnisvolle Art und Weise in der Dunkelheit der Materie und können sich körperlich und geistig manifestieren (Jung 1992a, § 291 und 259 ff.).

Was könnten all diese Vorstellungen für schwerkranke Menschen, behandelnde Ärzte, Therapeuten oder Angehörige bedeuten? Bewusste und unbewusste Phantasien, auftauchende Symbole und Bilder können richtungweisend für den weiteren Weg sein, manchmal Entscheidungshilfen geben oder sogar Prognosen andeuten, wie wir es im Beispiel von Erika gesehen haben. Archetypische, also seit Äonen geltende Bilder, sind ein Gefäß, in dem sich Heilung, Sinn, aber auch Trost und Abschied entfalten können – falls wir sie beachten und eine Beziehung zu ihnen wagen.

Am Beispiel der Krankheit Krebs möchte ich die Bedeutung einiger symbolischer Bilder diskutieren. In einer medizin-psychologischen Studie (1982–1986) an der Psychosomatischen Universitätsklinik Heidelberg untersuchte unsere Arbeitsgruppe unter Leitung von Professor Verres (Verres 1986) Laienvorstellungen über Krebs. In ausführlichen Gesprächen mit nicht an Krebs erkrankten Menschen versuchten wir einen Zugang zu den persönlichen Gedanken und emotionalen Reaktionen von Laien zu bekommen, die Hinweise auf ein Image von Krebspatienten geben und deren eventuelle Stigmatisierung. Unter anderem haben wir gefragt, wie man einem Kind erklären könne, was Krebs sei. Oft wurde die Krankheit als Tier beschrieben, das an dem Kranken frisst, nagt und ihn schließlich zerfleischt. Eine 69-jährige Frau wählte das Bild: »Ein ganz großes, ekelhaftes Viech, das dich krallt«, und eine 34-jährige Frau meinte: »Vielleicht sind es Krabbeltiere, die unsere Organe befallen, auffressen und zerfallen lassen.« Solche Vorstellungen sind nicht lediglich volkstümlich, gibt doch das Oxford English Dictionary als Definition von Krebs an: »Alles, was langsam und insgeheim nagt, aushöhlt, verdirbt oder auszehrt.« Assoziative Verbindungen zwischen der Krebskrankheit und Tieren verwundern nicht, denn der

---

19 Mit dem Begriff »Selbst« beschreibt Jung die Einheit und Ganzheit der Persönlichkeit, somit die Summe aller psychischen Phänomene im Menschen. Das umfasst Erfahrbares, Unerfahrbares, aber auch noch nicht Erfahrenes. Das Selbst ist ein unanschauliches Postulat, weil es nur zum Teil beschrieben werden kann und immer ein Stück weit unerkennbar und unbegrenzt bleibt. Als Ganzheit umfasst es bewusste und unbewusste Aspekte. Seine Symbole wie Mandala, Kreuz, aber auch »übergeordnete Persönlichkeit« besitzen oft eine bedeutende Numinosität und sind vom Gottesbild praktisch nicht zu unterscheiden.

Name »Krebs« (Karzinom) soll von Hippokrates etwa 460 Jahre vor Christus geprägt worden sein.[20] Die erweiterten Gefäße eines Brustkrebses sollen ihn an die Füße des Einsiedlerkrebses erinnert haben. In früheren, vorwissenschaftlichen Zeiten hatte der Krebs (Jung 1992a § 604f.) als Tierkreiszeichen die Bedeutung der Auferstehung, da er die Schale wechselte. Dabei hatten die Alten den Einsiedlerkrebs im Auge, der in seiner Schale geborgen und unangreifbar lebt. Wegen seiner charakteristischen Rückwärtsbewegungen galt der Krebs in der Antike als Unglückstier und wurde auf antiken Münzen und Tonschalen mit dem Antlitz der vorolympischen Göttin Gorgo abgebildet. Karkinos heißt der Krebs, der den griechischen Helden Herakles im Kampf mit der lernäischen Schlange in den Fuß biss und zu behindern suchte. Zum Dank für diese Tat setzte ihn die Göttin Hera an den Sternenhimmel. Krebs ist seither das Sternenbild, in welchem in unseren Breiten die Sonne nach der Sommersonnenwende ihren Rückzug antrat, und die Tage wieder kürzer werden.

Vier Bilder (Daniel 2000, S. 52ff.) will ich aufgreifen: die Behinderung des Helden Herakles durch den Einsiedlerkrebs, die Verbindung von Gorgo und Krebs, seine Unangreifbarkeit hinter der harten Schale und der Schalenwechsel mit der Bedeutung der Auferstehung.

1. Wenn der griechische Mythos erzählt, dass der Krebs den äußerst starken, siegverwöhnten Helden Herakles am Fuß packt und zurückhalten will, dann erfahren wir, wie der Krebs Erfolg oder Kraft schwächen will oder bedroht. Krebs ist dann eine Krankheit, die den Betroffenen in seinem bisherigen Expansionsdrang, Vorwärtsstreben und Drängen einschränkt, unter Umständen sogar zwingt, den »Rückwärtsgang« einzulegen. Das bestätigen Erkrankte: Sie müssen sich zumindest zeitweise schonen, beschränken und aus äußeren Aktivitäten zurückziehen. Höchstleistungen sind nicht möglich, manchmal ist der Zenit des äußeren Erfolges für immer überschritten, und der bisherige Platz in unserer Leistungsgesellschaft in Frage gestellt.
2. Mit was werden wir konfrontiert, wenn die griechische Göttin Gorgo das Gesicht des Krebses ist? Wir sehen eine schreckliche Göttin mit Haaren aus Schlangen. Sobald wir wagen, sie anzuschauen, werden wir versteinert. Dieses Bild entspricht der unmittelbaren Empfindung von Betroffenen oder Angehörigen: die Diagnose kann uns innerlich versteinern. Wir frieren, fühlen uns eiskalt, erstarren oder wollen nicht konfrontiert werden, sondern wegsehen. Angesichts der Gorgo sind solche inneren Erlebnisse »richtig« und so wie der griechische Held Perseus die Gorgo nur besiegen konnte, indem er sie im Spiegel, also indirekt anschaute, so kann es richtig sein, sich ganz behutsam und achtsam und mit dem »Schock« der Krankheit auseinanderzusetzen.
3. Die harte Schale des Einsiedlerkrebses schützt das Tier gegen äußere Angriffe; er kann nicht leicht bezwungen werden. Finden wir in diesem »Bild«

---

20 Auch die vielen Tierträume, die ich in meiner Praxis von Krebskranken erzählt bekam, möchte in diesen Kontext erwähnen.

nicht eine gewisse Analogie zur Krebskrankheit? Ärzte bemühen sich intensiv um Lebensverlängerung und Heilung, sie kämpfen dafür und wollen den Krebs besiegen. Aber trotz wirksamer Behandlungsmethoden, wie Operation, Chemotherapie und Bestrahlung sterben noch immer viele krebskranke Menschen. Steht die Schale des Krebstieres als Symbol für den Widerstand und die Hartnäckigkeit, mit der sich die Krebskrankheit den ärztlichen Bemühungen widersetzen kann? Wenn Ärzte angesichts einer Krebskrankheit an die Grenze ihrer Kunst kommen, können Gefühle von Ohnmacht oder Hilflosigkeit auftreten. Diese können von Wut und Aggressionen, aber auch Trauer begleitet sein – Gefühle, die auch Betroffene und Angehörige erleben, wenn der Behandlungserfolg ausbleibt und niemand mehr weiter weiß.

4. Bisher habe ich in Zusammenhang mit der Tiersymbolik auf schwierige und düstere Aspekte der Krankheit Krebs hingewiesen. Die Fähigkeit des Einsiedlerkrebses, seine Schalen zu wechseln und das damit aus Sicht der früheren Gelehrten verbundene Auferstehungsgeschehen ist nun ein hoffnungsfrohes Bild. Das Tier wirft immer dann seine Schalen ab, wenn sie ihm im Laufe seines Heranwachsens beengen und begrenzen. Der Schalenwechsel dient der Entwicklung und Reifung. Das alte Gehäuse muss jedoch zuerst zerbrechen, bevor es erneuert werden kann. Erst wenn das »alte« Leben beendet ist, kann neues entstehen, also »auferstehen«. Diese Neuwerdung verlangt ein Opfer, nämlich die alte Schale. Sie muss aufgegeben werden und dabei kommt es zu einem gefährlichen Übergang, einer Zeit, in der das neue Gehäuse noch nicht da ist und schützen kann. Wenn wir die Bildsymbolik übersetzen, könnte das heißen: Die existentielle Bedrohung durch die Krankheit kann den Betroffenen zwingen oder ermutigen, bisherige Lebensgewohnheiten und -muster radikal zu ändern, also die »alte Schale« abzulegen. Welche »Opfer« könnten in diesem Zusammenhang gemeint sein? Ist es gelegentlich notwendig, eine all zu heldenhafte Haltung zu opfern, also etwas loszulassen? Will das Anti-Heldenhafte manchmal berücksichtigt werden und mit leben? Ich denke hier auch an Menschen, die allzu tapfer zu große Lasten tragen, und gewohnt sind, durchzuhalten, koste es was es wolle. Solches Heldentum muss manchmal geopfert werden. Nach dem Opfer braucht es eine Neuorientierung, das wäre die neue Schale, die eine anders geartete Geborgenheit geben kann. Zwischendrin liegt eine schwierige, manchmal chaotische und gefährliche Zeit der Umorientierung. Dieses Bild wird realisiert, wenn Menschen eine schwere Krankheit als Chance, ja sogar als Notwendigkeit begreifen, die sie zu einem notwendigen Kurswechsel veranlasst.

Jung selbst erlebte ähnlich Tiefgreifendes, als er zu Beginn des Jahres 1944 einen Herzinfarkt erlitt (Jaffé 1979, S. 293 ff.).[21] Dem Tode nah, erlebte er ekstatische Träume mit eindrucksvollen Bildern. So schien es ihm, als schwebte er

---

21 Ich nenne das Beispiel Jungs, weil er öffentlich darüber geredet hat. Ich kenne Menschen, die kurz vor ihrem Tod wohl Ähnliches erlebt haben, aber über den Inhalt ihrer Erlebnisse nichts sagen wollten. Sie haben meines Erachtens eine natürliche, gesunde Scheu, über diese geheimnisvollen letzten Dinge zu sprechen. Für die Umge-

hoch oben im Weltall und von dort fiel sein Blick auf die Erdkugel, die in einem herrlich blauen Licht aufleuchtete. Beim Umschauen sah er das Meer, Indien, Teile Arabiens, die Berge des Himalaya und schließlich neben ihm einen riesigen, dunklen Stein. In diesem Fels befand sich ein Tempel. Als sich Jung den Stufen zum Eingang des Felsens näherte, geschah ihm etwas Merkwürdiges:

> »Ich hatte das Gefühl, als ob alles Bisherige von mir abgestreift würde. Alles was ich meinte, was ich wünschte oder dachte, die ganze Phantasmagorie irdischen Daseins fiel von mit ab, oder wurde mir geraubt – ein äußerst schmerzlicher Prozeß. Aber etwas blieb; denn es war, als ob ich alles, was ich je gelebt oder getan hätte, alles, was um mich geschehen war, nun bei mir hätte ... Ich bestand aus meiner Geschichte und hatte durchaus das Gefühl, das bin nun ich. Ich bin dieses Bündel von Vollbrachtem und Gewesenem. Dieses Erlebnis brachte mir das Gefühl äußerster Armut, aber zugleich großer Befriedigung Es gab nichts mehr, das ich verlangte oder wünschte; sondern ich bestand sozusagen objektiv: ich war das, was ich gelebt hatte. Zuerst herrschte zwar das Gefühl der Vernichtung, des Beraubtseins oder Geplündertseins vor, aber plötzlich wurde auch das hinfällig« (Jaffé 1979, S. 294).

Während sich Jung dem Tempel näherte, spürte er die Gewissheit, zu erfahren, woher er gekommen, und wohin sein Leben fließen würde und somit Antworten auf das Vorher und Nachher des Lebens zu erhalten. Als Jung in der Vorhalle zum Tempel war, ereilte ihn jedoch eine Botschaft von unten, von der Erde, dass er zurückkehren müsse, und der Traum brach ab. Es dauerte noch etwa drei Wochen, bis Jung sozusagen über dem Berg war. In dieser Zeit hatte er weitere eindrucksvolle Träume, unter anderem sah er sich in einem Granatapfelgarten, in dem er Hochzeit feierte. Er formulierte: »Ich war die Hochzeit.« Das Hochzeitsmotiv finden wir nicht nur in Träumen von Sterbenden, sondern auch im alten Brauch, einem Verstorbenen seinen Hochzeitsanzug anzulegen.

Der Psychiater Alfred Ziegler (Ziegler 1979, S. 41 f.) hat einmal provozierend davon gesprochen, dass wir das Ungeheuerliche jeder schlimmen Krankheit bereits im Leben heiraten müssen, in einer Art »Todeshochzeit«. Er meinte damit ein unbedingtes Einlassen auf das Monstrum Krankheit, anstatt sie als Fremdkörper zu bekämpfen. Dadurch könne es – so Ziegler – obwohl es bizarr klingen mag, zu einem Gefühl der Weite und Ewigkeit kommen. Das eigene Leben wird erst unverwechselbar durch seine besondere Begrenzung, in der sich eigenartigerweise ein intensives Freiheitsgefühl einstellen kann. Ein solches Einlassen, bedeutet gleichzeitig auch ein Loslassen.[22]

---

bung ist auch ohne Worte spürbar, dass etwas ganz Wesentliches erfahrbar wurde. Das will nicht zerredet werden.

22 Laut Alfred Ziegler kann das Spüren der persönlichen Eigenart nicht nur ein unantastbare Sicherheit verleihen, sondern merkwürdigerweise auch das körperliche Kranksein verändern. Das, was sich materialisiert hat, kann wieder ins Geistige verwandelt, quasi resublimiert werden. Das knüpft an alchemistische Vorstellungen an. Die Alchemisten beschrieben ihr Werk als einen Kreislauf, welcher aus Materie hervorgehe und wieder zu ihr zurückführe nach dem Prinzip: »solve et coagula«: mache das Feste flüchtig und das Flüchtige fest. In diesem Prozess waren Meditation und Imagination sehr wichtig. Diese Phantasievorgänge wurden nicht als etwas Substanzloses, sondern als etwas Leibhaftes und Körperliches erlebt. Das ist uns nicht

Nach der schweren Erkrankung erlebte auch Jung in seinem Schaffen eine solche, neue Art der Freiheit. Er sprach davon, dass er erstmals dem Strom der in ihm fließenden Gedanken vertrauen konnte und nicht mehr seine eigene Meinung durchsetzen musste. Er war fähig sich hinzugeben, seit er in seinen Träumen einen Blick auf die letzten Dinge werfen durfte. Die Traumerlebnisse, so Jung »gaben ihm den Mut zu neuen Formulierungen«. Erst nach der schweren Krankheit entstanden viele seiner Hauptwerke, so auch »Antwort auf Hiob«. Und wie Jung später sagte, ergab sich durch seine schwere Krankheit ein »Ja-Sagen« zum Sein, ein »unbedingtes Ja, und zwar ohne subjektive Einwände« (Jaffé 1979, S. 300). Später schrieb er:

> »Während meiner Krankheit war etwas da, das mich trug. Meine Füße standen nicht auf Luft, und ich hatte den Beweis, sicheren Grund erreicht zu haben. Ganz gleich, was man tut, wenn es aufrichtig geschieht, wird es schließlich Brücke zur eigenen Ganzheit, ein gutes Schiff, das einen durch die Dunkelheit der zweiten Geburt trägt, welche nach außen hin als Tod erscheint« (Jung 1990, Briefe, S. 444).

Wenn wir es uns selbst oder anderen Menschen erlauben, solche inneren Bilder, Phantasien, Träume und Gefühle schonungslos zuzulassen – auch die monströsen, um mit Alfred Ziegler zu sprechen – wenn es uns gelingt, dafür Raum zu schaffen, dann kann ein Gefäß für die Beziehung zum Unbegreiflichen, Unfassbaren aber auch Schrecklichen und Tödlichen entstehen – und Geborgenheit, wo wir sie eigentlich nicht vermuten. Dann finden wir Sicherheit, wo eigentlich Unsicherheit herrscht; Sicherheit – obwohl wir etwas nicht kontrollieren können, uns fürchten und überfordert fühlen.

Doch solche Erfahrungen möchte ich noch einmal beiseite legen, um zurückzukehren in unseren gewöhnlichen Alltag, wie wir ihn in gesunden Tagen mit unseren üblichen Verpflichtungen, Freuden und Anstrengungen erleben. Auch da sind wir geborgen in einem wissenden Körper, woran uns Robert Gernhardt in einem Gedicht erinnert:

»NOCH EINMAL: MEIN KÖRPER

Mein Körper rät mir:
Ruh dich aus!
Ich sage: Mach' ich, altes Haus!
Denk' aber: Ach der
Sieht's ja nicht!
Und schreibe heimlich
dies Gedicht.
Da sagt mein Körper:
Na, na, na!
Mein guter Freund,
was tun wir da?
Ach gar nichts! Sag' ich
aufgeschreckt,
und denk': Wie hat er
das entdeckt?
Die Frage scheint recht

---

fremd; stoffliche Veränderungen, bewirkt durch Imagination, kennen wir aus dem Autogenen Training oder Biofeedback (Daniel 2000, S 57 f.).

schlicht zu sein,
doch ihre Schlichtheit
ist nur Schein.
Sie lässt mir seither
keine Ruh:
Wie weiß mein Körper
was ich tu?«[23]

Literatur

Bachér P (2011) Nichts ist selbstverständlich. Welt am Sonntag Nr. 8.
Daniel R (2000) Krebs – Körper und Symbol. Zürich: IKM Guggenbühl.
Gernhardt R (2008) Gesammelte Gedichte. Frankfurt/M.: Fischer.
Jaffé A (1979) Erinnerungen, Träume, Gedanken von C. G. Jung. 10. Aufl. Olten: Walter.
Jung CG (1988) Gesammelte Werke. Bd. 11. 5. Aufl. Olten: Walter.
Jung CG (1990a) Gesammelte Werke. Bd. 12. 6. Aufl. Olten: Walter.
Jung CG (1990b) Briefe. Bd. I. 4. Aufl. Olten: Walter.
Jung CG (1992a) Gesammelte Werke. Bd. 9/1. 8. Aufl. Olten: Walter.
Jung CG (1992b) Gesammelte Werke. Bd. 9/2. 8. Aufl. Olten: Walter.
Jung CG (1994) Gesammelte Werke. Bd. 6. 17. Aufl. Olten: Walter.
Kluge F (1975) Etymologisches Wörterbuch der deutschen Sprache. 21. Aufl. Berlin: de Gruyter.
Röhrich L (1991) Lexikon der sprichwörtlichen Redensarten. Bd. 3. Freiburg i. Br.: Herder.
Solms M, Turnbull O (2004) Das Gehirn und die innere Welt. Düsseldorf: Walter.
van Heyst I (1982) Das Schlimmste war die Angst. Frankfurt/M.: Fischer.
Verres R (1986) Krebs und Angst. Berlin: Springer.
von Franz M-L (1980) Zahl und Zeit. Frankfurt/M.: Suhrkamp.
von Franz M-L (1984) Traum und Tod. München: Kösel.
Weinreb F (1987) Leiblichkeit als Ausdruck des ewigen Menschen. Weiler: Thauros.
Weinreb F (1999) Vom Sinn des Erkrankens. Bern: Origo.
Ziegler A (1979) Morbismus. Von der Besten aller Gesundheiten. Zürich: Schweizer Spiegel.

---

23 Robert Gernhardt, Noch einmal: Mein Körper. Aus: ders., Gesammelte Gedichte 1954-2006 © *S. Fischer Verlag GmbH, Frankfurt am Main 1984.*

8 Die Patientenklingel als Bindungssignal. Eine bindungspsychologische Feldstudie zum Konzept der Feinfühligkeit in der Palliativversorgung

Cécile Loetz und Jakob Johann Müller

8.1 Einleitung

John Bowlby, der Begründer der modernen Bindungstheorie, hat über die lebenszeitliche Relevanz von Bindungsverhaltensweisen und -erleben gesagt, sie seien »from the cradle to the grave« (Bowlby 1979, S. 129), von der Wiege bis zur Bahre, bedeutsam. Tatsächlich hat sich die Bindungsforschung vorwiegend dem Aspekt der »cradle« zugewendet und für das Kleinkind-, Kindes- und Jugendalter einen reichen Bestand an Befunden hervorgebracht (Cassidy und Shaver, 2008; Mcconnel und Moss, 2011). Vor allem in jüngerer Zeit gibt es einige Arbeiten, die sich dem Aspekt des »grave« zuwenden und die letzte Lebensphase aus bindungstheoretischer Perspektive untersuchen (z. B.: Loetz et al. 2013; Milberg et al. 2012; Petersen und Köhler, 2006). Ein bindungstheoretischer Ansatz scheint für die Untersuchung dieses Lebensabschnitts, insbesondere im Rahmen der palliativmedizinischen Versorgung, dabei in besonderer Weise fruchtbar: Zwar sind in nahezu allen Lebensphasen Beziehungen bedeutsam; aber am Ende des Lebens, im Prozess des Sterbens, gewinnen zwischenmenschliche Beziehungen eine Bedeutung, wie sie ihnen vielleicht seit der Kindheit nicht mehr zugekommen ist, sei es im Aspekt der zunehmenden Abhängigkeit, sei es in der Frage der Trennung und Lösung von Bindungen (vgl. Müller und Loetz in diesem Band).

Ausgangspunkt dieser Studie ist die Frage, wie sich bindungstheoretische Konzepte, insbesondere das Konzept der Feinfühligkeit, in der stationären palliativen Versorgung empirisch untersuchen lassen (die Studie basiert wesentlich auf der Arbeit von Petersen und Hloucal in diesem Band). Ein wesentliches Charakteristikum jeder Interaktion, in der Bindungsorientierungen und feinfühlige Zuwendungen eine Rolle spielen, ist ihr jeweiliger Ausgangspunkt: Jede bindungsrelevante Situation beginnt mit einem Signal, das einer Bezugsperson das Bedürfnis nach Nähe, Zuwendung, Trost o. ä. anzeigen soll, das sogenannte *Bindungssignal*. Kinder äußern Bindungsbedürfnisse, indem sie etwa Klammern, Schreien, Weinen oder die Bezugsperson anlächeln. In späteren Lebensaltern differenziert sich die Artikulation und findet einerseits in sprachlich vermittelten Äußerungen, andererseits in Formen nonverbaler Kommunikation Ausdruck, etwa im Blickkontakt, der Modulation der Stimme, der Körpersprache, des Gesichtsausdruckes. Ein wesentliches Merkmal feinfühliger Interaktionen ist, dass die angesprochene Person diese Bindungssignale sowohl auf der verbalen als auch auf der nonverbalen Ebene rezipiert und adäquat beantwortet, d. h. das Signal überhaupt (1) wahrnimmt, das entsprechende Bedürfnis (2) richtig erkennt und darauf (3) prompt und (4) in angemessener Weise reagiert (Ainsworth 1979; Ainsworth et al. 1978).

Die Möglichkeiten eines Patienten auf einer Palliativstation, ein entsprechendes Bindungsbedürfnis zu äußern, sind eingeschränkt. Die Patienten sind oftmals bettlägerig und können die Pflegekräfte und Ärzte meist nicht auf eigene Initiative jenseits des üblichen Pflege- und Visitenrhythmus' aufsuchen. Eine der wenigen Möglichkeiten, nach einer Pflegekraft zu rufen und eine Interaktion zu initiieren, besteht in der Patientenklingel, die wohl weltweit in den meisten Kliniken eines der zentralen Instrumente der Patient-Pflegekraft-Kommunikation ist (Chadwick und Hearn 2013; Deitrick et al. 2006). Insbesondere für Patienten, die sehr schwach und bettlägerig sind, ist die Klingel eine der wenigen Möglichkeiten, ihre Bedürfnisse nach eigener Initiative mitzuteilen, in Notsituationen Hilfe zu holen und somit in einem gewissen Ausmaß Kontrolle über die eigene Situation aufrecht zu erhalten (Tzeng 2011a). Einer Idee Yvonne Petersens und Eckhard Fricks folgend liegt der Studie die Überlegung zugrunde, die Patientenklingel als Bindungssignal in der stationären Palliativversorgung zu interpretieren und zu untersuchen.

Dies ist mit den Erfahrungen der Mitglieder unserer Forschungsgruppe verbunden: In ihrem Alltag als Pflegedienstleitung oder Stationsärztin einer Palliativstation machten sie die Beobachtung, dass viele der Interaktionen, die einem Ruf durch die Patientenklingel folgten, »mehr« zu bedeuten scheinen als die bloße Nachfrage einer pflegerischen Dienstleistung. Ein Patient klingelte zum Beispiel und bat um ein Glas Wasser. Als die Pflegekraft ihm das Wasser brachte, schien er nicht zufriedengestellt, sondern begann, die Pflegekraft in ein persönliches Gespräch zu involvieren. Die Pflegekraft hatte den Eindruck, dass der Patient nicht nur wegen eines Getränkes geklingelt hatte, sondern um *Kontakt* mit ihr herzustellen, vielleicht Einsamkeitsgefühlen zu begegnen. Sie vermutete darüber hinaus, dass die pflegerische Dienstleistung, das gebrachte Getränk, für den Patienten nicht nur ein Anlass für eine Kontaktaufnahme, sondern selbst mit einer *symbolischen Bedeutung* belegt war, die ihm anzeigte, dass sich jemand um ihn kümmere, ihn versorge. Obwohl der Patient dies nicht in Worte fasste und vielleicht beide Interaktionspartner sich dessen nicht explizit bewusst waren, nahm die Pflegekraft diese Bedürfnisse nach Kontakt wahr und adaptierte intuitiv ihren Umgang mit dem Patienten, blieb noch eine Weile im Raum und ließ sich auf ein kurzes Gespräch ein.

Die vorliegende Studie befasst sich mit dergleichen unausgesprochenen Bedürfnissen und der Art und Weise, wie die Pflegekräfte auf Palliativstationen mit diesen umgehen. Sie folgt der Annahme, dass eine adäquate und feinfühlige Gestaltung solcher Interaktionen die Patient-Pflegekraft-Beziehung auf einer intuitiven und damit fundamentalen Ebene betrifft und einen wichtigen Beitrag leisten kann, den Patienten das Gefühl von Sicherheit und Geborgenheit in der Palliativstation zu geben (Street et al. 2009).

Da in der Forschung keine Instrumente zur Erfassung von Feinfühligkeit in einem derartigen Untersuchungsfeld entwickelt sind, besteht die Intention dieser Studie darin, Interaktionen nach einem Klingelsignal zunächst offen zu beobachten und von den Pflegekräften zu lernen, wie es ihnen gelingt, feinfühlige Interaktionen zu arrangieren, und welche (intuitiven) Strategien sie dabei verwenden. Anhand derartiger empirischer Beobachtungen lässt sich genauer spezifizieren, was das Konzept der Feinfühligkeit in der palliativen Versorgung im Spezifischen bedeuten kann. Zudem existieren, mit Ausnahme einer Feldstudie von Deitrick et al. (2006), keine Untersuchungen, die sich mit den Patient-Pflegekraft-Interaktionen, denen ein Klingelsignal vorausgeht, befassen; während es einige Untersuchungen gibt, die sich mit der Bedeutung der Patientenklingel für die Sicherheit (Meade et al. 2006; Tzeng und Yin 2009) und die Zufriedenheit von Patienten (Deitrick et al. 2006; Roszell et al. 2009; Tzeng und Yin, 2010) sowie der subjektiven Arbeitsbelastung von Pflegekräften (Tzeng 2011b) befasst haben.

Neben der Beobachtung war Bestandteil des Untersuchungssettings, die Pflegekräfte sowie die Patienten nach der beobachteten Interaktion zu befragen: Wie haben Sie die Situation erlebt? Welche Bedürfnisse haben sie wahrgenommen, welche Bedürfnisse haben vielleicht eine Rolle gespielt, obwohl sie von den Patienten nicht ausgesprochen wurden? Fühlen sich die Patienten nach der Interaktion besser und besitzen sie das Gefühl von Sicherheit und Geborgenheit? Die Studie konzentriert sich dabei vor allem auf Interaktionen, in denen es den Pflegekräften zu gelingen scheint, Patienten zu beruhigen und ihnen ein Gefühl der Sicherheit zu vermitteln.

Da es sich um eine erste orientierende Untersuchung zu dieser Frage handelt, besitzt die Studie explorativen und hypothesengenerierenden Charakter.

8.2 Methodische Konzeption der Studie

8.2.1 Forschungsleitende Fragen

Folgende Themenkomplexe stehen im Zentrum der Untersuchung:

1. *Manifeste Anliegen*: Welche Anliegen äußern Patienten verbal, wenn sie die Patientenklingel betätigen?
2. *Latente Anliegen*: Welche latenten/nonverbalen Anliegen vermuten Pflegekräfte und Forscher in den Interaktionen?
3. *Feinfühligkeit*: Wie arrangieren Pflegekräfte feinfühlige Interaktionen in Hinblick auf die manifesten und vermuteten latenten Anliegen?

8.2.2 Design der Studie

Das Design besteht in einer multimethodischen deskriptiven Feldstudie. Ein Team von sieben Forschern nahm an der Drei-Schichten-Rotation der Pflegekräfte teil und beobachtete alle Klingelsignale und die darauffolgenden Interaktionen im Patientenzimmer über die volle Zeit einer Woche. Der Forschungsansatz entspricht dem einer passiven teilnehmenden Beobachtung. Wie gewöhnlich in der Feldforschung, wurden verschiedene Methoden angewendet: strukturierte Beobachtungsinstrumente (Beobachtungsprotokoll und Fragebogen) sowie unstrukturierte Beobachtungsformen (Freitextfelder für die offene Beschreibung der Interaktionen).

8.2.3 Setting und Teilnehmer

Die Studie wurde in der Palliativstation eines großstädtischen Klinikums durchgeführt, das mit 30 Betten die größte Station in Deutschland darstellt. Das Pflegeteam arbeitet entsprechend des Primär-Pflege-Systems, was bedeutet, dass eine Pflegekraft für die Planung und Organisation der Pflege einer Patientengruppe verantwortlich ist (im Durchschnitt 2–3 Patienten pro Pflegekraft).

20 Patienten und 23 Pflegekräfte nahmen an der Studie teil. Tabelle 8.1 gibt einen Überblick über die demographischen und krankheitsbezogenen Charakteristika der Patienten sowie der teilnehmenden Pflegekräfte. Alle Patienten litten an onkologischen Erkrankungen im Endstadium. Der häufigste Grund für eine Nichtteilnahme waren Präfinalzustände bzw. eine Allgemeinverfassung der Patienten, die eine Kommunikation im Rahmen der Studienfragen und unter ethischen Gesichtspunkten (Fähigkeit zur schriftlichen Einwilligung) nicht zuließen.

Tab. 8.1: Daten der teilnehmenden Patienten und Pflegekräfte

Patienten	
Alter, Mittelwert (Median)	68.7 (69.5)
Geschlecht, n (%)	
Weiblich	13 (65 %)
Männlich	7 (35 %)
Karnofsky Index, Mittelwert (1.Q.; Median; 3.Q.)	29 % (20 %; 30 %; 38 %)
Pflegekräfte	
Alter, Mittelwert (Median)	46,6 (48)
Geschlecht, n (%)	
Weiblich	22 (96 %)
Männlich	1 (4 %)
Ausbildung/Weiterbildung	
Staatl. geprüft. Gesundheits- und Krankenpfleger	23 (100 %)
Weiterbildung in Palliative Care	21 (91 %)

8.2.4 Erhebungsinstrumente

Die Daten wurden über den Verlauf der Beobachtungswoche (November 2013) anhand eines Beobachtungsprotokolls, eines Fragebogens für Pflegekräfte und Patienten sowie offener Feldnotizen gewonnen. Die Beobachter verwendeten dabei Tablets, auf denen ein Beobachtungsprotokoll und Fragebögen programmiert waren, was Datenerfassung und Nutzbarkeit für Forscher und befragte Pflegekräfte und Patienten deutlich erleichterte (es genügten wenige Fingerdrücke, um den Fragebogen auszufüllen). Ausgangspunkt jeder Beobachtung war ein ausgelöstes Klingelsignal, das in der Stationszentrale eintraf. Ein Forscher begleitete die Pflegekraft im Anschluss an das Klingelsignal und beobachtete die Interaktion im Zimmer des Patienten (die Beobachter trugen dabei dieselbe Arbeitskleidung wie die Pflegekräfte). Nach Abschluss der Interaktion füllte der jeweilige Forscher ein Beobachtungsprotokoll aus und befragte einzeln Patient und Pflegekraft über die beobachtete Sequenz. Beide wurden zu ihrem generellen Eindruck über die vorangegangene Interaktion sowie die geäußerten Anliegen befragt, welche den Patienten zum Betätigen der Klingel bewogen hatte (»Welche Anliegen hat der Patient/die Patientin verbal geäußert?«). Die Pflegekräfte wurden zudem gefragt, ob ihrer Ansicht nach in der vorangegangenen Interaktion auch Anliegen bedeutsam waren, welche der Patient nicht verbal geäußert hatte (»Haben Sie den Eindruck, dass der Patient/die Patientin einen Grund zu klingeln hatte, den er/sie in der Interaktion nicht verbal geäußert hat? Falls ja: Welches Anliegen/Welche Anliegen vermuten Sie?«).

Das Beobachtungsprotokoll basierte auf einem Feldbeobachtungsprotokoll für ein klinisches Setting (Grümer 1974), das für die spezifischen Merkmale der Palliativversorgung gemeinsam mit der Stationsleitung und einer erfahrenen Pflegekraft adaptiert wurde. Folgende Merkmale wurden mit dem Beobachtungsprotokoll auf dem Tablet erfasst:

- Zeit, die Pflegekräfte nach dem Klingelsignal benötigen, bis sie das Patientenzimmer erreichen
- Zeit, die Pflegekräfte im Patientenzimmer verbringen
- Verbal geäußerte Anliegen der Patienten
- Von der Pflegekraft erbrachte Dienstleistungen (medizinische, pflegerische, unterstützende/mobilisierende Interventionen, Mahlzeiten-Services, Reinigungstätigkeiten)
- Von der Pflegekraft verwendete Kommunikationsstile (imperativ, instruktiv, fragend, beratend, informell, emotional, zurückweisend)
- Nonverbale Kommunikationsmerkmale (Merkmale der Stimme, Körperhaltung, Mimik und Gestik)

Wie gewöhnlich in Feldbeobachtungen wurden die Charakteristika der Situation in einem binären Schema erfasst, d. h., dass das einmalige Auftreten eines Merkmals indikativ für die Codierung war. Nach jeder Interaktion schrieben die Beobachter eine kurze Zusammenfassung der Szene.

8.2.5 Ethische Gesichtspunkte

Die Pflegekräfte wurden auf einer Informationsveranstaltung über die Studie aufgeklärt und willigten in die Teilnahme ein. Die Patienten wurden bei Ihrer Aufnahme in die Palliativstation von dem betreuenden Arzt über die Studie aufgeklärt und willigten schriftlich in die Teilnahme ein. Die Pflegekräfte und Patienten wurden darauf hingewiesen, dass sie zu jedem Zeitpunkt die Teilnahme an der Studie abbrechen konnten. Alle Daten wurden anonymisiert, sodass weder Rückschlüsse auf die Pflegekräfte noch auf die Patienten möglich sind. Die Studie wurde von der Ethikkommission der Universitätsklinik München genehmigt.

8.2.6 Auswertung der Daten

Die Daten wurden mithilfe der Software SPSS Version 21.0 analysiert. Deskriptive Statistiken aus den Beobachtungsprotokollen und Fragebögen wurden zum summarischen Überblick über die erfassten Merkmale der Patient-Pflegekraft-Interaktion aufbereitet. Die Freitextfelder zu den vermuteten latenten Anliegen wurden von drei verschiedenen Forschern unabhängig voneinander kategorisiert, und anschließend in gemeinsamer Absprache in die deskriptive Statistik miteinbezogen. Für die verschiedenen Perspektiven von Beobachtern, Pflegekräften und Patienten wurden Interrater-Reliabilitäten anhand Cohens-Kappa berechnet.

8.3 Ergebnisse

8.3.1 Beschreibung der Klingelsignale im Verlauf der Untersuchungswoche

Im Laufe der Woche wurden 362 Klingelsignale in der Stationszentrale registriert; 275 Signale wurden von Patienten ausgelöst, die an der Studie teilnahmen, davon wurden 122 valide Beobachtungssequenzen aufgezeichnet (34 % aller Klingelsignale/44 % der Klingelsignale von an der Studie teilnehmenden Patienten). Wenn eine auf ein Klingelsignal folgende Interaktion nicht beobachtet wurde, lag dies meist entweder daran, dass der Patient nicht an der Studie teilnahm oder daran, dass der Forscher die vorhergehende Interaktion noch nicht abgeschlossen hatte. Tabelle 8.2 gibt eine Übersicht der Klingelsignale über den Verlauf der Tageszeiten und aller beobachteten Interaktionscharakteristika.

8.3 Ergebnisse

Tab. 8.2: Charakteristika der Interaktionen entsprechend der Tageszeit

Uhrzeit	02:00–06:00	06:00–10:00	10:00–14:00	14:00–18:00	18:00–22:00	22:00–02:00	Gesamt
Gesamtzahl der Signale	51	50	68	76	60	57	362
Beobachtete Interaktionen	12 (100 %)	19 (100 %)	23 (100 %)	34 (100 %)	18 (100 %)	16 (100 %)	122 (100 %)
Explizite praktische Anliegen	7 (58 %)	11 (85 %)	17 (74 %)	21 (62 %)	15 (83 %)	12 (75 %)	83 (68 %)
Explizite körperliche Anliegen	6 (50 %)	6 (32 %)	6 (26 %)	11 (32 %)	9 (50 %)	7 (44 %)	45 (37 %)
Explizite emotionale Anliegen	–	2 (11 %)	1 (4 %)	2 (6 %)	1 (6 %)	1 (6 %)	7 (6 %)
Latente Anliegen (Pfleg. Einsch.)	5 (42 %)	6 (32 %)	10 (43 %)	8 (24 %)	9 (50 %)	8 (50 %)	46 (38 %)
Angst (Pfleg.)	2 (17 %)	2 (11 %)	1 (4 %)	1 (3 %)	4 (22 %)	4 (25 %)	14 (12 %)
Kontaktbedürfnis (Pfleg.)	2 (17 %)	1 (5 %)	4 (17 %)	2 (6 %)	1 (6 %)	2 (13 %)	12 (10 %)
Scham (Pfleg.)	–	2 (11 %)	5 (22 %)	3 (9 %)	2 (11 %)	2 (13 %)	14 (12 %)
Latente Anliegen (Beob. Einsch.)	5 (42 %)	11 (58 %)	11 (48 %)	11 (32 %)	11 (61 %)	9 (56 %)	58 (48 %)
Angst (Beob.)	4 (33 %)	2 (11 %)	3 (13 %)	2 (6 %)	7 (39 %)	8 (50 %)	26 (21 %)
Kontaktbedürfnis (Beob.)	1 (8 %)	4 (21 %)	4 (17 %)	4 (12 %)	3 (17 %)	–	16 (13 %)
Scham (Beob.)	–	3 (16 %)	3 (13 %)	2 (6 %)	–	1 (6 %)	9 (7 %)
Medizinische Interventionen	4 (33 %)	4 (12 %)	4 (17 %)	10 (29 %)	3 (17 %)	9 (56 %)	34 (28 %)
Grundpflegetätigkeiten	8 (67 %)	10 (53 %)	14 (60 %)	17 (50 %)	7 (39 %)	6 (38 %)	62 (51 %)
Supportive Interventionen	3 (25 %)	5 (26 %)	3 (13 %)	8 (24 %)	4 (22 %)	5 (31 %)	28 (23 %)
Mahlzeiten-Services	1 (8 %)	4 (21 %)	7 (30 %)	5 (15 %)	4 (22 %)	1 (6 %)	22 (18 %)
Reinigungstätigkeiten	2 (17 %)	2 (11 %)	3 (13 %)	–	2 (11 %)	3 (19 %)	12 (10 %)

Tab. 8.2: Charakteristika der Interaktionen entsprechend der Tageszeit – Fortsetzung

Uhrzeit	02:00–06:00	06:00–10:00	10:00–14:00	14:00–18:00	18:00–22:00	22:00–02:00	Gesamt
Instruktive Kommunikation	3 (25 %)	7 (37 %)	7 (30 %)	11 (32 %)	5 (28 %)	10 (62 %)	43 (35 %)
Fragende Kommunikation	11 (92 %)	15 (79 %)	15 (65 %)	19 (56 %)	14 (78 %)	15 (94 %)	89 (73 %)
Beratende Kommunikation	2 (17 %)	7 (37 %)	8 (35 %)	7 (21 %)	7 (39 %)	1 (6 %)	32 (26 %)
Informelle Kommunikation	–	5 (26 %)	2 (9 %)	11 (32 %)	7 (39 %)	2 (13 %)	27 (22 %)
Affektive Kommunikation	6 (50 %)	10 (53 %)	7 (30 %)	15 (44 %)	7 (39 %)	12 (75 %)	57 (47 %)
Imperative Kommunikation	–	1 (2 %)	–	1 (1 %)	2 (3 %)	–	4 (3 %)
Zurückweisende Kommunikation	1 (2 %)	1 (2 %)	1 (2 %)	–	1 (2 %)	–	4 (3 %)
Zeit b. Betreten d. Zimmers; M in sec. (SD)	31 (20)	32 (25)	23 (15)	42 (28)	36 (23)	30 (25)	34 (24)
Verweildauer im Zimmer; M in sec (SD)	398 (154)	188 (100)	236 (180)	300 (181)	252 (201)	307 (158)	275 (175)

*Die Prozentzahlen sind spaltenweise berechnet. Mehrfachantworten waren möglich.

8.3.2 Manifeste Anliegen: Welche Anliegen äußern Patienten verbal, wenn sie die Patientenklingel betätigen?

Tabelle 8.3 listet alle Anliegen der Patienten auf, die während einer Interaktion, die auf ein Klingelsignal folgte, geäußert wurden (mehrere Antworten waren möglich). Praktische (68 %) und körperliche (37 %) Anliegen waren die am häufigsten genannten Anliegen. Emotionale Anliegen wurden in 6 % der Fälle geäußert. Praktische Anliegen wurden codiert, wenn der Patient um einen Gefallen bat, wie das Reichen eines Gegenstandes oder Hilfestellungen. Körperliche Anliegen wurden codiert, wenn der Patient von Schmerzen oder anderen körperlichen Beschwerden berichtete. Emotionale Anliegen wurden codiert, wenn der Patient eine explizite Äußerung zu seinem emotionalen Empfinden, wie z. B. Sorgen oder Ängste, machte.

Tab. 8.3: Von den Patienten verbalisierte Anliegen

	N	Prozent		N	Prozent
Körperliche Anliegen	45	37 %	**Praktische Anliegen**	83	68 %
Schmerzen	19	16 %	Unterstützung beim Toilettenbesuch	32	26 %
Gastrointestinale Probleme	7	6 %	Mobilisation	19	16 %
Atemprobleme	6	5 %	Unterstütz. Gebrauch med. Gerätschaft	15	12 %
Ermüdung/Erschöpfung	4	3 %	Wunsch nach Mahlzeit/ Getränken	14	11 %
Durst	4	3 %	Hygiene-Anliegen (Waschen, Ankleiden)	9	7 %
Übelkeit	3	2 %	Zimmerdienste (Frischluft, Licht etc.)	5	4 %
Schlafprobleme	2	2 %	Beratung/praktische Informationen	3	2 %
Andere	5	3 %			
Familienbezogene Anliegen	-	-	**Emotionale Anliegen**	7	6 %
Spirituelle Anliegen	4	3 %	Angstzustände	4	3 %
			Andere	3	2 %
			Gesamtzahl Anliegen	147*	

*Die Prozentzahlen sind relativiert an der Anzahl der Beobachtungssequenzen (n=122). Da Mehrfachnennungen möglich waren, übersteigt die Anzahl der Anliegen die der beobachteten Fälle.

Das folgende Beispiel verdeutlicht das methodische Vorgehen für eine Codierung *manifester Anliegen*; es veranschaulicht eine typische Interaktion, die einem Klingelsignal folgte, zwischen einem bettlägerigem männlichen Patienten, der am Nachmittag klingelte, und einer Pflegekraft, die das Klingelsignal beantwortete:

> Als die Pflegekraft das Zimmer betrat, fragte der Patient: »Könnten Sie bitte das Fenster öffnen?« Die Pflegekraft bejahte, widmete sich jedoch zunächst dem Patienten, bevor sie schließlich das Fenster öffnete. »Mir ist ein wenig schwindelig«, fügte der Patient hinzu. »Kann ich Ihnen etwas bringen? Wollen Sie sich aufsetzen?«, fragte die Pflegekraft. Der Patient verneinte. Daraufhin gab die Pflegekraft an, dass sie bald zurückkomme, um noch einmal nach ihm zu sehen, und verließ dann das Patientenzimmer.

In diesem Fallbeispiel äußerte der Patient ein praktisches Anliegen (»das Fenster öffnen«) und, nach einer kurzen Weile ein körperliches Anliegen (»schwindelig fühlen«); er machte dabei keine expliziten Angaben zu seinem emotionalen Zustand, etwa, dass er sich aufgrund des Schwindels gestresst oder belastet oder ähnliches fühle. Folglich wurden in dieser Interaktion ein praktisches und ein körperliches, aber kein emotionales Anliegen codiert.

8.3.3 Latente Anliegen: Welche latenten/nonverbalen Anliegen vermuten Pflegekräfte und Beobachter in den Interaktionen?

Ein latentes Anliegen spielte nach Einschätzung der Pflegekräfte in 38 %, nach Auffassung der Beobachter in 48 % der Interaktionen eine wichtige Rolle (▶ Tabelle 8.2). Die Übereinstimmung bezüglich der Einschätzung eines latenten Anliegens lag zwischen Pflegekräften und Beobachtern bei 75 % ($\kappa=.50$; $p<0{,}001$).

Die offenen Antwortformate wurden nachträglich in Kategorien zusammengefasst; drei Kategorien erwiesen sich dabei sowohl für die Pflegekräfte als auch für die Beobachter als besonders relevant: (1) Angstzustände, (2) Kontaktbedürfnis, (3) Schambesetzte Anliegen (die aus diesem Grund nicht explizit von den Patienten adressiert wurden).

Pflegekräfte gaben in 12 % der Interaktionen an, dass nicht verbalisierte Angst eine Rolle gespielt habe (Beobachter: 21 %); schambesetzte Anliegen ebenfalls in 12 % der Interaktionen (Beobachter: 7 %); ein Kontaktbedürfnis in 10 % der Interaktionen (Beobachter: 13 %). Weitere latente Anliegen wie Unzufriedenheit oder Ärger wurden seltener codiert (zusammengenommen in 6 % aller Interaktionen).

Im Folgenden sollen die drei wichtigsten Kategorien der vermuteten latenten/nichtverbalisierten Anliegen (Angstzustände, Kontaktbedürfnisse, schambesetzte Anliegen) verdeutlicht werden.

Angstzustände

Angstzustände wurden codiert, wenn Pflegekräfte bzw. Beobachter ein latentes Anliegen vermuteten, das Gefühle der akuten Angst, große Sorgen, Panik oder ähnliches implizierten. Das folgende Beispiel zeigt einen Fall, bei dem Pflegekräfte wie Beobachter latente Angst vermuteten:

> Eine Patientin klingelte in den Nachtstunden. Sie fragte, ob man das Klingelgeräusch in ihrem Zimmer ausschalten könne, es störe sie beim Schlafen. Die Pflegekraft erklärte, warum dies leider nicht möglich sei (die Patientin lag bereits seit einiger Zeit in der Station, es konnte also folglich kein ihr neues Geräusch sein). Anschließend fragte die Patientin, ob die Pflegekraft das Licht hinten im Raum anmachen könne, sie sei es gewöhnt, dass das Licht an sei, im dunklen Raum könne sie nicht schlafen. Die Pflegekraft schaltete es an. Die Pflegekraft ordnete anschließend noch die Decken der Patientin neu. Dabei erzählte die Patientin, dass sie sich gefragt habe, ob – da sie gar keine Geräusche mehr im Flur gehört habe – noch jemand in der Station und sie allein sei.

Es kann vermutet werden, dass das Geräusch im Zimmer nicht alleinige Ursache für das Betätigen der Klingel war. Offenbar fühlte sich die Patienten im Dunkeln unwohl und war angespannt. In dem der Interaktion nachfolgenden Gespräch erzählte die Patientin dem Beobachter, dass sie Angst vor dem Dunkel habe und ihr die ungewöhnlichen Geräusche in der Palliativstation unheimlich seien. Während der Interaktion hatte sie jedoch – wie die meisten Patienten – ihre Ängste und Sorgen *nicht explizit* angesprochen und verbalisiert. Stattdessen äußerte sie praktische Anliegen (»Geräusch ausstellen« und »Licht anschalten«). Dennoch nahm die Krankenpflegerin eine latente emotionale Botschaft der Patient wahr; im Folgegespräch vermutete sie, dass die Patientin Angst im Dunkeln habe, was genau der Beschreibung der Patient entsprach. In der Interkation selbst jedoch fragte die Pflegekraft nicht explizit nach dem emotionalen Befinden der Patientin, sondern führte *intuitiv eine symbolische Handlung* aus: Sie schüttelte die Bettdecke auf und signalisierte auf diese Weise, dass sie die Patientin um- und versorgte (siehe hierzu auch »Symbolische Gesten«). In diesem Augenblick begann die Patientin ihre Gedanken mitzuteilen (»gefragt, ob [...] noch jemand in der Station [...] sei«), wenngleich sie keine expliziten Äußerungen bezüglich ihrer Gefühle machte.

Kontaktbedürfnis

Kontaktbedürfnis wurde codiert, wenn Pflegekräfte oder Beobachter den Eindruck hatten, dass ein Bedürfnis nach Gesellschaft und Nähe in der Interaktion prävalent war. Dabei wurde Kontaktbedürfnis nur dann codiert, wenn hinter diesem Bedürfnis Gefühle der Einsamkeit, Langeweile, Gesprächsbedarf oder ähnliches, nicht aber, wenn eine Kontaktaufnahme z. B. aus akuten Angstzuständen heraus vermutet wurde. In einigen Fällen hatten die Pflegekräfte den Eindruck, dass die Patienten wegen scheinbarer Belanglosigkeiten ein Klingelsignal auslösten, um sie anschließend in ein Gespräch zu verwickeln. Ein Patient z. B. klingelte, um Hilfe bei der Handhabung der Fernsehbedienung zu erhalten, und begann eine Konversation über das aktuelle Fernsehprogramm. Im Folgegespräch nach dieser Interaktion, erzählte der Patient, dass ihn seine Frau in den nächsten Tagen besuchen kommen werde. Die Pflegekraft gab im Nachhinein an, von dem Patienten angestrengt zu sein, da er sie in den letzten Tagen bereits mehrmals für exakt dasselbe Anliegen in sein Zimmer gerufen habe. Sie vermutete ein latentes Bedürfnis nach Kontakt. Insbesondere Interaktionen, in denen Patienten Zimmerdienste (Fenster öffnen, Licht anschalten etc.), Hilfe bei Medikamenteneinnahme oder Unterstützung mit Gerätschaften reklamierten, sind mit hohen Werten für ein latentes Kontaktbedürfnis assoziiert (in bis zu 60 % der Ratings der Pflegekräfte).

Schambesetzte Anliegen

Schambesetzte Anliegen wurden codiert, wenn die Pflegekräfte oder Beobachter den Eindruck hatten, der Patient äußere aus Scham ein bestimmtes Anliegen nicht oder nicht explizit. Häufig war dies der Fall bei der Intimpflege, aber insbesondere bei Anliegen, welche die Abhängigkeit des Patienten offenbarten (es ist möglich, dass die Beobachter dabei indirekt einen gewissen Einfluss auf das Schamgefühl hatten, da die Intimität der Patient-Pflegekraft-Interaktion durch diese gestört wurde, auch wenn der Beobachter die Arbeitskleidung einer Pflegekraft trug). Anliegen dieser Art wurden von den Pflegekräften meist mit besonderer Sensibilität und Rücksichtnahme gehandhabt. Dies ging häufig mit einer gewissen Gesprächskonvention einher, die mit jedem Patienten intuitiv abgestimmt wurde: so übernahmen die Pflegekräfte oft die Wortwahl der Patienten, um ein (subjektiv erlebtes) schambesetztes Bedürfnis vorsichtig anzudeuten:

> Ein Patient mit einem Urothelkarzinom umschrieb sein Anliegen, auf die Toilette begleitet zu werden, stets mit den Worten »dort hingehen«. In einer der beobachteten Interaktionen klingelte er nach einer Pflegekraft, die offenbar mit seiner spezifischen Diktion vertraut war: Als sie den Raum betrat, fragte sie ihn: »Möchten Sie ›dort hingehen‹?« Der Patient nickte und sie half ihm, aufzustehen und auf Toilette zu gehen.

Feinfühligkeit: Wie arrangieren Pflegekräfte feinfühlige Interaktionen in Hinblick auf die manifesten und vermuteten latenten Anliegen?

Im Folgenden werden vier typische (intuitive) Kommunikationsstrategien der Pflegekräfte hervorgehoben, die in Bezug auf das Konzept der Feinfühligkeit bedeutsam erscheinen. Diese Strategien implizieren einen spezifischen Umgang mit latenten und unausgesprochenen Anliegen. Hierbei liegt der Schwerpunkt auf typischen Interaktionen, in denen die Interventionen der Pflegekräfte nach unseren Beobachtungen und nach dem Folgegespräch mit den Patienten »gelungen« sind.

Nachfragen

Aufmerksames Fragen bzw. Nachfragen wurde in 89 von 122 Interaktionen beobachtet (73 %; ▶ Tabelle 8.2); der Anteil lag höher, wenn ein latentes Bedürfnis bei einem Patienten vermutet wurde (83 %). Das Nachfragen stellt eines der häufigsten Kommunikationsmittel in Interaktionen dar, die einem Klingelsignal folgen. Angesichts latenter Anliegen scheint die Strategie des Fragens naheliegend: Wenn ein Patient den Eindruck eines unausgesprochenen Bedürfnisses vermittelt, ist das Nachfragen die einfachste Möglichkeit, darüber mehr zu erfahren. Allerdings geht es bei dem Nachfragen nicht nur um den Erhalt von sonst vorenthaltener Information. Es kann sehr bedeutsam für die Patient-Pflegekraft-Beziehung sein und ein gegenseitiges Verständnis indizieren. Eine typische Interaktion zeigt eine Patientin, die nachmittags ein Klingelsignal auslöste:

> Als die Pflegekraft den Raum betrat, fragte die Patientin nach einer Kopfschmerztablette. Die Pflegekraft antwortete, dass sie ihr eine bringen würde, und fragte, ob ihre Kopfschmerzen wieder schlimmer würden. Die Patientin bejahte. Die Pflegekraft fragte weiter, ob ihre Kopfschmerzen sehr schlimm seien. Die Patientin antwortete nicht darauf, fragte stattdessen, ob die Pflegekraft ihr ein Glas mit frischem Wasser füllen könne. Dies tat die Pflegekraft und verließ den Raum, um eine Kopfschmerztablette zu holen.

In diesem Beispiel verbalisierte die Patientin aus eigenem Antrieb zwei praktische Anliegen (eine Kopfschmerztablette bringen und das Wasserglas auffüllen). Obwohl sie offensichtlich unter körperlichen Beschwerden litt, äußerte sie zunächst explizit keine körperlichen Anliegen. Das brauchte sie auch nicht, da die Pflegekraft ihr Anliegen auch ohne eine explizite Äußerung verstand. Wenngleich also die Situation eindeutig verstehbar war, fragte die Pflegekraft nach dem körperlichen Befinden der Patientin (»Werden Ihre Kopfschmerzen schlimmer?«). Daraufhin machte die Patientin zum ersten und einzigen Mal eine Bemerkung zu ihren körperlichen Beschwerden, indem sie die Frage bejahte. Diese scheinbar eindeutige und banale Sequenz stellt ein gutes Beispiel für *feinfühlige Kommunikation* dar. Das Nachfragen dient nicht nur einer Bestätigung des Patientenanliegens, sondern fördert ebenfalls das gegenseitige Verstehen. Es geht nicht nur darum, Informationen über das Anliegen zu erhalten: Indem die Patientin gefragt wird, kann sie sicher sein, dass die Pflegekraft sich um ihre Anliegen bemüht und auf diese Weise ein Gefühl des Verstandenseins und der Geborgenheit erlangen.

Instruktive Kommunikation

In manchen Fällen wäre Nachfragen jedoch ineffektiv, allein schon aus dem Grund, dass Patienten eventuell selbst nicht vollkommen klar ist, welches Anliegen sie zu dem Betätigen der Klingel bewogen hat, oder nicht dazu in der Lage sind, das Anliegen adäquat zu verbalisieren. Palliativpatienten befinden sich ein einer Extremsituation, die durch körperliche und emotionale Zustände geprägt ist, die sie in dieser Weise meist noch nie zuvor erleben mussten. Möglicherweise haben sie körperliche sowie psychosomatische Symptome, die sie nicht zuordnen können und ihnen eventuell Angst bereiten. In den Beobachtungssequenzen war deutlich, dass ein bereits überforderter Patient nicht von weiteren Nachfragen profitierte. Vielmehr schien es oft, dass ein Nachfragen in diesen Situationen zu noch mehr Stressempfinden und Angst führte; möglicherweise, weil der Patient das aufmerksame Nachfragen als ein Zeichen der Unsicherheit oder Ratlosigkeit auf Seiten der Pflegekraft deutete.

In diesen Situationen schien hingegen ein instruktiver Kommunikationsstil einen beruhigenden und regulierenden Effekt auf die Patienten zu haben. In dieser Studie wurden instruktive Kommunikationsstile in 43 der 122 Interaktionen (35 %) beobachtet; dieser Anteil lag höher, wenn latente Angstzustände vermutet wurden (43 %). Das folgende Beispiel illustriert die einfühlsame Verwendung instruktiver Kommunikationsstile:

> Eine 40-jährige Patientin wurde abends in Begleitung ihrer Angehörigen eingeliefert, wogegen sie sich offenbar heftig gesträubt hatte und zunächst darauf bestand, in eine chirurgische Klinik überwiesen zu werden. Sie fürchtete, man tue auf einer Palliativstation nichts mehr für sie und lasse sie »tatenlos ersticken«. Als Pflegekraft und Beobachter den Raum betraten, waren sehr viele Angehörige anwesend, ein Angehöriger lag über der jammernden und stöhnenden Patientin, umklammerte sie und versuchte, sie vergeblich zu beruhigen. Die Angehörigen wurden von der Pflegekraft zunächst aus dem Raum geschickt. Die Patientin saß aufrecht im Bett, zittrig, blass und hatte offenbar Atemnot und Erstickungsängste. Die Pflegekraft sprach ruhig auf sie ein und erklärte ihr, dass dies von der Anstrengung und Aufregung komme, die mit der Einlieferung verbunden sei. Sie schloss die Patientin zunächst an ein Sauerstoffgerät an und sortierte einige Dinge im Patientenzimmer. Die Pflegekraft verließ das Zimmer, ließ die Tür aber angelehnt, und sprach in angemessener Entfernung mit den Angehörigen, die offenbar völlig mit der Situation überfordert waren und befürchteten, die Patientin würde gleich sterben. Nach einer kurzen Weile kehrte die Pflegekraft wieder zurück. Die Patientin schien nun ruhiger und wünschte, auf die Toilette zu gehen. Die Pflegekraft setzte sie in den Rollstuhl und begleitete sie auf die Toilette. Dort musste die Patientin husten und hatte blutigen Auswurf, was sie in Kombination mit der Anstrengung des Toilettengangs wieder sehr beunruhigte. Als sie die Toilette verließ und zum Bett zurückgebracht wurde und sie den Beobachter sah, begann sie plötzlich laut zu stöhnen und rief immer wieder: »Aua, aua, Hilfe!«. Die Pflegekraft ging ruhig auf die Patientin ein, war

aber, wie sie dem Beobachter im Nachhinein erzählte, von der Situation selbst sehr belastet. Die Pflegekraft brachte die Patientin ins Bett, richtete ihr die Kissen und stellte für sie den Fernseher an. Sie blieb noch eine kurze Weile, bis die Patientin etwas ruhiger geworden schien.

In diesem Beispiel wäre es nicht sinnvoll gewesen, die Patientin ausführlich zu befragen, da sie über ihren Zustand bereits massiv verunsichert war (in einem späteren Nachgespräch erzählte die Patientin, dass sie in dieser Interaktion erwartet hatte zu sterben). Stattdessen hatten die klaren, ruhigen und anleitenden Worte der Pflegekraft geholfen, ihre körperlichen Empfindungen einzuordnen (»das kommt von der Anstrengung«) und sich zu beruhigen.

Symbolische Gesten

In vielen Interkationen spielten symbolische Gesten eine wichtige Rolle. Latente und besonders emotionale Anliegen werden jenseits der sprachlichen Artikulation ausgedrückt und sind demzufolge oft auf der nonverbalen Ebene in besonderer Weise ansprechbar. Wie zuvor dargelegt, kann verbaler Kommunikation (wie dem Nachfragen) selbst eine symbolische Dimension zukommen (»Sich kümmern«). In einem Fallbeispiel wurde das Aufschütteln der Bettdecke ein Türöffner für die latenten Anliegen der Patientin (siehe Fallbeispiel unter dem Punkt Angstzustände). In dem oben beschriebenen Fall der 40-jährigen Patientin kommt den Gesten und Interventionen der Pflegekraft ebenfalls eine symbolische Bedeutung zu: sie sortierte, während die Patientin noch sehr unruhig war, einige Dinge in dem Zimmer (»Die Sachen in Ordnung bringen«), ordnete die Kissen und blieb noch eine Weile (»Ich kümmere mich um dich«) und ließ, nachdem sie den Raum verlassen hatte, einen Spalt offen stehen (»Du bist nicht alleine/weggeschlossen«). Weitere symbolische Gesten in den Interaktionen waren z. B.: das Lieblingsgetränk bringen oder sich auf Augenhöhe setzen, um mit den Patienten zu sprechen, das Pflegekraft-Telefon ausstellen etc.

Insgesamt kann nahezu jede Aktivität symbolische Bedeutung annehmen, wenn sie in dem richtigen Kontext platziert ist. Besonders Rituale bzw. ritualisierte Abläufe tendieren dazu, symbolische Bedeutung zu gewinnen: Mahlzeiten, Grundpflegetätigkeiten oder medizinische Versorgung zu einer festgelegten Zeit. Einige Patienten ritualisieren die Klingel und läuten jeden Tag zur gleichen Zeit. Die Patientenklingel selbst besitzt dabei symbolischen Wert: Sie impliziert in einer Situation großer Abhängigkeit die Möglichkeit, aktiv zu handeln und auf eigene Initiative Bedürfnisse zu äußern bzw. Hilfe zu holen. Ein weiterer Bereich feinfühliger symbolischer Gesten bezieht sich auf Berührungen, die im letzten Teil besprochen werden.

Berührungen

Im Lauf der Beobachtungswoche berichteten die Pflegekräfte, dass der körperliche Kontakt einen der bedeutsamsten Aspekte der Patient-Pflegekraft-Beziehung darstellt. Besonders Einreibungen, Massagen und die Körperpflege spielen eine bedeutende Rolle. Neben diesen therapeutischen Behandlungen wurde ein überraschend hoher Anteil emotional gefärbter Äußerungen, Körperkontakt und Gesten (56 von 122 Fällen/47 %) in den Interaktionen codiert. Insbesondere waren körperliche Berührungen, obwohl sehr unscheinbar, von hoher Bedeutung; dies insbesondere, wenn der Zugang zur verbalen Artikulation verstellt war, wie das letzte Fallbeispiel illustriert.

> Eine Patientin klingelte und äußerte Probleme mit dem Stuhlgang (Obstipation). Die Patientin konnte sich aufgrund einer operativen Entfernung des Unterkiefers nur schriftlich mitteilen. Die Pflegekraft erläuterte ihr daraufhin die Funktionsweise eines Einlaufs. Die Patientin müsse davor keine Angst haben. Offenbar wusste die Patientin aber schon Bescheid, da sie vorher bereits über die Prozedur informiert worden war. Das Telefon der Pflegekraft klingelte, sie verließ das Zimmer für das Telefonat. Nach etwa zwei Minuten kehrte sie zurück und entschuldigte sich bei der Patientin. Die Patientin schien sich sehr unbehaglich zu fühlen. Das Telefon klingelte wieder, dieses Mal nahm die Pflegekraft aber nicht ab. Sie setzte sich nun zum ersten Mal auf Augenhöhe an das Bett der Patientin, berührte sie am Knie. Daraufhin rollte der Patientin eine Träne über die Augen. Die Pflegekraft fragte, ob es wegen der Schmerzen sei oder weil sie traurig sei, die Patientin nickte: es sei wegen beidem. Die Pflegekraft streichelte der Patientin über die Wange und sprach ihr Mut zu. Sie sagte, dass sie tapfer sei und viel an Leid zurückhalte, das die anderen gar nicht bemerkten. Die Pflegekraft versprach, zur medizinischen Behandlung gleich wiederzukommen und weiter mit ihr zu sprechen.

Wie zuvor dargestellt, hatte die Patientin ursprünglich wegen körperlicher Beschwerden geklingelt, während die Pflegekraft, zumindest in der Szene nach dem Telefonat, spürte, dass die die Patientin etwas *zurückhielt*. In diesem Beispiel war die Patientin in der Lage, sich emotional zu öffnen, nachdem sich die Pflegekraft auf Augenhöhe gesetzt und ihr Knie berührt hatte. Dies spricht für eine hohe Feinfühligkeit der Pflegekraft, da diese das latente Anliegen der Patientin erfasste und in adäquater Weise adressierte. Patientin und Pflegekraft begegneten sich intuitiv auf einer nonverbalen Ebene, obwohl die Pflegekraft im Nachgespräch angab, dass sie aufgrund der fehlenden sprachlichen Artikulationsfähigkeit der Patientin Verständnisschwierigkeiten habe. Im Gegensatz dazu äußerte die Patientin (schriftlich) während des Folgegesprächs mit dem Beobachter, dass sie sehr zufrieden mit der Pflege sei. Sie berichtete von ihren schlechten Erfahrungen auf anderen Stationen, wo man sie »alleine gelassen« habe und nach ihrem Empfinden nur als medizinische Attraktion mit Aufmerksamkeit bedacht. Sie sagte, dass sie sich auf der Station geborgen und »wie ein Mensch« behandelt fühle.

8.4 Diskussion

Die Studie hat die Absicht, Interaktionen im Anschluss an eine betätigte Patientenklingel auf einer Palliativstation zu untersuchen; dies im Hinblick auf das bindungstheoretische Konzept der Feinfühligkeit. Ihr liegt die Annahme zugrunde, dass diese Interaktionen nicht nur hinsichtlich explizit geäußerter Anliegen, Service- oder Pflegenachfragen bedeutsam sind, sondern oftmals unausgesprochene, vielleicht den Patienten selbst unbewusste Bedürfnisse adressieren. Tatsächlich vermuten die betreuenden Pflegekräfte, dass unausgesprochene Anliegen in einem wesentlichen Anteil der beobachteten Interaktionen eine Rolle spielen. Die Patienten äußern in den meisten Interaktionen gegenüber der Pflegekraft praktische oder körperliche Bedürfnisse. Dieser Befund stimmt im Wesentlichen mit Studien überein, welche die Anlässe für die Patientenklingel mit Fragebogenverfahren untersucht haben (Roszell et al. 2009; Torres 2007). Emotionale Bedürfnisse werden hingegen nur selten verbal geäußert. Im Gegensatz dazu vermuten die Pflegekräfte in 38 % und die Beobachter in 48 % der Interaktionen, dass emotionale Bedürfnisse von Bedeutung sind. Die Häufigkeit emotional bedeutsamer Interaktionen entspricht den Befunden anderer Studien, die etwa den Anteil von Arztgesprächen, in denen emotionale Bedürfnisse eine wesentliche Rolle spielen, auf etwa 25–33 % aller Interaktionen beziffern (Alexander et al. 2011; Pollak et al. 2007).

Insbesondere vor dem Hintergrund bindungstheoretischer Konzeptionen in der Palliativversorgung sind ungeäußerte Angstzustände, Kontaktbedürfnisse oder Anliegen, die aufgrund von Scham zurückgehalten werden, von besonderer Bedeutung. Schambesetzte Anliegen sind meist um das Thema der Selbstständigkeit und der eigenen Würde zentriert: Die Patienten sind einerseits auf Hilfe angewiesen, wollen andererseits ihre Unabhängigkeit nicht verlieren oder niemanden zur Last fallen. Angst und Kontaktbedürfnis hingegen spiegeln das menschliche Grundbedürfnis nach Nähe und Sicherheit in der Beziehung zu anderen wider. So benutzen die Palliativpatienten die Klingel nicht nur, um sich ein Getränk bringen zu lassen oder um eine Schmerztablette zu bitten, sondern auch um nachzusehen, »ob noch jemand in der Station ist«, wie es eine Patientin bei einem Klingelsignal in den Abendstunden formulierte. Die Bedürfnisse der Patienten bewegen sich zwischen den Polen von Autonomie und Selbstständigkeit sowie von Kontaktbedürfnis und Sicherheit in Beziehungen, womit bindungstheoretische Konzepte wie das Bedürfnis nach einer sicheren Basis (Milberg et al. 2011) sowie nach Autonomie auch in den Klingelsignalinteraktionen im palliativen Kontext eine Entsprechung finden könnten. Diese Bedürfnisse können, gerade bei Patienten, die unsichere Beziehungsmuster aufweisen, in widersprüchlicher und ambivalenter Weise artikuliert werden (Petersen und Köhler 2006): so können Patienten in einer Situation große Nähe und Präsenz fordern, in der nächsten aber schroff und abweisend sein. Nach den Befunden dieser Studie könnte dies bedeuten, dass in dem einen Fall Ängste oder Kontaktbedürfnisse, in dem anderen Schamaffekte eine Rolle spielen. Wichtig für den pflegerischen Alltag ist es, diese Bedürfnisse als ebenso relevant anzuerkennen wie andere praktische oder körperliche Bedürfnisse, welche die Patienten mit dem Klingelsignal an die Pflegekräfte adressieren.

In dieser Hinsicht bieten die aus den Beobachtungen extrahierten Interaktionsformen einen ersten Hinweis, wie Pflegekräfte mit unausgesprochenen Bindungsbedürfnissen adäquat umgehen und feinfühlige Interaktionen gestalten können. Dabei sind in dieser Studie vier kommunikative Strategien identifiziert worden: Das aufmerksame Befragen, instruktive Kommunikationsstile, die intuitive Verwendung symbolischer Gesten sowie körperlicher Berührungen, wobei diese Strategien jeweils den Bedürfnissen des Patienten situativ angepasst werden. Während keine dieser Strategien in der Forschung unbekannt ist (Cousin et al. 2013; Kalver und Baart 2001) und z. T. dem Konzept der »Patientenzentrierten Kommunikation« entsprechen (Chang 2001; Wolf et al. 2008), hat diese Studie sie erstmals im Kontext der Patientenklingel und im Zusammenhang mit unausgesprochenen Bedürfnissen empirisch untersucht. Ohne den Anspruch auf Vollständigkeit zu erheben, ist es plausibel, dass diese Strategien in ihrer individuellen Passung zu der Bindungsneigung der Patienten einen wesentlichen Aspekt dessen darstellen, was das Konzept der Feinfühligkeit in der stationären Palliativversorgung umfassen könnte.

8.5 Limitationen

Da es bisher noch keine Versuche gab, bindungstheoretische Annahmen in der palliativen Pflege empirisch zu untersuchen, trägt die Untersuchung explorativen und deskriptiven Charakter. Sie dient einer ersten empirischen, sondenhaften Orientierung und kann somit nur Tendenzen beschreiben, die in umfassenderen Studien zu überprüfen wären. Dies betrifft zunächst die Patientenzahl, die mit 20 Patienten bzw. 122 beobachteten Klingelsignalen ohne weitere Erhebungen nicht generalisiert werden kann. Der Vergleich mit anderen Studien (s. o.), etwa hinsichtlich der Anliegen, weist allerdings darauf hin, dass es sich bei der Beobachtung durchaus um ein vergleichbares Setting handelte. Auch muss in diesem Kontext der hohe Aufwand einer Rund-um-die-Uhr-Erhebung angesprochen werden: insbesondere für die Pflegekräfte, die auf einen Großteil ihrer Klingelsignale einen Begleiter bei sich hatten und danach einen kurzen Fragebogen beantworten mussten, ebenso für die Patienten, die z. T. mehrmals am Tag befragt wurden. Neben diesen Aspekten ist zudem zu erwähnen, dass die Auswahl der Messinstrumente ohne weitere Spezifikationen keine Prüfung bindungstheoretischer Konzepte ermöglicht: Die Einschätzung der Beobachter und Pflegekräfte ist kein valides Instrument, das tatsächliche Vorhandensein latenter Anliegen zu erfassen, sondern stellt vielmehr einen Baustein in der Entwicklung dergleichen Messinstrumente dar, wofür auch andere Situationen als »Klingelinteraktionen« im klinischen Setting in Betracht gezogen werden müssen.

Literatur

Ainsworth MS (1979) Infant–mother attachment. American Psychologist 34:932–937.
Ainsworth MS, Blehar MC, Waters E, Wall S (1978) Patterns of Attachment: A Psychological Study of the Strange Situation. Oxford, UK: Lawrence Erlbaum.
Alexander SC, Pollak KI, Morgan PA, Strand J, Abernethy AP, Jeffreys AS, Arnold RM, Olsen M, Rodriguez KL, Garrigues SK, Manusov JR, Tulsky JA (2011) How do non-physician clinicians respond to advanced cancer patients' negative expressions of emotions? Support Care Cancer 19:155–159.
Bowlby J (1979) The making and breaking of affectional bonds. London: Tavistock.
Cassidy J, Shaver PR (2008) Handbook of attachment: theory, research, and clinical applications (2. Aufl.). New York: Guilford Press.
Chadwick A, Hearn A (2013) A cry for help: time to re-think the patient call bell in an ageing population. Br J Hosp Med (Lond) 74:642–643.
Chang SO (2001) The conceptual structure of physical touch in caring. Journal of Advanced Nursing 33:820–827.
Cousin G, Schmid Mast M, Jaunin-Stalder N (2013) Finding the right interactional temperature: do colder patients need more warmth in physician communication style? Soc Sci Med 98:18–23.
Deitrick L, Bokovoy J, Stern G, Panik A (2006) Dance of the call bells: using ethnography to evaluate patient satisfaction with quality of care. J Nurs Care Qual 21:316–324.
Grümer KW (1974) Beobachtung (2. Aufl.). Stuttgart: B. G. Teubner.
Klaver K, Baart A (2011) Attentiveness in care: towards a theoretical framework. Nurs Ethics 18:686–693.
Loetz C, Müller JJ, Frick E, Petersen Y, Hvidt NC, Mauer C (2013) Attachment theory and spirituality: two threads converging in palliative care? Evid Based Complement Alternat Med 13:740291.
Mcconnel M, Moss E (2011) Attachment across the life span: Factors that contribute to stability and change. Australian Journal of Educational & Developmental Psychologie 11:18.
Meade CM, Bursell AL, Ketelsen L (2006) Effects of nursing rounds: on patients' call light use, satisfaction, and safety. Am J Nurs 106:58–70; quiz 70–71.
Milberg A, Wahlberg R, Jakobsson M, Olsson EC, Olsson M, Friedrichsen M (2011) What is a 'secure base' when death is approaching? . Psychooncology 6:749–756.
Milberg A, Wahlberg R, Jakobsson M, Olsson EC, Olsson M, Friedrichsen M (2012) What is a 'secure base' when death is approaching? A study applying attachment theory to adult patients' and family members' experiences of palliative home care. Psychooncology 21(8):886–895. doi: 10.1002/pon.1982.
Petersen Y, Köhler L (2006) Application of attachment theory for psychological support in palliative medicine during the terminal phase. Gerontology 52:111–123.
Pollak KI, Arnold RM, Jeffreys AS, Alexander SC, Olsen MK, Abernethy AP, Sugg Skinner C, Rodriguez KL, Tulsky JA (2007) Oncologist communication about emotion during visits with patients with advanced cancer. J Clin Oncol 36:5748–5752.
Roszell S, Jones CB, Lynn MR (2009) Call bell requests, call bell response time, and patient satisfaction. J Nurs Care Qual 24:69–75.
Street RL Jr., Makoul G, Arora NK, Epstein RM (2009) How does communication heal? Pathways linking clinician-patient communication to health outcomes. Patient Educ Couns 74:295–301.
Torres S (2007) Rapid-cycle process reduces patient call bell use, improves patient satisfaction, and anticipates patient's needs. J Nurs Adm. 37:480–482.
Tzeng HM, Yin CY (2009) Relationship between call light use and response time and inpatient falls in acute care settings. J Clin Nurs 18:3333–3341.
Tzeng HM (2011a) Perspectives of patients and families about the nature of and reasons for call light use and staff call light response time. Medsurg Nurs 20:225–234.

Tzeng HM (2011b) Perspectives of staff nurses toward patient- and family-initiated call light usage and response time to call lights. Appl Nurs Res 24:59–63.

Tzeng HM, Yin CY (2009) Are call light use and response time correlated with inpatient falls and inpatient dissatisfaction? J Nurs Care Qual 24:232–242.

Tzeng HM, Yin CY (2010): Predicting patient satisfaction with nurses' call light responsiveness in 4 US hospitals. J Nurs Adm 40:440-447.

Wolf DM, Lehman L, Quinlin R, Zullo T, Hoffman L (2008) Effect of patient-centered care on patient satisfaction and quality of care. J Nurs Care Qual 23:316-321.

9 Wiederkehr der Kindheit? Psychoanalytische Überlegungen zum Sterben in der stationären Palliativversorgung

Jakob Johann Müller und Cécile Loetz

»Last scene of all,
That ends this strange eventful history,
Is second childishness and mere oblivion,
Sans teeth, sans eyes, sans taste, sans everything«
(William Shakespeare, As You Like It).

9.1 Einführung

Vielleicht besteht für eine Wissenschaft, die sich der Psychologie des Sterbens widmet, wenig Aussicht, das Wesentliche ihres Gegenstands zu erfassen. Besteht es nicht in dem Ende einer einmaligen und unwiederbringlichen Lebensgeschichte? Was aber könnte die Wissenschaft über das Einmalige sagen? Sie hat es mit dem Vergleichbaren, Wiederholbaren zu tun, Bedingung jeder Verallgemeinerung und Abstraktion, die doch, bei aller Vielfalt der Methode, immer die Aufgabe wissenschaftlichen Denkens bleiben müssen. Es ist vielleicht die Tragik wissenschaftlichen Denkens, dass es seinem Gegenstand nur näher kommen kann, indem es von ihm zurücktritt, Vergleiche zieht, von dem Besonderen abstrahieren muss. Dies ist zugespitzt in einer Erörterung, die zwei lebensgeschichtliche Zeitalter in Vergleich bringen will, die ferner nicht voneinander liegen könnten: Kindheit, Lebensanfang, und Lebensende, Sterben. Für die Chronologie der Lebensspanne ist kein größerer Gegensatz denkbar: meist liegen zwischen Kindheit und Lebensende Jahrzehnte; die Eltern sind gestorben, die Kinder vielleicht lange aus dem Haus, der Ehepartner, Geschwister oder Freunde sind fern oder leben nicht mehr, der Ort der Kindheit, wenn nicht verschwunden, so doch verändert, wie man selbst ein anderer geworden ist – dem Anschein nach gibt es wenig, das einen Menschen an seinem Lebensende mit seiner Kindheit verbände.

Für das psychoanalytische Denken ist es freilich nicht ungewöhnlich, sich über die Linearität der Lebensalter hinwegzusetzen. Die Psychoanalyse hat die verborgenen Verbindungslinien der Lebensgeschichte aufgedeckt, die nicht ausschließlich, aber doch im wesentlichen ihren Flucht- und Ursprungspunkt in der Kindheit finden, die, als der Mythos der eigenen Lebensgeschichte, im Grunde niemals vergeht. Psychoanalyse ist die Lehre von der Wiederkehr der Kindheit in späteren Lebensaltern, wie das Unbewusste in der Freud'schen Konzeption »keine Beziehung zur Zeit« (Freud 1915, S. 286) hat, also keine Rücksicht auf die chronologische Entfernung zweier Lebenssituationen nimmt. Es ist mit dem Satz, dass Motive der Kindheit am Lebensende bedeutsam seien, die Kindheit auch in der letzten Lebensphase wiederkehre, also weniger eine neue Einsicht formuliert, vielmehr eine bekannte auf einen neuen Gegenstandsbereich übertragen.

Der Gegenstandsbereich dieser Erörterung ist tatsächlich in einem historischen Sinne ein neuer, da er sich auf das Sterben in einem bestimmten Zusammenhang bezieht, der erst im letzten Drittel des 20. Jahrhunderts in England und Nordamerika institutionelle Gestalt gewonnen hat, in Deutschland seit der Mitte der 1980er Jahre: *Das Sterben im Rahmen der Palliativversorgung und des Hospizwesens*. Erst in jüngerer Zeit wendet sich die Psychoanalyse diesem Bereich der Patientenversorgung zu (für eine psychoanalytische Auseinandersetzung mit dem Thema, die sich aber nicht explizit auf den Bereich der stationären Palliativversorgung bezieht, siehe etwa Eisler 1978 oder die Aufsätze im Sammelband von Hierdeis 2014).

In der Forschungsliteratur finden sich, so auch in diesem Band die Beiträge von Yvonne Petersen und Teresa-Maria Hloucal sowie von Eckhard Frick, bindungstheoretisch fundierte Ansätze, welche den internalisierten Mustern frühkindlicher Eltern-Kind-Beziehungen in den Beziehungen zwischen Sterbenden und Pflegenden bzw. Angehörigen oder in der Auseinandersetzung mit Trennung, Verlust und dem eigenen Tod nachspüren. Die frühkindlichen Bindungserfahrungen, dies ist ein wesentlicher Befund der Bindungsforschung, sind ein Leben lang, »from the cradle to the grave« (Bowlby 1979, S. 129), bedeutsam; besonders aber in Situationen hoher Belastung und Ausgeliefertheit bzw. Angewiesenheit, weshalb ihre Wirkung am Lebensende unter dem Druck schwerer Erkrankungen hervortritt (Petersen und Koehler 2006).

Die Beobachtungen und Erfahrungen, welche die Grundlage dieser Erörterung bilden, beruhen auf der Forschungsarbeit der Autoren im Bereich der Palliativversorgung. Der Aufsatz ist Produkt dieser Beobachtungen und soll zugleich zu einer theoretischen Fundierung der psychoanalytischen Bindungsforschung im Sterbealter beitragen: worin bestehen im Einzelnen die Verbindungslinien zwischen Kindheit und letzter Lebensphase, die Verwandtschaft von »Wiege und Bahre«? Und worin unterscheiden sich die beiden Lebensphasen?

Für das Ziel dieser Erörterung sind damit einige einschränkende Voraussetzungen zu treffen: die hier versammelten Beobachtungen beanspruchen keinen weiteren Gültigkeitsbereich als jenen, in dem sie gewonnen wurden: im *stationären* Palliativ- und Hospizwesen einer deutschen Großstadt. Ca. 10 % aller Sterbenden in Deutschland werden zeitweise oder dauerhaft stationär versorgt (Zahlen siehe Lindena 2014), wobei die Gesundheitspolitik einen Ausbau der palliativen Versorgung anstrebt. Die meisten Patienten haben ein fortgeschrittenes Lebensalter erreicht, im Durchschnitt 77 Jahre. Zudem leidet der größte Teil der Palliativpatienten unter onkologischen Erkrankungen (ca. 90 %), während in der Gesamtbevölkerung Krebsleiden für ca. ein Viertel aller Sterbefälle verantwortlich sind. Die Einschränkung auf unheilbare onkologische Erkrankungen besitzt einige wichtige Implikationen: fast immer gehen der Endphase der Krankheit ein oder mehrere gescheiterte Therapieversuche in der kurativen Medizin voraus; die Patienten wissen um ihre Erkrankung und werden auch informiert und beraten, wenn alle Therapiemöglichkeiten erschöpft sind. Onkologische Erkrankungen nehmen nach dem Ende der Therapieversuche einen charakteristischen Verlauf, der entsprechend des jeweiligen Krankheitstypus mehrere Monate, manchmal Jahre Aufschub gewährt, in denen der Krankheitszustand stabilisiert werden kann, ehe Tumorwachsen und Metastasierungen nicht mehr aufgehalten werden können. Die stationäre Palliativversorgung wird oftmals in den letzten Tagen und Wochen relevant, wenn die Krebserkrankung rasch fortschreitet und eine hohe Symptombelastung produziert, der eigentlichen *Terminal- oder Sterbephase*, die Gegenstand dieser Erörterung ist.

Ziel der Versorgung auf einer Palliativstation ist die Stabilisierung und symptomorientierter Linderung des Leidens, um die Patienten in eine weitere ambulante Versorgung entlassen zu können. Tatsächlich sterben ca. die Hälfte der eingewiesenen Patienten auf einer Palliativstation; die durchschnittliche Liegezeit liegt bei zwölf Tagen. Hospize sind hingegen explizit auf die Sterbebegleitung ausgerichtet und die Hospizbewohner sind z. T. über mehrere Monate untergebracht, auch wenn die durchschnittliche Liegezeit, bei sehr hoher Varianz, der von Palliativstationen ähnelt (Lindena 2014).

9.2 Differenz von Kindheit und Lebensende

Das Lebensende ist nicht Kindheit und Sterbende sind nicht Kinder: Wenn am Lebensende der Lebensanfang wiederkehrt, Sterbende in einer bestimmten Hinsicht wieder Kinder werden, so werden sie es doch als Erwachsene; wenn ein Sterbender bestimmte Fähigkeiten verliert und in deren Mangel dem kindlichen Zustand sich anähnelt, so hat er sie doch einmal besessen und weiß darum, dass er sie besessen hat, während dem Kind die eigenen Potentiale höchstens in Ahnungen und Wünschen aufgehen (eine Ausnahme, von der in dieser Erörterung abzusehen ist, bilden demenzielle Erkrankungen). Der Unterschied zwischen Kindheit und Lebensende enthält bei allen Besonderheiten mindestens zwei Gesichtspunkte:

1. die Lebensgeschichte und
2. die Lebensperspektive.

Der Raum zwischen dem Ursprung eines Ereignisses und seiner Wiederkehr ist jener der Erfahrung, die für ein Menschenleben nicht größer sein könnte als zwischen Lebensanfang und Lebensende. Worin sich Kindheit und Sterben gleichen mögen, zwischen ihnen liegt der gesamte Raum der *Lebensgeschichte*. Ein

Kind hat nur eine kurze eigene Lebensgeschichte; der Sterbende ist durch die Erfahrungen seines ganzen Lebens bestimmt. Es führte zu weit, eine konzeptionelle Fassung dessen, was Lebensgeschichte am Lebensende bedeute, zu skizzieren. Die psychoanalytische Literatur hat die Bedeutung der Lebensgeschichte bzw. das Verhältnis zur eigenen Lebensgeschichte für die späteren Lebensalter hervorgehoben (z. B. Quinodoz 2010; Radebold 1999).

Die Todesnähe und das Leiden, mit denen ein Sterbender konfrontiert ist, rufen vergleichbare Leid-, Verlust- und Ohnmachtserfahrungen aus der eigenen Lebensgeschichte wach, die von Palliativpatienten in Gesprächen häufig thematisiert werden; oftmals ist die Hilflosigkeit der letzten Lebensphase in ihrem Ausmaß nur der frühkindlichen Situation vergleichbar, weshalb Kindheitsbezüge nahe liegen.

In den Generationen, denen zurzeit (2015) der größte Teil der Sterbenden angehört, sind dies vor allem die Erinnerungen an den Zweiten Weltkrieg. Dabei scheint es einen entscheidenden Unterschied zu machen, ob der Sterbende den Krieg als Kind, junger Zivilist oder männlicher Soldat erfahren hat, wobei letzterer eher zu einer stoizistischen, aber oftmals im Sterbeprozess zunehmend brüchigeren Handhabung des nahenden Todes zu neigen scheint; hingegen die sogenannten Kriegskinder in besonderer Weise an ihrem Sterben leiden (Loetz et al. 2016, in Vorbereitung. Zur Wiederkehr der Kriegskindheit im Alter siehe auch Radebold 2009).

Neben der Lebensgeschichte und -erfahrung ist die Lebensperspektive als zweite wesentliche *Differenz* zwischen Kindheit und Lebensende hervorzuheben. Das Kind steht vor dem offenen Horizont seiner Lebensmöglichkeiten, die zum größten Teil noch nicht verwirklicht sind: seine Lebensgeschichte liegt als Möglichkeit vor ihm, entsprechend der jeweiligen Umstände, welche sie begrenzen. Für den Sterbenden schließt sich der Horizont der Lebensmöglichkeiten, ihr größter Teil ist bereits verwirklicht, seine Lebensgeschichte liegt hinter ihm.

Das Verhältnis von offenen und geschlossenen Lebensmöglichkeiten ist gewiss für jedes Lebensalter bestimmend, der perspektivische Wechsel von den sich öffnenden zu den sich schließenden Möglichkeiten mag sich lange vor dem Sterben vollziehen – wie überhaupt jede Entscheidung, d. h. Verwirklichung einer Möglichkeit, den Untergang aller anderen Möglichkeiten impliziert, Entwicklung, das Ergreifen von Möglichkeiten, immer zugleich Schwinden, Einschränkung ist.

In der Gegenüberstellung von Kindheit und Sterben ist dieser Gegensatz zugespitzt. Die Kindheit ist schlechthin das Lebensalter des »noch nicht«, der Entwicklung hinaus in das Offene von Welt und Lebensmöglichkeiten, des Aufbaus von Fähigkeiten und der Erweiterung der Handlungsspielräume. Das Sterben hingegen ist das Lebensalter des »nichtmehr«, des »Zurück« und Schwindens der Möglichkeiten, des Abbaus von Fähigkeiten und der Einschränkung von Handlungsräumen. Wenn sich Kindheit und Sterbealter in bestimmten Gesichtspunkten gleichen, so ist doch dieser perspektivische Unterschied als zentrale Differenz der Lebensalter festzuhalten, der Unterschied zwischen hinaus und zurück, Eroberung und Rückzug, Öffnung und Schließung.

Dies berührt im Tiefsten das Medium, in dem sich die Lebensalter über die Zeit hinweg verweben, den Charakter der *Wiederholung*. Dem Kind ist der Horizont der Lebenszeit unermesslich, es besitzt, dies vielleicht macht das Glückselige der Kindheit, im Grunde gar keinen Begriff von Lebenszeit: alles ist wiederholbar und muss wiederholt werden, um überhaupt Festigkeit zu gewinnen, seine Lust geht nach dem unermüdlichen *noch einmal*. Dem Sterbenden hingegen schwindet der Horizont, ihm wird die Begrenztheit der eigenen Lebenszeit fühlbar wie nie zuvor: Das Gewesene ist unwiederbringlich, nicht wiederholbar, und seine Lust, vielleicht Trost, mag an dem Verbleibenden haften, das noch ein wenig Raum in die Zukunft hat – das *noch* einmal unbegrenzter Wiederkehr verkürzt sich zu dem noch *einmal* der letzten, der Rückkehr, des Abschieds.

9.3 Das Sterben als Regression und zweite Kindheit?

Die Rückbildung erworbener Fähigkeiten in der letzten Lebensphase ist zunächst ein körperlicher Prozess. Das Sterben, zumindest im Zusammenhang mit onkologischen Erkrankungen, ist verbunden mit einem Abbau körperlicher Fähigkeiten, die einmal in der Kindheit erworben worden sind. Eine zumindest phänotypische Ähnlichkeit zwischen Kindheit und letzter Lebensphase besteht, weil Sterbende entsprechend des jeweiligen Krankheitsfortschrittes *nicht mehr* auf körperliche Funktionen zurückgreifen können, die Kinder auf einem bestimmten Entwicklungsniveau *noch nicht* besitzen. Für drei Bereiche sollen Analogien von Kindheit und Sterbealter skizziert werden:

- körperliche Ebene,
- psychische Ebene und
- soziale Ebene

9.3.1 Körperliche Ebene

Der Verlust körperlicher Fähigkeiten bzw. die Prävalenz spezifischer Körperfunktionen und leiblicher Regionen erstreckt sich im Verlauf des Sterbeprozesses auf den ganzen Körper, dessen Leistungen schließlich vollständig erlöschen. Unterschiede bestehen nur in der Geschwindigkeit und Reihenfolge der körperlichen Einbußen. Im Falle onkologischer Erkrankungen vollzieht sich der Abbau nach dem Ende kurativer oder stabilisierender Therapien je nach Krankheit über mehrere Wochen oder Monate. Im Verlauf kommt es oft zunächst zu einer hohen Symptombelastung, körperlichen Beeinträchtigungen und einer zunehmenden allgemeinen Schwäche, die schließlich häufig der Grund für die Aufnahme in eine palliative Einrichtung sind. In dieser ist es oft möglich, Linderung und Stabilisierung zu bewirken, ggf. den Sterbeprozess zu verzögern und die Patienten nach Hause zu entlassen. In anderen Fällen aber ist der Sterbeprozess unumkehrbar und führt über wenige Wochen oder Tage zum vollständigen Organversagen und Tod.

Auch wenn der Sterbeprozess immer ein individueller ist, der deshalb nur schwer in einen schematischen Ablauf zu fassen ist, sind bei vielen Sterbenden bestimmte Entwicklungsstufen zu beobachten, die, konträr zu den frühkindlichen Phasen, gewissermaßen »rückwärts« durchlaufen werden. Hierbei können körperliche Funktionen, die zur Beschreibung der kindlichen Entwicklung Verwendung finden (Freud 1994; Mertens 1997), auch zur Charakteristik des Sterbeprozesses hervorgehoben werden. Die einzelnen Elemente dieser Charakteristik können jeweils mehr oder weniger ausgeprägt sein, in verschiedener Weise einander folgen, sich zeitgleich ereignen oder in einzelnen Fällen ganz ausbleiben; die folgende Aufzählung dient weniger der Fixierung eines Schemas oder Phasenablaufs als der Hervorhebung bestimmter körperlicher Fähigkeiten und Funktionen, deren Rückbildung im Verlauf der Sterbephase für Patienten bedeutsame Folgen hat.

Motilität

Sterbende verlieren aufgrund der körperlichen Schwäche zunehmend die Fähigkeit zur autonomen Fortbewegung, sind, etwa um auf die Toilette zu gehen, auf fremde Hilfe angewiesen. Damit verbunden ist ein Verlust an Initiative und fundamentaler Fähigkeit zur Selbstversorgung und Autarkie. Der Bewegungsradius schränkt sich auf das Krankenzimmer und schließlich das Bett ein, das im späteren Stadium nur unter größter Mühe oder überhaupt nicht mehr verlassen werden kann. Dies impliziert die entwicklungsgeschichtliche Rückkehr zur Immobilität bzw. der Passivität des »Geschoben- und Bewegtwerdens« sowie der Einschränkung der Bewegungsräume, die kennzeichnend für das frühe Kindesalter sind. Die schwindende Fähigkeit zur Selbstversorgung muss von den Angehörigen oder professionellen Pflegekräften kompensiert werden.

Vertikalität

Für beinahe alle Sterbenden in der palliativen Versorgung ist eine zunehmende Bettlägerigkeit charakteristisch. Vermögen es Sterbende zunächst noch, sich aus eigener Kraft aufzurichten und etwa an den Bettrand zu setzen, geht bald auch diese Fähigkeit zur Automobilisation verloren. Dies ist verbunden mit einer Verschiebung in den leiblichen Beziehungen, deren Bedeutung die moderne Leibphänomenologie unterstreicht (siehe etwa Uzarewicz und Moers 2012): vom aufrechten Gang und der Fähigkeit zum Stehen, d. h. der Fähigkeit, sich aus eigener Kraft zur Augenhöhe eines anderen zu aufzurichten, zum Sitzen, wobei sich der Besucher auf Augenhöhe begeben muss, bis hin zum dauerhaften Liegen, bei dem keine Augenhöhe mehr hergestellt wird. Auch in dieser Hinsicht besteht eine Parallele zu den leiblichen Perspektiven und leiblichen

Schwerpunkten des Kindes, das über seine ganze Kindheit hinweg der Welt der Erwachsenen an Körpergröße unterlegen bleibt, in der frühesten Kindheit sitzend und liegend, d. h. zu den Erwachsenen aufsehend.

Ohne die psychischen und sozialen Implikationen dieser Verschiebung leiblicher Relationen zu deuten, dürfte der Verlust des »Funktionsstils der Vertikale« (Plessner 1928), d. h. die Rückkehr zu der leiblichen Situation, der natürlichen »Unterlegenheit« des Kindes, für die psychologische Reflexion der letzten Lebensphase nicht zu unterschätzen sein.

Sexualität/Genitalität

Mit der Einschränkung körperlicher Funktionen sowie der palliativen Schmerzmedikation geht oftmals, wenn auch nicht immer, die genitale Depotenzierung, etwa in Form erektiler Dysfunktionen oder verminderter Libido einher, die in psychoanalytischer Hinsicht besondere Aufmerksamkeit verdienen (vgl. Cagle und Bolte 2009; Johnson 2004; Shell et al. 2008). Der Verlust genitaler Potenz bezieht sich zunächst auf das tatsächliche Entfallen des Geschlechtsverkehrs, das freilich nicht allein für die Sterbephase charakteristisch sein muss. In der Konsequenz bedeutet dies vielleicht weniger die vollständige Rückbildung als die Dezentrierung, mithin Partialisierung sexueller Libido, wobei vorstellbar ist, dass andere Formen der Lust sowie die Autoerotik an Bedeutung gewinnen.

Psychosexuell ist nicht nur das Entfallen der genitalen Befriedigung relevant, sondern der grundlegende Verlust der eigenen Initiative, das Schwinden der Kräfte, die Reversion vom »aggredi« zum »regredi«. Nicht zufällig korrespondiert der ödipalen Phase in der Kindheit die gesicherte Fähigkeit zum aufrechten Gang, der unabhängigen und autarken Fortbewegung, der jugendlichen Genitalität der erweiterte Bewegungskreis jenseits elterlicher oder schulischer Institutionen. Offen bleibt an dieser Stelle die Frage nach der Rolle sexueller Phantasien, überhaupt die Frage nach Phantasie und Traum, die vielleicht im Sterbeprozess eine besondere Rolle spielen; immer wieder jedenfalls berichten einzelne Sterbende, viel und intensiv zu träumen und umso intensiver, je näher sie dem Tod waren. Sicherlich bedeutet die genitale Depotenzierung nicht die Unfähigkeit zum Lustgewinn. Vielleicht werden für das Lustempfinden zunehmend andere erogene Zonen bedeutsam, die auch für die kindliche Sexualität eine zentrale Rolle spielen: die Nahrungsaufnahme, die Ausscheidungen, ohne Zweifel der körperliche Kontakt mit den Pflegekräften und Physiotherapeuten, wie die Massagen oder therapeutischen Einreibungen.

Analität

In der Pflege der Palliativpatienten nimmt der Toilettengang eine zentrale und nicht unproblematische Stellung ein, ist für etwa für ein Drittel aller Klingelsignale auf den Stationen verantwortlich (siehe Loetz und Müller in diesem Band).

Der Toilettengang ist in vielen Fällen geradezu ein Konfliktfeld zwischen Patienten und Pflegekräften, auf dem das Verhältnis von Autonomie und Fürsorge ausgefochten wird. Für viele Patienten ist die Fähigkeit zum autonomen, unbegleiteten Toilettengang psychisch hoch bedeutsam und ein Gradmesser der eigenen Autonomie, der bis zur Selbstgefährdung verteidigt wird. In unserer Forschungsarbeit haben wir mehrere Fälle erlebt, in denen Patienten bei dem Versuch, gegen den Willen der Pflegekräfte unbegleitet auf die Toilette zu gehen, gestürzt sind; nur spekulieren lässt sich, was Patienten »zurückhalten«, um sich möglichst lange den begleiteten Toilettengang zu ersparen und günstige Gelegenheiten abzuwarten.

Neben dieser äußerlichen Sonderrolle kann man in vielen Fällen auch eine psychologische Relevanz, mithin Verhaftung an der Frage des Analen beobachten. Überwiegt nicht die Scham diese Thematik, nimmt die Frage der Häufigkeit, der Farbe oder Festigkeit des Stuhls, des Wasserlassens und dergleichen mitunter einen nicht unwesentlichen Rang in der Beschreibung des eigenen Zustands ein; dem fügt sich das Beharren auf spezifischen Riten und den z. T. heftigen emotionalen Reaktionen an, wenn diese von den Pflegekräften oder Ärzten verletzt werden. Manchen Patienten gelingt es, in der Frage der Körperausscheidungen ein Regime über Angehörige und Pflegekräfte zu errichten, letzte etwa über die Patientenklingel in regelmäßiger Folge zur Besorgung der Geschäfte zu zitieren, oder umgekehrt durch das Zurückhalten die Pflegekräfte zu beunruhigen und zu entsprechenden Interventionen zu veranlassen.

In der Prävalenz des Analen, des Ringens um die Kontrolle über die eigenen Ausscheidungen, liegt eine weitere phänotypische Parallele zur Kindheit, die schließlich in die Rückkehr zur Windel bzw. dem Blasenschlauch und den Verlust der Kontrolle, entwicklungsgeschichtlich den Rückgang vor die anale Phase, mündet.

Oralität

In den letzten Tagen und Stunden gewinnt die Frage der Nahrungsaufnahme, des Fütterns und Trinkens durch die Schnabeltasse, des Essens und seiner Verweigerung, zentrale Bedeutung. Die Verweigerung von Nahrung ist charakteristisch für die Finalphase und Kennzeichen des nahenden Todes.

Hier vielleicht besteht eine Verbindungslinie zu den frühesten Schichten der Kindheit, der frühkindlichen Oralität, Rezeptivität des Gefüttert- und Gesäugtwerdens, im Sterben oftmals: (intermittierende) Sauerstoffgabe durch den Nasenschlauch. Dem korrespondiert das allmähliche Verlöschen der Fernsinne, des Sehens, die Prävalenz des Taktilen, oftmals begleitet von der Tendenz zur Anaklise, im Letzten des Mundes, der in der Finalphase zur Linderung des Durstes befeuchtet wird, schließlich des Atmens, der mühsamen Aufrechterhaltung des Stoffwechsels bis zum letzten Zug.

Artikulationsfähigkeit und Sprechvermögen

Neben den genannten körperlichen Funktionen ist die Sterbephase meist mit einem Verlust an Artikulations- und Sprechvermögen verbunden. Den Patienten wird das Sprechen zunehmend mühsam und ihre Äußerungen sind für das Umfeld schwerer verständlich; überhaupt ist eine zunehmende Wortkargheit und spezifische Introversion im Endstadium für viele Patienten charakteristisch. Schließlich verlieren Sterbende oft das Vermögen zur deutlichen Artikulation, gehen ins Lallen, Stammeln oder Brabbeln über. In der Finalphase müssen die Außenstehenden, von einigen »lichten« Momenten abgesehen, das Befinden der Sterbenden aus ungeformten Lautäußerungen, Seufzen, Schmatzen, Stöhnen, Schreien etc. erschließen.

In diesem Rückgang in die Vorsprachlichkeit besteht eine weitere phänotypische Parallele zur frühen Kindheit. Dabei ist nicht gewiss, inwieweit Sterbende zwar die Artikulationsfähigkeit verlieren, aber sprachverstehend an den letzten Stunden teilhaben. Oftmals bleiben Sterbende bis kurz vor ihrem Tod mit ihrem Namen ansprechbar und reagieren auf akustische Reize, wenn anscheinend andere Sinne schon erloschen sind.

9.3.2 Psychische Ebene

Die genannten Gesichtspunkte betreffen den Rückgang körperlicher Fähigkeiten und die Prävalenz spezifischer Leibregionen am Lebensende, die den Stadien frühkindlicher Entwicklung entsprechen. Die Darstellung beschränkt sich auf eine phänotypische Beschreibung, ohne die entwicklungspsychologische Einordnung zu wagen.

In Anlehnung an die psychischen Grundkonflikte, die von verschiedenen psychoanalytischen Konzeptionen formuliert wurden, sollen drei Themenkomplexe hervorgehoben werden, die besondere Aufmerksamkeit verdienen, wobei ohne Zweifel alle Arten von Konflikten in der letzten wie auch in den vorigen Lebensphasen eine Rolle spielen.

a) Trennung und Bindung
b) Autonomie und Abhängigkeit
c) Vertrauen und Hilflosigkeit

Trennung und Bindung – Trauer

Der Prozess des Sterbens, wo er nicht verleugnet wird, bedeutet Abschied zu nehmen, unwiderrufliche Trennung – beginnend mit der Entbindung aus dem alltäglichen Umfeld und dessen Zeitrhythmen bei der stationären Aufnahme. Das Krankenzimmer selbst ist bereits Übergangsraum des Sterbens, Abschiedsraum in einem wörtlichen Sinne. Zugleich erfährt die Beziehung zu den Angehörigen oftmals neue Relevanz und hohe emotionale Aufladung; einerseits durch die zunehmende Abhängigkeit von den Angehörigen, andererseits durch die omnipräsente Trauer, in deren Schatten die Beziehungen in der letzten Lebensphase stehen. Die Beziehung zwischen Sterbendem und seinem nächsten Umfeld gewinnt dadurch geradezu symbiotischen Charakter, etwa wenn die Ehepartner ihren Tagesablauf auf die Pflege abstellen. Zugleich wird der Komplex von Trauer und Verlust bedeutsam wie seit Kindertagen nicht mehr. Wobei es sich einmal um den Abschied von Sterbenden und Angehörigen handelt, aber auch um den Abschied von der eigenen Lebensgeschichte und den Verlust der körperlichen Kohärenz. In der Antizipation des eigenen Todes, soweit sich dieser überhaupt antizipieren lässt, wird, in der Gegenstellung zur kindlichen Entwicklung, das tatsächliche Ende aller Objektkonstanz vorweggenommen und damit deren Trost und selbstregulative Funktion in Frage gestellt. Die Konfrontation mit dem eigenen Tod bedeutet vielleicht die Wiederkehr des Trennungsproblems in seiner Radikalität, die es vor der Stabilisierung der Objektrepräsentanzen besessen hat. Vielleicht lässt sich am Sterben besondere Einsicht in die Gestaltung und Permanenz von Bindungs- und Objektrepräsentationen gewinnen, weshalb gerade die Bindungsforschung für die Erforschung des Lebensendes bedeutsam ist (s. a.: Loetz et al. 2013; Petersen und Koehler 2006; für demenzielle Erkrankungen und das Phänomen der »parent fixation« siehe Miesen 1993).

Einer Psychoanalyse der letzten Lebensphase wird nicht entgehen, dass die Beziehungsdynamik mit den Motiven von Trauer, Bindungs- und Versöhnungswunsch nicht erschöpfend dargestellt ist. Sie wird einem verklärenden Bild der letzten Lebensphase widersprechen und dem ungeschriebenen Leitspruch entsagen: de moribundis nihil nisi bene. Die Beobachtung lehrt, dass Sterbende nicht selten zu einer schrecklichen Ehrlichkeit gegenüber ihre Angehörigen tendieren, die man nur allzu gern deliranter Vulgarität zuzuschieben geneigt, von deren Treffsicherheit aber man doch unheimlich berührt ist. Und auch die motivische Dynamik der Angehörigen zu untersuchen ist die psychoanalytische Betrachtung berechtigt – so lange menschliche Beziehungen von Konflikten bestimmt sind und die Pflege eines Angehörigen, der jahrelange Kampf gegen eine Krankheit, auch und gerade den Angehörigen Mühsal und Verschleiß abfordern, sodass die Frage erlaubt ist, ob der Spruch, den man gerne nach dem Tod eines Angehörigen äußert: »nun ist er erlöst«, wirklich immer ausschließlich oder auch nur zuvorderst dem Verstorbenen gilt.

Auch sollte Beachtung finden, dass, je nach der individuellen Konstellation, ein Angehöriger besondere Macht über den Sterbenden gewinnt, der ihm einem Kinde gleich ausgeliefert ist; oder umgekehrt der Sterbende in seinem Leid den Schlüssel zu einer fragwürdigen Macht über die Angehörigen entdeckt und die Gestaltung ihres Lebens bestimmt. Die cineastische Phantasie kennt viele Fälle, in denen Rechnungen auf dem Sterbebett beglichen werden, und vielleicht findet sie in der Wirklichkeit des Sterbens reichhaltige Anregung; sicherlich ist aber zu viel an Nachsichtigkeit zugesprochen, wenn man erwarten wollte, dass die Unterlegenheitsgefühle, Ärger, Enttäuschungen, die sich vielleicht in nicht wenigen engen Beziehungen über ein Leben lang ansammeln, am Lebensende allesamt in achtungsvoller Rücksicht Schonung üben.

Dennoch steht in den meisten Fällen die Frage der Trennung, des Verlustes, die Prävalenz der Bindungen und das Erleben von Trauer im Vordergrund; und ähnelt in diesem Gesichtspunkt der kindlichen Situation, wie in beiden Lebensaltern eine spezifische Beziehungsnähe (oder gerade deren Fehlen, Vermissen) bedeutsam ist.

Autonomie und Abhängigkeit – Scham

Die Bedeutung des Konfliktfeldes »Autonomie und Abhängigkeit« ist schon aus dem zuvor Gesagten hervorgegangen. Im Zentrum steht das Problem der Scham, in ethischer Fassung: des würdigen Sterbens. Sterbende in der stationären Versorgung begeben sich in die Fürsorge der anderen ohne Aussicht auf die Rückeroberung einmal besessener Autonomie, und der klinische Betrieb bietet in Gestalt der Pflegekräfte, Ärzte, Mitpatienten und Angehörigen eine reiche Ansammlung potentieller Schamzeugen. Schamkonflikte kindlicher und adoleszenter Entwicklung können erneut thematisch werden: Abmelden, wenn man die Station verlässt, sofern es aus eigener Kraft noch möglich ist, Unterordnung unter den Tagesrhythmus der Pflege und deren regelmäßige Kontrollgänge, der eigenständige Gang zur Toilette, Körperpflege, Automobilisation, Nahrungsaufnahme, Essens- und Schlafenszeiten.

Die Konflikte werden zwischen Pflegepersonal und Patienten ausgetragen, wobei das Verhältnis von pflegerischer Fürsorge, deren Überforderung oder Abweisung, bzw. Patientenautonomie im Zentrum steht. Viele Patienten empfinden den Verlust der eigenen Autonomie schamvoll und haben Schwierigkeiten, pflegerische Hilfe anzunehmen, auch wenn diese sinnvoll ist. Auch wenn der omnipräsente Druck nach stetig steigender Effizienz in den Palliativstationen wesentlich geringer ausfällt als üblicherweise in Krankenhäusern und es möglich ist, für die Patienten individuelle Lösungen zu finden, müssen die Pflegekräfte auch hier darauf achten, die dichten Arbeitsabläufe nicht zu verkomplizieren und z. B. die Verlegung eines Blasenschlauchs zu empfehlen, um einen Patienten nicht mehr mühsam auf die Toilette bringen zu müssen; eine Entscheidung, die, obwohl sie beide Parteien entlastet, den Patienten nicht immer leicht fällt. Umgekehrt ist auch das »schamlose« Beanspruchen pflegerischer Leistungen, etwa der rege Betrieb der Patientenklingel, ein Charakteristikum dessen, was Pflegekräfte »schwierige Patienten« nennen.

Nicht zu vernachlässigen wäre zudem die Frage des Schuldempfindens, des schlechten Gewissens der Patienten, etwa den Angehörigen zur Last zu fallen und ihnen Kummer zu bereiten, was oftmals suizidale Absichten am Lebensende grundiert.

Vertrauen und Hilflosigkeit – Angst

Nach der Diagnose einer onkologischen Erkrankung ist der Heilungsversuch normalerweise an die kurative Medizin delegiert, an welche der Patient seine Hoffnung und Vertrauen bindet. Was die Sterbenden auf der Palliativstation über ihre Krankengeschichte in einer anonymen medizinischen Maschinerie berichten, wäre bedrückender Gegenstand einer eigenen Abhandlung, und man wäre zu der These versucht, dass sich der medizinische Betrieb erst an den Grenzen seiner technischen Möglichkeiten, gegenüber den »Unheilbaren« auf der Palliativstation, etwas Menschlichkeit gestattet.

Tatsächlich bedeutet die Diagnose »unheilbar« bzw. »austherapiert« die Kapitulation der Medizin vor der Erkrankung, die sich nicht selten der behandelnde Arzt zuletzt eingestehen will, aber für den Patienten eine existenzielle Enttäuschung und Bedrohung bedeutet; dies besonders für Patienten mittleren und jüngeren Alters, für welche die Krankheit meist als zerstörerischer Eingriff in einen unvollendeten Lebensverlauf empfunden wird. Die Machtlosigkeit der Medizin erzeugt auf der Seite der Patienten ein Gefühl von Unsicherheit und Ausgeliefertsein, fast immer: Angst.

Es ist, um eine psychoanalytische Deutung zu wagen, vielleicht nicht abwegig, in der Machtlosigkeit des Arztes die Desillusionierung der elterlichen Omnipotenz wiederzuerkennen, die für eine bestimmte Phase kindlicher Entwicklung charakteristisch ist, wie die Figur des Arztes ohnehin Gegenstand idealisierender Projektionen ist. Und vielleicht die Krankheit selbst, der bösartige Krebs, in der unbewussten Rezeption an noch frühere Entwicklungsstadien rührt: die unheimliche Wiederkehr abgespaltener Anteile des Selbst in der Projektion des »bösen Anderen«, Fremdkörpers und Feindes in sich selbst – was zur Reflexion über die weit verbreitete Angst vor Krebserkrankungen einlüde.

Je nach den eigenen Erfahrungen im Umgang mit Ohnmacht und Hilflosigkeit erfahren die Patienten diese Situation auf verschiedene Weise, und manche Patienten lösen sich bis zuletzt nicht von der Heilungshoffnung, von der leider auch immer wieder Scharlatane ihre Einkünfte beziehen. Die Bedeutung des thematischen Feldes »Vertrauen, Hilflosigkeit und Angst« am Lebensende, darin die Rethematisierung frühkindlicher Exponiertheit, dürfte außer Zweifel stehen und verweist auf Funktion und Begriff von »Palliative Care«, das sich vom lateinischen palliare: decken, schützen, ummanteln, ableitet.

9.3.3 Soziale Ebene

Für die letzte Lebensphase dürfte eine grundlegende Einschränkung und Reduktion der Rollenbezüge kennzeichnend sein, in qualitativer Hinsicht: der Sterbende ist vor allen Dingen Kranker, Patient; und in quantitativer Hinsicht: da sich die Vielfalt sozialer Kontakte reduziert, meist im Wesentlichen auf die Kernfamilie schrumpft. Der soziale Raum selbst reduziert sich, allemal in der Institution von stationärer Klinik oder Hospiz, und entspricht letztlich der Größe des Patientenzimmers, später dem Nahbereich um das Krankenbett.

Die Ähnlichkeit zur Kindheit besteht vielleicht vor allem in der Rückkehr zu einer Beziehungskonstellation aus der frühesten Entwicklungsphase, der *Rückkehr zur Dyade*. Die sozialen Beziehungen in der stationären Versorgung sind wesentlich dyadischer Natur: Sterbender und Ehepartner, Sterbender und Kinder, Patient und Arzt, Patient und Pflegekraft. Der soziale Raum des Sterbezimmers fasst selten Großfamilien, deren Versammlung um das Sterbebett uns im zeitgenössischen Westeuropa eigentlich bestenfalls aus anderen Kulturkreisen oder von alten Gemälden bekannt ist. Selbst, wenn mehrere Personen im Patientenzimmer anwesend sind, was die meisten Patienten als anstrengend empfinden, bleiben die Interaktionsformen doch wesentlich dyadisch, vor allem in der fortgeschrittenen Sterbephase, wenn der Patient nicht mehr die Kraft hat, den gesamten sozialen Raum zu besetzen und Gruppenbezüge zu vermitteln.

Legitim ist die Spekulation, inwieweit die Kernfamilienkonstellation der frühen Kindheit in den sozialen Rollen der Krankenversorgung gewissermaßen archetypisch wiederkehrt: Ärztin, Pflegerin: Mutter; Vater: Pfleger, Arzt. Immer wieder kommt es vor, dass Angehörige oder sogar professionelle Begleiter zu den Sterbenden wie zu Kindern sprechen, mit Ammenstimmen und simplifiziertem Vokabular, also in elterlicher Rolle – was sicherlich weniger häufig bei geschultem und auf diese Thematik sensibilisiertem Personal, jedoch überhaupt für den Umgang mit älteren und kranken Menschen eine fragwürdige Eigenheit ist.

Und die Geschwister? – Es soll nicht aus den Augen verloren werden, dass die Sterbenden in einer stationären Einrichtung nicht alleine, in Palliativstationen oftmals in Mehrbettzimmern untergebracht werden; nicht selten klagen Patienten über das Bedrückende, Demoralisierende einer Unterbringung nur unter Sterbenden, also ihresgleichen. Die Quervergleiche zwischen Patienten – »Wem geht es schlechter, ist der andere noch schlechter dran? Wie viel Zeit verbringt der Arzt mit dem Nachbarn, warum so viel länger als mit mir?« – tragen vielleicht, um die Spekulation zu vervollständigen, in ihrer Solidarität und Konkurrenz geschwisterliche Züge und dürften nicht unwesentlich zur Beziehungsdynamik in der stationären palliativen Versorgung beitragen.

9.4 Entwicklungspsychologische Perspektiven am Lebensende

Die Parallele zwischen Kindheit und Lebensende ist hier vor allen in den Verlusten, dem Rückbau von Fähigkeiten und der Prävalenz körperlicher Regionen geschildert worden, welche den Sterbenden phänotypisch auf das körperliche und soziale Funktionsniveau von Kindern zurückwerfen und frühkindlichen Konflikten neue Virulenz verleihen. Dem körperlichen Verfall im Sterben ist das Aufblühen der Kindheit gegenübergestellt, ein Vergleich, der wenig Tröstliches für den Sterbenden erbringen kann. Tatsächlich werden sich gegen diesen Befund wohl wenig Einwände erheben lassen, und die Beobachtung muss für die meisten Fälle dem Satz beipflichten: Das Sterben, trotz aller Leistungen, welche die palliative Versorgung erbringt, bleibt leidvoll und bitter.

9 Wiederkehr der Kindheit?

Für die letzte Lebensphase von Entwicklung, das heißt ja von Erweiterung und Verwirklichung von Lebensmöglichkeiten zu sprechen, birgt die Gefahr des Euphemismus, der vielleicht wohlgemeint, aber durch die Wirklichkeit des Sterbens nicht gedeckt ist: Die Empfehlung von Optimismus, Kreativität und positiver Orientierung »bis zum letzten Atemzug«, die »Fokussierung« auf »Potentiale« und Formulierung von »Kompetenzmodellen« setzt sich dem Verdacht aus, mehr der Selbstberuhigung, wenn nicht anderen Interessen zu dienen, als den Sterbenden Gerechtigkeit widerfahren zu lassen (und damit auch: ein würdiges Alter und würdiges Sterben. Vgl. Améry 1968). Nichts ist von der Bitterkeit des Sterbens genommen, wenn auf wissenschaftlichen Konferenzen positiver Jargon verordnet ist – und dem »Silver-Ager«, allemal eine fragwürdige Schöpfung gerontologisch beschlagenen Marketings, den »Silver-Dyier« beizugesellen, wäre nichts als traurige Komödie, deren Aufführung vielleicht nur unterbleibt, da die Sterbenden, auch dies ist unter soziologischer Betrachtung ein ernstzunehmender Gesichtspunkt, nicht eben eine kaufkräftige Konsumentengruppe sind, zumindest, solange die Gesundheitsversorgung öffentliches Gut bleibt.

Dennoch gehört das Sterben, wie die Kindheit, als ein Teil der menschlichen Entwicklungsspanne zu jeder Lebensgeschichte – und die Kürze der verbleibenden Lebenszeit zwingt nicht zu dem Schluss, dass sie unbedeutend sei. Wie ein Kind ja nicht ausschließlich Mängelwesen ist und im Modus des »noch-nicht« beschreibbar, seine bisherige Lebensgeschichte zwar kurz, aber doch gerade darum in entscheidender Weise bedeutsam ist, so ist wohl auch das Sterben nicht ausschließlich Verlust, im Modus des »nicht mehr« beschreibbar; dem Sterbenden verbleibt ja noch ein wenig Lebenszeit, das, wie vielleicht stets die Stunde des Abschieds, von der größten Intensität sein mag. Die Entwicklungsperspektiven der letzten Lebensphase, denen man mit Vorsicht diesen Titel vergeben darf, lassen sich vielleicht in zwei Richtungen angeben:

a) Prospektiv
b) Retrospektiv

In der Rückschau, Rückerinnerung liegt zunächst eine Differenz zur Kindheit, die abermals Lebensgeschichte und -perspektive einschließt. Der Sterbende hat den beinahe vollständigen Raum seiner Lebensgeschichte durchmessen, im letzten Lebensabschnitt zuletzt stellt sich die Frage: »Was ist gewesen?« – dagegen die Frage der Kindheit: »Was wird sein?«

Die Rückschau ist freilich nicht der letzten Lebensphase vorbehalten, doch hier erst stellt sie sich mit endgültigem Ernst. Erinnerung ist nicht unabhängig von den offenen Lebensmöglichkeiten, und jedes lebensgeschichtliche Ereignis kann durch ein künftiges seine Gestalt wandeln, weshalb jede Rückschau und Bewertung der Lebensgeschichte den Charakter der Vorläufigkeit trägt, stets auf Widerruf gestundet ist: in der glücklichen Liebesgeschichte kann sich einst das Beziehungsdrama offenbaren, das wiederum einmal Bedingung für ein neues Glück gewesen sein wird. Erst am Ende des Lebens, wenn die verbleibenden Lebensmöglichkeiten überschaubar werden, gewinnt die Rückschau festen Bestand: Nun übersieht man, was aus dem eigenen Leben geworden ist, was sich erfüllt hat und was nicht. Ob die Rückschau in einem differenzierten Urteil mündet, in Verzweiflung oder Versöhnung mit der eigenen Lebensgeschichte, oder ob sie ganz unterbleibt und zurückgewiesen wird (was, nach eigener Beobachtung, eher selten vorkommt, denn nahezu allen Sterbenden ist die Reflexion der eigenen Lebensgeschichte ein Bedürfnis) – dies hängt sehr von den jeweiligen Um- und Zuständen ab, allen voran von dem Lebensalter und den damit verbundenen Lebensaufgaben, deren Bewältigung offen bleiben muss, oder die zu einem Abschluss geführt werden konnten.

Der Wunsch nach der Versöhnung mit der eigenen Lebensgeschichte ist für viele Sterbenden ein dringendes Anliegen; die Rückschau vollzieht sich dabei meist nicht im Medium solistischer Introspektion, sondern in Beziehungsarbeit und Klärung mit den Angehörigen. Dem »Es ist vollbracht« des gelungenen Lebenswerkes und der darin bedeutsamen Beziehungen steht dabei der endlose work-in-progress gegenüber, der Lebensgeschichte eben nicht als Geschichte, sondern Ablauf von Ereignissen, der durch das Sterben nicht Vollendung findet, sondern jähen Abbruch. Für eine Versöhnung mit der eigenen Lebensgeschichte ist es nicht nur nötig, die gelungenen Aspekte hervorzuheben, sondern eben gerade die unglücklichen, unvollendeten – Vertröstungen und Beschwichtigungen sind an dieser Stelle eine Gefahr, die den aufrichtigen Zugang zu der eigenen Lebensgeschichte versperren; auch wenn es für die Angehörigen nicht leicht zu ertragen ist, einen Sterbenden in Hader und Unzufriedenheit mit seinem Leben zu wissen, an dem er nun nichts mehr ändern kann. Es ist auch nicht von der Hand zu weisen, dass die Versöhnung mit der eigenen Lebensgeschichte nicht immer gelingt: Es sterben auch Menschen unversöhnt und unglücklich, verzweifelt, vielleicht öfter, als uns erträglich ist.

Wie immer die jeweilige Rückschau sich vollziehen mag, sie ist doch ein besonderes Charakteristikum der letzten Lebensphase und bildet vielleicht die zentrale Entwicklungsaufgabe des Lebensendes, die von professionellen Sterbebegleiter unterstützt werden kann. Wenn der Satz für die psychoanalytische Erkenntnis Gültigkeit besitzt, dass die Wahrheit des Endes im Anfang begründet liegt, die lebensgeschichtlichen Entwicklungslinien späterer Lebensphasen auf die Erfahrungen der frühen Kindheit verweisen, so könnte eine Psychoanalyse des letzten Lebensalters vielleicht hinzufügen: die Wahrheit des Anfangs ist zugleich im Ende begründet, die früheren Lebensalter bestimmen sich von den späteren und erfahren erst von ihnen ihre volle Bedeutung. Die Erzähltheorie kennt den Begriff des Spannungsbogens, der zwischen Anfang und Ende vermittelt: vom Anfang her erfährt das Ende seine Stellung in der Erzählung, zugleich vom Ende her aber auch der Anfang, ohne einander blieben beide Bruchstücke. Vielleicht darf sich das psychoanalytische Denken dieses Bild leihen und die paradoxe Wendung wagen: In den Ereignissen des Lebensanfangs bestimmt sich das Spätere; aber erst am Lebensende steht fest, was am Anfang ist. Vielleicht ist hier erst das Freud'sche Diktum von der Zeitlosigkeit des Unbewussten eingeholt, das keine Linearität der Zeitfolge anerkennt.

Wenn die Rückschau die Überschreitung des Gegenwärtigen in die Vergangenheit bezeichnet, so verweist der *prospektive Aspekt* auf das Kommende, d. h. das eigene Sterben und den Tod – und was danach kommen mag. Nicht minder bedeutsam ist neben der Frage: »Was ist gewesen?« die Frage: »Was wird sein?« Der Begriff des Sterbens selbst impliziert bereits dessen Antizipation und ist vom Bevorstehenden, dem Tod her gedacht (vgl. Améry 1968). Die gedankliche Erkundung des Kommenden gewinnt im Angesicht des nahenden Todes eine Radikalität, die vielleicht keiner anderen Lebensphase zukommt: nichts kann man wissen, nichts ist sicher, der eigene Tod bleibt für jeden Menschen etwas Undurchdringliches und doch unabweisbare Tatsache, die freilich im Lichte kultureller und religiöser Deutungsschemata erfahren wird.

Die Frage, was in Sterben und Tod sich ereignen mag, was kommen wird, was bleibt, ist unabhängig von spezifischen religiösen oder weltanschaulichen Überzeugungen nahezu jedem Sterbenden thematisch. Es ist im Wesentlichen die Frage nach der *Transzendenz*, wenn dieser Terminus, in einem buchstäblichen Sinne verstanden, jede Überlegung, Hoffnung, Erwartung, Furcht oder Phantasie bezeichnet, welche die Spanne der Lebenszeit und der eigenen physischen Existenz überschreitet. In diesem Sinne beginnt die Auseinandersetzung mit dieser Frage am Lebensende beim Aufsetzen des Testaments, der Regelung von Erbschaft oder anderen Angelegenheiten bis zur Organisation der eigenen Beerdigung, wobei es sich jeweils um gedankliche Vorgriffe auf etwas handelt, das jenseits der eigenen Lebenszeit sich ereignen wird.

Jeder Sterbende entwickelt bestimmte Vorstellungen über seinen Tod, und noch die nüchternste Ablehnung jeder Fortexistenz, jenes »da wird nichts kommen«, zeugt von einer Auseinandersetzung mit dieser Frage, und selbst das »schwarze Nichts« ist doch ein vorgestelltes Etwas. Sterbende äußern zu dieser Frage sehr verschiedene Ansichten, völlige Verneinung, Formen der »innerweltlichen Transzendenz«, z. B. Fortbestand in den Nachkommen, eigenen Werken oder im »Kreislauf der Natur« bis hin zu spirituellen Reflexionen oder den Vorstellungswelten der traditionellen Weltreligionen. Es ist kein Urteil darüber möglich, welche dieser Antworten – oder ob überhaupt eine – die »richtige« sei. Vielen, aber nicht jedem spendet die Vorstellung eines Fortlebens Trost. In den Gesprächen mit Sterbenden gab es nicht wenige, die jede Form von Fortexistenz verneint haben und dennoch ihrem Tod mit Ruhe entgegenzusehen schienen; und umgekehrt Sterbende, die sich wie Ertrinkende an spirituellen Tröstungen anklammerten, die ihnen doch wenig von ihrer Angst zu nehmen schienen, während wieder andere ihren Frieden darin fanden. Auch hier mag vielleicht im Letzten wirksam sein, was einem Menschen von früher Kindheit an vertraut ist – vielleicht gibt es in der letzten Lebensphase aber auch eine Neu- oder Wiederentdeckung dieser alten Menschheitsfrage.

Wie immer die Antwort ausfällt, die Frage stellt sich aufgrund der Lebenssituation; einem Großteil der Sterbenden ist es ein Anliegen, darüber zu sprechen (Balboni et al. 2013). Vielleicht liegt hierin eine zweite Entwicklungsaufgabe des Lebensendes: die Positionierung zum eigenen Tod und die Frage nach dem, was war, was kommend wird, und in der Einheit von Rückschau und gedanklicher Erkundung: was *bleiben* wird. Vielleicht lässt sich in dieser Auseinandersetzung auch die Wiederkehr eines Elements kindlicher Entwicklung entdecken, das unter den prosaischen Anforderungen des Realitätsprinzips verschüttet gegangen sein mag: *die Rückkehr des Spiels*, der Brücke zum Vermissten, Ersehnten, Konjunktivs des Denkens und damit eines Prinzips, das in vielen Bereichen der Lebensgeschichte entrechtet, aber in diesem vielleicht das einzig zureichende ist: der Phantasie.

Literatur

Améry J (1968) Über das Altern. Revolte und Resignation. Stuttgart: Klett-Cotta.
Balboni M J, Sullivan A, Amobi A (2013) Why is spiritual care infrequent at the end of life? Spiritual care perceptions among patients, nurses, and physicians and the role of training. Journal of Clinical Oncology 31:461–467.
Bowlby J (1979) The making and breaking of affectional bonds. London: Tavistock.
Cagle J G, Bolte S (2009) Sexuality and life-threatening illness: implications for social work and palliative care. Health Soc Work 34:223–233.
Eisler KR (1978) Der sterbende Patient. Zur Psychologie des Todes. Stuttgart: Frommann-Holzboog.
Freud S (1915) Das Unbewußte. In: A. Freud, E. Bibring, W. Hoffer, E. Kris, O. Isakower (Hrsg.) Gesammelte Werke, 263-303. Frankfurt a. M.: Fischer Taschenbuch Verlag.
Freud S. (1994) Drei Abhandlungen zur Sexualtheorie (1905) Sexualleben, 37–145. Frankfurt a. M.: S. Fischer.
Hierdeis H (Hrsg.) (2014) Wie hälst du's mit dem Tod? Erfahrungen und Reflexionen in der Psychoanalyse. Göttingen: Vandenhoeck & Ruprecht.
Johnson B K (2004) Prostate cancer and sexuality: implications for nursing. Geriatr Nurs 25:341–347.
Lindena G (2014) HOPE Hospiz und Palliativ-Erfassung 2014, Bericht Basisbogen und Module Deutsche Gesellschaft für Palliativmedizin, Deutschen Krebsgesellschaft & D. H.-u. Palliativ-Verband (Hrsg.).
Loetz C, Muller J, Frick E, Petersen Y, Hvidt N C, Mauer C (2013) Attachment theory and spirituality: two threads converging in palliative care? Evid Based Complement Alternat Med 2013, 740291.
Loetz C, Müller J, Petersen Y, Frick E, Kunsmann-Leutiger E, Poschinger A (2016) Bindungsrepräsentanzen im palliativen Kontext Klinik und Poliklinik für Palliativmedizin, Ludwig-Maximilians-Universität München.
Mertens W (1997) Entwicklung der Psychosexualität und der Geschlechtsidentität (Band 1). Stuttgart: Kohlhammer.
Miesen MLB (1993) Alzheimer's disease, the phenomenon of parent fixation and bowlby's attachment theory. Geriatric Psychiatry 8/2:147–153.
Petersen Y, Koehler L (2006) Application of attachment theory for psychological support in palliative medicine during the terminal phase. Gerontology 52:111–123.
Plessner H (1928) Die Stufen des Organischen und der Mensch: Einleitung in die philosophische Anthropologie (Band 4). Frankfurt a. M.: Suhrkamp.
Quinodoz D (2010) Älterwerden – Eine Entdeckungsreise (E. Wolf, Übers.). Gießen: Psychosozial-Verlag.
Radebold H (1999) Psychoanalyse und Altern, Gerontokratie oder Verleugnung? Psychosozial 78:41–49.
Radebold H (2009) Die dunklen Schatten unserer Vergangenheit. Hilfen für Kriegskinder im Alter. Stuttgart: Klett-Cotta.

Shell J A, Carolan M, Zhang Y, Meneses K D (2008) The longitudinal effects of cancer treatment on sexuality in individuals with lung cancer. Oncol Nurs Forum 35:73–79.

Uzarewicz C, Moers M (2012): Leibphänomenologie für Pflegewissenschaft – eine Annäherung. Pflege und Gesellschaft 17/2:101–110.

Verzeichnis der Herausgeber und Autoren

Dr. med. Renate Daniel
Lehranalytikerin und Programmdirektorin des C. G. Jung Instituts Zürich, Fachärztin für Psychiatrie, Psychotherapie und Psychoanalyse in eigener Praxis.

Prof. Dr. med. Eckhard Frick
Geb. 1955, Jesuit, Psychoanalytiker, lehrt an der Hochschule für Philosophie und an der Medizinischen Fakultät der Technischen Universität München (www.spiritualcare.de). Autor des Buches »Psychosomatische Anthropologie« und gemeinsam mit Simon Peng-Keller Schriftleiter der Zeitschrift *Spiritual Care*.

Dr. rer. nat. Dipl.-Rehapsych. (FH) Teresa-Maria Hloucal
War als Rehabilitationspsychologin unter anderem in einer integrierten Beratungsstelle und dem sozialpsychiatrischen Dienst tätig. An der Professur für Spiritual Care beschäftigt sie sich mit möglichen Anwendungsfeldern der Bindungstheorie in Palliative Care.

Frau Kirsten Jörgensen †
Theologin der evangelisch-lutherischen Landeskirche Bayerns.

Prof. Dr. phil. Verena Kast
War Professorin im Bereich anthropologische Psychologie an der Universität Zürich. Ausbildung in Psychoanalyse Jung'scher Richtung. Lehranalytikerin und Supervisorin des C. G. Jung Instituts Zürich, Mitglied des Vorstands der Analytikerschaft.

M.A.T. Ross Allen Lazar
B.A. (Honours) University of Michigan; M.A.T. (Master of Arts in Teaching) Harvard University Graduate School of Education. Psychoanalytischer Psychotherapeut für Kinder, Jugendliche, Erwachsene und Familien. Gastprofessor am Institut für Erziehungswissenschaften der Universität Wien und am Institut für interdisziplinäre Forschung und Fortbildung der Universitäten Innsbruck, Graz, Klagenfurt und Wien tätig.

Dipl.-Psych. Cécile Loetz
Wissenschaftliche Mitarbeiterin am Universitätsklinikum München, Klinik und Poliklinik für Palliativmedizin und an der Hochschule für Philosophie. Dozen-

tin für Kunstpsychologie, Psychoanalyse, Palliative Care. Derzeit zudem in Ausbildung zur Psychoanalytikerin.

Dipl.-Psych. Jakob Johann Müller
Geboren 1985. Dipl.-Psychologe, ist am Universitätsklinikum München an Klinik und Poliklinik für Palliativmedizin/Professur für Spiritual Care und an der Hochschule für Philosophie im Bereich der Bindungsforschung tätig. Er beschäftigt sich mit den verschiedenen Anwendungsgebieten der Bindungstheorie, Psychoanalyse und Palliativ Care, Psychologie und Religion/Spiritualität. Er befindet sich in der Ausbildung zum Psychoanalytiker.

Dr. Rainer Oechslen
Theologe der evangelisch-lutherischen Landeskirche Bayerns.

Dr. Yvonne Petersen
Fachärztin für Innere Medizin mit der Zusatzbezeichnung Palliativmedizin. Seit 1991 arbeitet sie auf der Palliativstation des Krankenhauses der Barmherzigen Brüder in München. In der Weiterbildung Psychotherapie lernte sie die Bindungstheorie John Bowlbys kennen und transponiert diese Erkenntnisse in die Interaktionen von Patient-Angehörigen und Patient-Palliativteam.

Dr. phil. Dipl.-Psych. Verena Tyrkas
Nach der Promotion Ausbildung zur Psychoanalytikerin für Kinder, Jugendliche und Erwachsene am C. G. Jung Institut München sowie bei der Münchner Arbeitsgemeinschaft für Psychoanalyse. Niedergelassen in eigener Praxis.

Prof. Dr. phil. Ralf T. Vogel
Psychoanalytiker und Verhaltenstherapeut, Lehranalytiker u. a. am C. G. Jung Institut München. Honorarprofessor für Psychotherapie und Psychoanalyse an der HfBK Dresden.

Maria Wasner/
Sabine Pankofer (Hrsg.)

**Soziale Arbeit
in Palliative Care**
Ein Handbuch für
Studium und Praxis

2014. 290 Seiten, 11 Abb. Kart.
€ 29,90
ISBN 978-3-17-022262-5

*Münchner Reihe Palliative Care
Band 11*

Neben Medizin und Pflege spielt die Soziale Arbeit bei der Begleitung von Patienten und ihren Familien die wichtigste Rolle im multiprofessionellen Palliative-Care-Team.

Dieses Handbuch bietet eine umfassende Darstellung der Bedeutung, Aufgabe und Wirkung Sozialer Arbeit im Bereich Palliative Care. Es gibt den aktuellen wissenschaftlichen Kenntnisstand wieder und schildert Methoden und Interventionsmöglichkeiten der Sozialen Arbeit. Praxisrelevante Informationen machen das Werk auch für alle im Palliativbereich Tätigen zu einem unverzichtbaren Begleiter.

Leseproben und weitere Informationen unter www.kohlhammer.de

W. Kohlhammer GmbH · 70549 Stuttgart
vertrieb@kohlhammer.de

Corinna Schmohl

Onkologische Palliativpatienten im Krankenhaus

Seelsorgliche und psychotherapeutische Begleitung

2015. 316 Seiten, 12 Abb., 2 Tab. Kart. € 59,99
ISBN 978-3-17-026376-5

Münchner Reihe Palliative Care Band 12

Jährlich sterben in Deutschland ca. 850.000 Menschen. Krebs ist mit ca. 215.000 Sterbefällen die zweithäufigste Todesursache. Die meisten Patienten (ca. 70 %) verbringen ihre letzten Wochen und Tage in stationären Einrichtungen. Die Frage nach Sinn, Wert und Bedeutung des eigenen Lebens und Handelns beschäftigt nicht nur die Betroffenen oft in großer Intensität, sondern vielfach auch Mitarbeitende in den helfenden Professionen, Ehrenamtliche, Angehörige und Nahestehende der Patienten. Das Leiden unter Gefühlen der Sinnlosigkeit, des spirituellen Schmerzes und ungelöster religiöser Fragen bleibt in der Praxis trotz des palliativmedizinischen „total pain"-Konzepts häufig weitgehend unbeachtet. Sinnzentrierte Seelsorge im Anschluss an die Logotherapie Viktor Frankls würdigt die Individualität des Einzelnen und bietet wichtige Impulse für interdisziplinäre Zusammenarbeit und seelische Gesundheit.

`auch als EBOOK`

Leseproben und weitere Informationen unter www.kohlhammer.de

W. Kohlhammer GmbH · 70549 Stuttgart
vertrieb@kohlhammer.de